주명잡설

주제와 명제로 잡는 설교

주명잡설
주제와 명제로 잡는 설교

초판 1쇄 인쇄 ｜ 2023년 11월 20일
초판 1쇄 발행 ｜ 2023년 11월 25일

지은이   최진봉
펴낸이   김운용
펴낸곳   장로회신학대학교 출판부

등록   제1979-2호
주소   (우)04965 서울시 광진구 광장로5길 25-1(광장동)
전화   02-450-0795
팩스   02-450-0797
이메일   ptpress@puts.ac.kr
홈페이지   http://www.puts.ac.kr

값   15,000원
ISBN   978-89-7369-488-4   93230

주제와 **명**제로 **잡**는 **설**교

주명잡설

최진봉 지음

장로회신학대학교출판부

머리말

유학 시절 아는 교수님이 연구학기를 맞아 필자가 공부하고 있던 애틀랜타에 방문차 오셨다. 주일예배 후 그분은 나의 전공에 관해 물으셨고, 나는 설교학이라 대답했다. 그리고 돌아온 그분의 대답은 순간 나를 무척 당황케 했다. 그분의 말은 **"설교를 배워서 하는가?"**였다. 그런데 해를 거듭할수록 그 말이 새록새록 곱씹어진다.

"설교는 배워서 하는 것인가?" 지금 이 책을 펴보는 분들은 대부분 신학교에서 설교를 배웠거나, 지금 배우고 있거나, 또는 설교에 관심이 있는 분들일 것이다. 좋든 싫든 오늘날 안수받은 목회자가 되려면 설교는 신학교에서 필수로 배워야 한다. 이런 명증한 현실에서 **"설교를 배워서 하는가?"**라는 물음은 우문처럼 들린다. 그럼에도 그 물음이 잊히지 않고 곱씹어지는 이유가 있다. 먼저, 신학교에서 설교학이라는 과목을 배워서 설교하기 시작한 것이 그리 오래되지 않았다. 그리고 오늘날도 많은 목회자들이 배운 대로 설교하지 않는다. 우리는 신학교에 오기 전 교회 안팎에서 설교를 보고 들어왔으며, 설교를 시작하면서부터는 나름의 방식을 터득해 간다. 그것으로도 설교가 되고, 때론 좋은 설교로 인정을 받기까지 한다.

"설교를 배워서 하는가?"라는 물음을 곱씹는 또 다른 이유는 신학교에서 배우는 설교가 과연 실제적으로 도움이 되는지에 대한 의문 때문이다. 설교의 이론이나 신학을 배우는 것은 설교에 대한 건강하고 바른 정신을 수립하여 설교의 변질과 왜곡을 막아준다. 또한 설교실습과 관련한 수업들은 설교작성과 전달에 필요한 기본원칙과 자세들을 짚어주는 점에서 필수적이다.

그럼에도 설교가 매주, 매일의 현실인 목회자나 신학생들에게 신학교에서 배우는 설교는 기본에서 맴돌거나, 아니면 현장에 실행해 옮기기엔 너무 난해하고 고상한 경우가 많다. 실제적으로 신학교에서 가르치는 방법론으로 설교하는 목회자들은 드물다. 게다가 신학교의 환경은 설교를 충분히 배우기에 많은 제한이 있다. 그렇다 보니, 목회자나 신학생들에게 설교 수업은 뜬구름 잡기와 같거나, 그 벽이 높아 엄두를 못 내는 일이 되곤 한다. 그러한 상황은 설교를 각자 도생해야 하는 일로 만들고, 결국 "설교는 배워서 하는가?"라는 물음을 갖게 한다.

위의 두 가지 상황이 현실에 가깝다면, **"설교를 배워서 하는가?"**라는 물음은 설교를 배우는 필요성에 대한 의문보다는 설교에 대해 겉도는 가르침을 꼬집는 일침에 가까울 것이다. 우리를 가르치는 설교학은 과연 설교라는 행위를 알고 있는 것일까? 어디까지 알고 있는 걸까? 우리가 배우는 설교학이 우리의 설교현장과 거리가 있다면, 설교자나 현장의 문제 이전에 지금까지의 배움의 내용에 대한 성찰이 필요한 것은 아닐까?

설교는 궁극적으로 하나님의 행위로서 학습의 유무에 매이지 않는다. 거리의 돌들로도 말하게 하시는 하나님은 성령의 감화로 우리의 우둔한 입을 권세 있는 하나님의 입이 되게 하신다. 그러나 그렇기에 하나님은 더욱 우리의 배움과 훈련의 과정을 통해 설교자를 깨우고 다듬어 가시며 우리를 자신의 말씀 사역에 참여케 하신다.

우리가 설교를 배워야 한다면, 그것은 단지 신학교를 졸업하거나, 목사 안수의 자격을 얻거나, 설교에 대한 불안한 마음을 달래기 위함이어서는 안 된다. 그 배움은 설교에 관한 나의 생각들을 간섭하고, 이번 주 나의 설교를 고민하게도 하고, 기대하게도 하며, 나의 설교 실행에 변화와 발전을 가져다주는 실제적인 과정이어야 한다. 그것이 설교를 배우고 가르치는 의의다.

설교는 교회와 세상에 알릴 어떤 중대한 소식 때문에 발생하고, 그 소식으로 남는다. 설교를 위한 이런저런 중요한 과제들에도 불구하고, 설교의 근본은 설교가 내놓는 **하나님의 소식**에 있다. 즉, 설교자의 가장 우선적 책임은 성경을 통해서 말씀하시는 진리의 말씀을 듣는 데 있다. 우리는 그것을 설교를 위한 **메시지창안**이라 한다.

메시지창안과 관련한 우리의 일차적 관심은 **참신하고 깊이 있는** 메시지창안으로 기울어진다. 그러나 **질적인** 메시지창안은 본서의 역량에 미치지 못한다. 왜냐하면 메시지의 질적 깊이를 담보하는 방법론은 보편적이거나 표준화되지 않기 때문이다. 질적인 메시지창안은 기술적이기보다는 설교자의 내적 자원들과 관계되는 영역이다. 그것은 신학과 성서 주석적 지식만의 문제가 아니다. 그것은 성령의 조명하심이 설교자의 인격과 세계관, 신앙과 지성, 삶의 경험 및 관계들과 내밀하게 얽히는 복합적 과정이다. 그렇기에 질적인 메시지창안은 설교자들 간에 상대적이고 그 편차도 현저하다. 게다가 그것은 설교자의 일생에 걸친 영적 수련의 과제이다. 따라서 질적인 메시지창안과 관련해 본서는 제한적으로 두 가지를 소개하는 데 그친다. 그것은 설교자로서 갖는 성경에 대한 이해와 메시지창안과 관련하여 성경의 고유한 특성에 부합한 "전인적 읽기"이다.

질적인 메시지창안과 함께 매주, 매일 설교해야 하는 목회자에게 급선무는 신자회중과의 의사소통이다. 설교의 의사소통이란 메시지에 대한 이해의 문제로, 설교가 무엇을 말하려는지가 듣는 신자들만이 아닌, 설교하는 설교자 자신에게 명확해지는 일이다. 이는 설교 실행을 위한 핵심과제이다. 왜냐하면 설교는 근본적으로 메시지를 표명, 주장, 소통하는 행위이기 때문이다.

목회자가 되면 누구라도 설교를 하게 된다. 게다가 매주 한 편이상 설교할 경우, 그것은 매년 250쪽 분량의 책 두 권을 쓰는 글쓰기와 맞먹는다. 이는 베스트셀러 작가들조차 흉내를 낼 수 없는 방대한 글쓰기의 양이다. 게다가 설교의 의사소통은 독특해서, 1인 설교자가 다수의 회중에게 제한된 시간 내에 의도한 메시지를 이해시켜야 하는 행위다. 따라서 설교는 말하려는 내용에 대한 설교자의 체계적이고 논리적인 사고를 요한다. 그럼에도 설교자들 대부분은 자기 생각을 공개적으로 설득력 있게 표현하는 글쓰기를 배우지 못했다. 그렇기에 매주 설교하고, 일 년에 책 두 권 분량의 설교문을 쓰면서도 목회자에게 가장 취약한 것이 본인 설교의 중심 메시지를 명료화하는 일이다. 설교하고 내려온 목회자들 가운데 자신의 메시지를 **한 문장**으로 간결하고 명확하게 요약할 수 있는 설교자는 극히 드물다. 대부분은 설교에 대한 설명을 재차 장황하게 늘어놓기 일쑤이다.

설교가 메시지 행위가 되기 위한 선결과제는 설교의 중심 메시지를 설교자 자신에게 또렷이 세우는 데 있다. 설교자 자신에게조차 정리되지 않은 메시지를 제삼자인 신자들이 알아듣기를 바라는 것은 요행이고 양심적이지 않은 일이다. 설교자 자신에게 메시지가 확고하게 서 있지 않다면, 설교는 화려할지 몰라도 향방 없는 말들로 채워질 뿐, 오늘 여기의 신자들을 위한 메시지는 상실된다.

그간 우리는 메시지창안 과정에서 설교가 말하려는 바를 설교자 자신에게 명료화해야 하는 이유와 그 방법에 대해 주목하지 않았다. 실행적 차원에서 설교에 관한 관심들은 주로 본문 묵상과 연구, 설교형태와 전달법, 청중이해, 흥미와 감동, 신선한 예화, 적용과 결단 등에 집중되어 있다. 이들 모두 설교의 중요한 요소들이다. 그러나 설교의 근본이 성경을 통해 오는 하나님의 말씀에 있고, 그것을 말하고 듣는 것이 설교의 기본과제라고 할 때, 설교가 말하려는 것이 무엇인지, 곧 창안된 메시지를 객관화하는 일은 다른 무엇보다 우선시 되어야 하는 작업이다. 설교자 자신에게 메시지가 없거나, 메시지에 대한 설교자의 어수선하고 산만한 생각이 설교가 가진 문제들의 근본 원인인 경우가 많다.

본서는 이러한 상황을 진지하게 인식하고 그에 응답하려는 책이다. 설교자 스스로가 선명하게 확정된 메시지를 가질 때, 설교는 달라진다. 이는 마치 초점이 맞지 않는 안경을 쓴 것과 초점이 맞은 맑고 선명한 안경을 쓴 것과의 차이와 같다. 물론 그것으로 설교가 다 된 것은 아니다. 그러나 적어도 설교자는 자신의 말에 내용과 방향을 갖게 되고, 그로 인해 설교에 대한 확신을 얻게 되는 것이다. 그럼으로써 설교자는 자신이 교회와 신자들 앞에 서는 이유를 분명히 할 수 있게 된다. 그뿐만 아니다. 그는 설교를 준비하고 신자들 앞에서 말할 때, 자신의 설교에 설레고 기대하는 자신을 발견하게 된다. 이것이 설교를 다르게 만드는 내적 요인들이다. 반대로 설교자에게 메시지가 없거나 모호하다면 어떻게 될까? 그에게 설교는 부담스럽거나 두려운 일이 되거나, 겉으론 뭔가 있어 보일진 몰라도 내적 안정과 일관성이 결여된 공허한 행위의 반복일 뿐이다.

본서는 설교를 하고 있는 목회자와 그들 가운데 도움이 필요한 목회자, 또는 설교를 하거나 하게 될 신학생들을 위한 책이다. 본서는 설교를 바르게 배우게 될 때, 나의 설교가 어떻게 달라지고, 그것이 나를 어떻게 말씀의 봉사자로, 교회를 세우는 말씀의 종으로 이끌고 가는지를 알게 할 것이다. 이를 위해 본서는 설교를 '메시지 행위'로 간주하고, 메시지 행위로서 설교가 갖는 책임과 그 실천적 과제에 집중하려 한다. 그 가운데서도 본서는 메시지창안의 과정에서 주제를 설정하고 명제를 진술함으로써 한 편의 설교가 어떻게 메시지의 실행이 되는지, 나아가 설정된 주제와 진술된 명제가 한 편의 설교를 어떻게 구성해 가는지를 보여줄 것이다. 그리고 그러한 과정이 우리의 설교를 어떻게 달라지게 할지를 약속할 것이다. 이 책이 나오기까지 설교의 신학과 이론들을 목회현장의 경험으로 성찰과 비평, 확인할 수 있도록 도와준 설교학 수업의 학생들과 목회자들, 동료 교수님들에게 고마움을 전한다. 또한 주일 저녁마다 함께 예배하며 말씀을 묵상하고 전할 수 있도록 해준 〈그길찬미〉에게도 감사함을 전한다. 무엇보다 부족한 졸저를 출판할 수 있도록 허락해 준 장로회신학대학교의 학술연구처와 출판부에 깊은 감사의 마음을 표한다.

2023년 10월 25일
마펫관 연구실에서
최 진 봉

목차

1장

—

말이 되는
설교

7.
설교는 메시지!

설교는 메시지다. 설교는 시작부터 마쳐지는 순간까지 메시지를 향하고 메시지로 남는다. 설교는 설교할 본문을 갖는 순간부터 메시지를 찾고 다루는 일이 된다. 설교를 준비하는 과정 내내 설교자는 전하게 될 메시지에 매달리고 그것으로 골몰하고 씨름한다. 신자들이 설교를 기다리거나 기대하고 있다면, 그것은 다른 것이 아니다. 바로 자신들이 듣게 될 메시지 때문이다. 설교자가 설교 후, 부끄러워지거나 아니면 기쁨과 보람을 갖게 되는 것 역시 그가 신자들에게 내놓은 메시지 때문이다. 신자들이 설교에서 **"하나님의 음성을 들었다"**고 하거나, 설교에 실망하고 설교에 냉담해지는 것도 설교의 메시지 때문이다.

설교는 기술?

물론 설교의 전달과 소통방식도 중요하다. 같은 메시지라도 어떻게 말하고 소통하느냐에 따라 듣는 자들의 마음을 사로잡기도, 그렇지 않기도 한다. 그뿐만 아니라, 마샬 맥루한 Marshall McLuhan의 말대로 때로는 미디어나 전달력 자체가 메시지가 되기도 하고, 어떻게 말하고 보여주는가의 방식에 따라 메시지 자체가 달라지기도 한다. 그렇기에 메시지의 효과적인 소통과 전달을 위해 관련 기술을 숙련하는 것은 필요하다. 그러나 내용이 빈약하거나 메시지 자체가 잘못된 것이라면 탁월한 전달력은 무의미해지고, 도리어 악영향을 낳는다.

바울은 갈라디아 교회가 어떤 설교 때문에 예수의 가르침에서 속히 돌아선 것을 매우 의아스럽게 여겼다. 그는 이같이 말했다. "**그리스도의 은혜로 너희를 부르신 이를 이같이 속히 떠나 다른 복음**heteros euangellion**을 따르는 것을 내가 이상하게 여기노라**"갈 1:6 바울은 그들의 마음을 빼앗은 것은 그리스도의 복음이 아닌, 그것과 다른 **이질적인 복음**이고, 그것이 그들을 '**교란**'metastrepho 시켰다고 한다. 바울이 자세히 밝히지는 않지만, 그를 의아스럽게 한 것은 다름이 아니라, 자신은 해산하는 고통으로 갈라디아 교회를 얻은 데 반해, 그들이 다른 복음으로 돌아선 것은 한순간이었기 때문일 것이다. 말에 능하지 못했던 바울은 능한 말솜씨를 가진 거짓 설교자들의 해악성을 깊이 우려했다.

아우구스티누스Augustinus는 일찍이 성경의 진리를 가르치려는 교사나 설교자들에게 설득적인 전달법을 교육했다. 그는 당시 그리스-로마의 수사학을 활용해 기독교 교사의 효과적인 언변에 관한 방법들을 제시했다. 그 이유는 당시 수사학이 능란한 말로 사람을 속이는 데 사용되고 있었는데, 만일 그렇다면, 참된 진리를 가르치는 기독

교 교사들이야말로 수사학을 활용해 사람들의 마음을 얻을 수 있어야 한다고 생각했기 때문이다.[1]

그런데 주목할 것은, 아우구스티누스는 수사학을 가르치는 책에서 말의 기술보다는 오히려 전하려는 말의 내용이 중요함을 반복해서 강조하고 있다는 것이다. 그는 기독교 교사에게는 능변能辯보다는 지혜가 더 요긴함을 강조하면서, **"달변이 결여된 지혜는 국가에 조금밖에 이바지 못하지만 지혜가 결여된 달변은 지나치게 해로울 따름이며 조금도 이로울 데가 없다"**고 가르쳤다.[2] 그리고 책을 마무리하면서 그는 또다시 진리의 내용이 지닌 중요성을 다음과 같이 강조했다. **"그교사는 연설에서도 말보다는 내용으로 사람들 마음에 들고자 하며, 보다 진실한 말이 아니면 보다 훌륭한 말이라고 여기지 않고 교사가 말에 봉사하는 것이 아니고 말이 교사에 이바지해야 한다고 본다."**[3]

아우구스티누스는 성경의 저자들이 모두 말의 언변만이 아닌 진리의 깊은 지혜를 아는 자들이었음을 확신했다.[4] 결국 그의 요지는 설교의 설득은 설교자의 말 잘하는 달변보다 그가 전달하려는 말씀의 내용, 곧 메시지 그 자체에 있다는 것이다. 택배가 제아무리 신속, 정확, 안전하게 배달되었다 해도, 그 안의 내용물이 주문한 내용물이 아니거나, 전달 과정에서 파손되었다면, 그 배송의 완벽함은 그 포장과 함께 무의미하게 된다. 우리가 바라는 것이 내용물에 있듯이, 설교의 전달력은 그것이 전하는 메시지를 돕는다는 데 그 의의가 있는 것이다.

성경과 메시지

설교는 **메시지**다. 시작에서 마치는 순간까지, 그리고 마친 후에도 설교는 메시지로 있다. 이는 설교가 본문을 가지기 때문이다. 설교는 성경 때문에 발생하고 성경을 가지고 성경에 대해 행하는 행위이다. 그렇다면, 성경이 설교를 발생시키고 설교가 성경을 가진다는 말은 무엇인가? 성경의 활자들이 마력을 지녀서 그것들이 설교에 기묘한 효력을 주기 때문인가? 그것은 성경이 '하나님'이라는 삶의 참된 길과 근원을 증언하고, 그 증언되는 진리가 세상과 교회, 그리고 우리를 일깨우기 때문이다.

칼뱅은 성경을 설교의 양식(떡)이라고 했다.[5] 성경은 양식으로서 목회자에게 세상과 교회를 향해 알려야 하는 중대한 소식을 준다. 설교의 메시지는 성경에게서 온다. 그것은 성경의 활자나 말들 자체가 아니다. 그것은 성령이 활자나 낱말들 이면에서, 그것들을 통해, 그리고 그 말들 앞으로 자신을 비추시는 하나님의 뜻이다.[6] 설교가 성경을 가지는 이유는 교회와 세상이 만물을 생동케 하는 하늘의 내밀한 뜻을 구하기 때문이고, 믿음의 선조들과 교회들이 그 뜻을 듣고 배운 곳이 성경이며, 그것이 그들이 우리에게 물려준 설교의 떡이기 때문이다. 성경과 설교는 교회와 세상을 위한 양식으로 서로를 향하고 서로를 가진다.[7]

설교가 메시지의 행위인 것이 여기에 있다. 설교는 성경을 통해 밝혀진 하나님의 뜻을 알리고, 그 뜻을 여는 행위다. 설교를 정의하는 다양한 말들이 있지만 설교의 정체성은 한마디로 메시지, 곧 오늘의 삶을 밝혀주는 진리의 빛인 하나님의 뜻에 있다. 정장복은 설교자의 정신으로 '성언운반일념'을 강조했다. 설교라는 실천은 '성언' 곧 하나님의 말씀만을 전달하겠다는 마음가짐에서 바르게 선다는 것이다.[8] 설교의 숨! 설교의 생명과 죽음, 설교의 성공과 실패가 하나님의 깊으신 뜻의 여부에 달려 있다. 그리고 하나님의 뜻이 신자들의 마음에 와 닿을 때, 그 뜻은 그들 속에서 영으로 활동하고, 그 말씀의 영이 교회와 신자의 어두운 생각과 무지한 마음을 깨우는 것이다.[9] 그러므로 설교를 위해 본문을 펴는 것은 설교의 시작 단계이지만, 그것이 설교의 전 향방을 좌우하는 설교의 첫 단추이다.

메시지와 설교자

설교는 메시지다! 설교의 메시지는 설교자의 입에서 나오지만, 설교자로 인해 가려지기도 한다. 설교는 사람을 통해 실행되는 일이기 때문에, 설교의 메시지는 설교자에 의해 조제되고 얼마든지 꾸며질 수 있다. 그래서 설교는 사람을 살리기만 하는 것이 아니다. 오히려 듣는 사람의 판단과 생각을 미혹하고, 건강한 마음과 영을 무지와 어둠 속으로 던져넣을 수도 있다. 실로 설교의 메시지는 설교자의 내적, 외적 자원들이 복합적으로 미묘하게 얽히면서 생성된다. 진실된 차원에서 설교는 설교자의 신앙과 되어진 인격, 그리고 삶의 경험과 어우러진다.

그런데 설교자의 말이 그의 삶과 일치되어야 한다는 말은 설교가 그의 완전한 행위를 전제해야 한다는 뜻이 아니다. 설교자는 교회와 신자들의 목자요 교사로서 그들의 본이 되고 자신의 삶이 말씀을 입는 메시지가 되도록 자신과 분투해야 한다. 그것이 설교자가 하나님과 교회로부터 부름받은 소명의 이유이고 설교자로서 감당해야 하는 책임이다.

그러나 보다 더 중요한 것은, 자신의 설교와 삶이 일치되지 못할 때, 설교자가 그런 자신을 부끄럽게 여기고 겸손하게 하나님의 자비와 긍휼을 구하는 태도에 있다. 그리고 교회와 세상 앞에 자신의 연약함을 정직하고 용기 있게 고백하는 것이다.[10] 설교자의 말과 그의 내적 됨됨이가 분리되어 있는 것에 무감각하거나 그것을 인간적 보편성으로 합리화하고, 그리고 그러한 일이 지속될 때, 설교자의 내면은 성령이 아닌, 거짓과 위선의 영의 지배 아래 있는 것이다. 그리고 그러한 그의 내적 상태는 설교를 통해 세상과 교회 앞에 드러나게 된다.

분명 설교자가 메시지는 아니다. 그러나 설교의 메시지는 '그 설교자'라는 살아있는 인격을 통하고, 그의 삶과 함께 신자회중에게 드러나기도 가로막히기도 한다. 목회자들의 설교에 대한 생각이 많고 관심이 뜨겁다. 그러나 하나님의 말씀을 실행하는 자, 곧 설교하는 자 '자신'에 대한 진지하고 정직한 성찰이 설교의 심중한 관심사가 되어야 한다.

2.

이해되는 메시지!

설교의 메시지는 이해되어야 한다. 설교가 메시지를 가지는 것과, 그것이 이해되는 것은 별개의 영역이다. 음식이 있다는 것과 그것이 먹고 소화되는 음식인지는 다른 사안이다. 설교는 전시관에 걸린 그림처럼 감상하고 느끼는 것이 아니다. 듣기에는 흥미롭고 감동적인 설교지만 그것이 메시지와 어떤 관련이 있는지 모호할 때가 있다. 설교는 메시지 행위인데, 설교자의 책임은 그 메시지가 이해되도록 말하는 것이다.

설교의 소통?

메시지의 '이해'는 설교가 의사소통oral communication 행위라는 데서 중요해진다. 본문을 읽고 기도하는 과정에서 설교의 메시지는 설교자의 생각에 관념의 형태로 부상한다. 설교자에게 떠오른 의미의 생각들은 머릿속에서 자유롭게 부유한다. 그리고 그것들은 마치 세포처럼 살아 움직이면서 분열, 생성, 진화를 반복한다. 설교자의 머리에 떠 있는 주제적 생각들은 종잡을 수 없기도 하다.

반면 설교자의 생각 바깥에 있는 신자들은 설교자가 그것을 말로 드러내기 전까지 그의 메시지를 알지 못한다. 의사소통에서 말이란 화자가 관념의 형태로 가진 메시지를 청자에게 드러내고 이해시키는 교호체계이다.[11] 언어로 암호화된 메시지는 청자인 신자들에 의해 해독되고 인지된다. 따라서 설교는 메시지 소통을 방해할 만한 요소들을 최소화하고, 이해를 돕는 요소들은 극대화해야 한다.

그러나 설교에서의 이해란 설교자의 개별적 말과 단어들에 대한 어의적 이해가 아니다. 설교의 이해란 그러한 개별적 말들이 문장을 이루고 문단이 되어 만들어 내는 의미, 곧 설교가 궁극적으로 말하려는 바를 이해하는 것이다. 설교의 목적이 성경본문을 통해 얻은 하나님의 뜻을 말하는 것이라면, 설교자의 일차적 과제는 그가 구한 그 하나님의 뜻을 신자들이 알아들을 수 있게 제시하는 것이다.

그런데 신자들의 메시지에 대한 이해는 그들의 몫이 아니다. 그것은 설교자의 책임이다. 일찍이 존 브로더스 John A. Broadus 는 설교자의 책임에 대해 **"당신이 이해하지 못한 것을 설명하려 하지 마라 … 아내가 잡은 것이 없이 어떻게 요리할 수 있고, 설교자가 이해하지 못한 것을 어떻게 설교할 수 있단 말인가?"**[12]라고 말한 바 있다.

설교자는 자신이 이해한 바에 한해서 신자들을 이해시킬 수 있다. 신자들의 이해도는 설교자의 이해에 달렸다. 기적적인 텔레파시가 아니고서 설교자 자신에게 모호한 것이 신자들에게 선명해질 리 만무하다. 여기서 성령의 조명이 종종 오해되곤 한다. 성령의 조명

주명잡설 _주제와 명제로 잡는 설교

이란 언어의 정연한 논리로도 불가해한 하나님의 깊은 지혜를 성령의 도움으로 통달케 되는 일종의 '이해의 잉여' surplus of understanding 인 것이다. 그것은 설교자의 책임을 면제해 주는 것이 아니다.

하지만 설교자부터 자신의 메시지에 대해 모호한 경우가 빈번하다. 앤드류 블랙우드 Andrew Watterson Blackwood 는 설교가 끝날 무렵 설교에 대해 나누는 한 부부의 대화를 통해 설교단에서 모호한 설교가 얼마나 빈번한지를 말한다.

> (남편 집사가 옆에 앉은 아내에게 다음과 같이 귓속말을 한다.)
> **남편: "목사님이 뭘 말하려는지 도통 모르겠는데, 당신은 알겠어?"**
> **아내: "나도 모르겠어. 근데 목사님도 무슨 말을 하고 있는지 모르시는 것 같아."[13]**

설교 후, 자신의 메시지의 핵심을 **한 문장**으로 간결하게 말할 수 있는 설교자가 많지 않다. 만일 자신의 설교를 짧은 한 문장으로 말할 수 없다면, 설교자에게 메시지는 잡히지 않은 것이다. 하지만 이에 대한 설교자들의 문제 인식은 매우 약하다.[14] 설교자 스스로에게 메시지가 선명하게 서 있지 못하다면, 그의 설교는 과녁 없이 허공으로 날아가 버리는 화살과 같게 된다.[15] 그것은 분명 어딘가에 가서 꽂히거나 떨어질 것이다. 그러나 그곳은 신자들의 정곡과는 먼 다른 곳이다.

설교자 자신에게 메시지가 짧고 명확하게 서 있을수록, 신자들의 메시지에 대한 이해도가 높아진다. 일찍이 생스터^{W. E. Sangster}는 비정교한 설교를 통해서도 설교자의 진정성과 열정이 드러나고 하나님의 강복하심이 나타난다고 보았다. 그러나 그렇기 때문에 설교가 정교하게 구성된다면 하나님의 강복하심과 설교자의 진정성은 더욱 강력하게 드러나리라 의심치 않았다.[16] 설교자의 메시지가 날선 칼의 예리함을 가질 때, 설교는 신자들의 정곡을 찌르고 그들의 깊은 곳에 닿는 말이 된다.

성령의 일 vs. 사람의 일

설교는 하나님의 일인가, 사람의 일인가? 설교는 하나님만의, 또는 사람의 일만도 아니다. 설교는 사람을 통해 행사되는 하나님의 일이다. 하나님은 사람의 전인^{全人}을 입으시고 말씀하신다. 그러나 또한 하나님은 사람의 차원에 결코 매이지 않는다. 하나님은 설교자의 역량을 통하지만 그것을 초월하여 교회와 세상에 말씀하신다. 그런 차원에서 하나님의 영의 활동은 설교자의 메시지의 이해의 여부도 넘어서 있다.

일례로 신자들은 설교의 전체 내용을 수렴한 후에 메시지를 알아듣는 것만이 아니다. 때때로 그들은 설교의 부분부분, 요소요소에서 자신에게 와닿는 말씀을 만나기도 한다. 때때로 설교자의 수고의 양이나 노력의 크기와 무관하게 하나님은 자신을 신자들에게 알리시기도, 감추시기도 한다. 그렇기에 설교자는 하나님의 나타남을

상시화할 수 없으며, 하나님의 때와 임재의 장소를 예측, 예단할 수도 없다.

설교는 하나님의 은총에 기대어 있는 말이다. 은총은 하나님의 자유하신 주권적 영역이다. 그것은 설교자를 겸손하게 하고 말씀해 오시는 하나님을 의지하게 한다. 설교는 최종적으로 인간 설교자의 영역이 아니다.

그렇다면, 인간 설교자의 일은 무엇인가? 설교가 신자들에게 큰 감화를 주는 것처럼 보일 때, 설교자들은 하나님의 영역으로 들어가 주인공이 되고픈 유혹을 받는다. 마치 자신이 권위이고, 은총의 수여자인 것처럼 착각하게 된다. 하나님의 권세와 권능이 자신에게 양도된 것인 양 위세를 부리고, 순종이란 말로 신자들을 굴복시키고, 그들 위에 군림하고픈 욕구가 솟는다. 나아가 자신의 안일과 나태는 '은혜'나 '성령의 역사'라는 말로 포장한다. 그러나 그러한 말과 행동은 설교자의 탈을 쓰고 하나님을 대적하는 사탄의 일이며, 교회와 신자들만이 아닌, 설교자 자신도 홀리는 요사한 죄악이다.

하나님의 주권적 은총 안에서 인간 설교자가 할 수 있고, 해야 하는 일은 무엇인가? 그것은 그리스도의 종으로서 말씀의 봉사자, 또는 그리스도의 제자요 형제로서 말씀의 겸손한 동역자로서의 역할이다.[17] 그것은 하나님을 사람의 말로 전할 때, 하나님이 신자회중에게 최대한 들려지고 이해되도록 사람 편에서 길을 펴는 것이다. 이는 피곤한 고역이 아닌, 설교자만이 누리는 특권이다.[18] 이를 위해 설교자는 자신의 경험과 교회의 지혜, 인간사회의 지적 유산을 적극 활용하는 것이다. 물론 사람이 하는 말의 논리로 하나님의 깊은 뜻을 헤아릴 수 없다. 그럼에도 하나님의 말은 설교에서 사람의 말과 신비하게 어우러지는 것이다.[19] 이러한 설교의 신비가 설교자로 하여금 오만함과 무엇을 말하든 **"누구라도 은혜는 받는다"**는 식의 요행을 경계하게 한다.

말씀의 겸손한 봉사자와 동역자로서 설교자가 하나님께 구해야 하는 기도는 설교를 하는 자와 듣는 자들에게 은총이 임하기를, 곧 하나님이 그날 그 자리에 있는 자들에게 말씀으로 찾아와 주기를 겸손히 구하는 것이다.[20] 그리고 설교자가 하나님의 말씀을 담아내려 씨름하고 신자들이 하나님을 깨닫는 은총을 받게 될 때, 설교자는 말씀의 봉사자가 되고 동역자가 되는 것이 무엇인지를 알게 된다. 그렇기에 설교는 설교자를 성숙한 인간과 삶으로 이끄는 기도의 과정이기도 하다.

권위적 설교?

설교는 이해를 요하는 메시지다. 설교는 카페에서 나누는 대화처럼 가볍게 시작하지만, 결코 가벼운 대화가 아니다. 설교는 일방적인 주장을 지양하지만 그렇다고 모든 입장들에 열려 있는 토론도 아니다. 설교는 신자들의 상황을 경청하고 공감하지만 그렇다고 일대일의 대화도, 상담도 아니다. 설교는 성경에서 창안한 고유하고 독특한 메시지를 가지고, 설교자 한 사람이 다수의 신자들을 대상으로, 삶에 대한 대안적 가치를 알리는 말이다. 만일

주 명 잡 설 _ 주제와 명제로 잡는 설교

그러한 말이 필요치 않다면, 교회는 구태여 오랫동안 '**설교**'라는 말을 가지지 않았을 거다. 교회는 이미 성경의 세계관을 가르치고 알리는 다양한 형식의 말들_{기도, 고백, 교육, 교제, 상담, 강의 등}을 가지고 왔으며, 그것들로 설교를 대신할 수 있었을 것이다. 그럼에도 교회는 설교를 교회를 세우는 토대로 삼아 성경의 정신을 가르치고 신자들의 정체성과 세계관을 세워왔다.[21] 설교는 독특한 목적과 메시지를 가진 교회의 말로서, 듣는 모두를 성경의 세계관으로 초대하려는 말이다.

설교는 이해되어야 하는 메시지라는 점에서 때로 일방적이고 권위적이다. 그러나 이 때문에 몇몇 설교자들은 새로운 방식의 설교를 제안했다. 그 대표적인 방식들 가운데 하나가 신자들의 삶의 관점으로 본문에 접근하고, 본문과 오늘의 삶이 서로를 비추는 거울처럼 대화해 가면서 복음으로 초대하는 귀납식 설교다. 귀납식 설교는 설교자가 내린 결론이 아닌 신자들이 스스로 그들의 삶에서 결말을 맺도록 열어두는 방식으로 마무리된다. 프래드 크래독^{Fred B. Craddock}은 이러한 귀납적 방식의 설교를 '**권위 없는 자처럼**' As One Without Authority 이라는 이름으로 불렀다.[22] 크래독의 제안은 일방적이고 권위적인 설교의 대안으로 각광받았다. 그는 신자들의 일상의 경험으로 본문의 세계를 밝혀내고, 그럼으로써 설교자가 독단적이지 않게 신자들을 설교의 흐름 속으로 참여시키려 했다.

그러나 크래독의 '비권위적'인 설교가 설교자의 비권위적 인격과 지도력을 담보하지 않는다는 점에서 그의 설교를 '비권위적'이라고 말할 수는 없다. 더군다나 그의 설교도 그가 문제시하는 여타의 **권위적인** 설교들과 마찬가지로, 이미 의도된 방향이나 목적을 갖고 시작한다. "권위 없는 자처럼 설교하라"는 크래독조차 설교의 메시지창안 과정에서 신자들의 관심과 주의를 끌고 갈 로드맵을 미리 설정하는 것이다.[23] 때문에 일각에서 그의 설교를 권위 없는 게 아니고, 교묘히 권위를 숨기고 있는 설교라고 꼬집는다.[24] 결국, 설교는 인간의 지혜와는 질적으로 다른 **하나님**의 지혜를 밝히고 알리려 한다는 점에서 태생적으로 일방성이나 권위적인 차원을 피하기 어렵다.[25]

주목할 것은 폴 스캇 윌슨Paul Scott Wilson은 설교를 **권위적인** 문제와 연결 짓지 않는다. 그에게 설교의 메시지는 신자들에게 수용을 강요하는 일방적인 말이 아니다. 그것은 오히려 하나님의 말씀에 대한 신자들 간의 대화를 촉진하고 그들로 설교자가 말하려는 것이 무엇인지를 알도록 도움으로써 말씀에 대한 신자들 각자의 분별을 도와주는 **목회적 촉매제**인 것이다.[26] 설교가 진실된 차원에서 하나님을 드러낼 때, 그 말은 일방성이나 권위적이라는 차원을 넘어서는, 모두가 환성으로 반겨마지않는 구원의 소식으로 들려지게 된다.

의도적 메시지

'설교'는 신자들을 향한 분명한 의도가 있다. 그러나 설교자들은 애써 설교의 의도성을 감추려 하거나 그것을 부정적으로 여기곤 한다. 물론 설교자가 하나님이나 성경의 권위를 이용해 자신의 주장을 강요하거나, 신자들의 판단을 자신의 관점으로 포섭하려 조종하려는 행위는 설교가 아니며, 거부되어야 하는 선동이다.

　설교가 진실로 하나님의 말씀을 드러낼 때, 그것은 다른 누구보다 먼저 설교자의 내면을 들춰낸다. 성경의 말씀은 신자들을 향하기 전, 본문과의 내밀한 독대의 과정에서 설교자를 향하고, 설교자의 양심과 영, 생각과 삶을 간섭하는 것이다. 메시지창안을 위한 전인적 읽기의 의의가 여기에 있다. 본문에 대한 기술적이고 객관적 읽기는 자칫 말씀의 일차적 수행자로서 설교자를 배제하곤 한다. 그러나 본문의 말씀이 첫째로 찾는 사람은 설교자이며, 그 말씀은 설교자를 자기부인의 지점으로 이끌고 간다. 이것이 신자회중 앞에 서기 전, 설교자에게 있게 되는 일이며, 그것이 설교자의 진정성을 형성하는 것이다.

　설교자를 향하고, 설교자를 찾는 하나님의 말씀은 분명한 목적과 방향이 있는 말이고, 특정한 결과를 기대하고 약속하는 말이다. 그것은 세상과 교회, 신자들로 사랑, 곧 하나님의 사랑을 알게 하고, 그들이 그 사랑에 참여하도록 초대하고 설득하는 것이다. 성령의 조명하심 안에서 하나님의 말씀을 만난 설교자는 이러한 설교의 방향성에 눈을 뜬다. 왜냐하면 사랑의 말씀이 설교자의 어두운 의식과 내면을 깨우기 때문이다. 그 의도를 실행하기 위해 설교자는 성경의 내용을 신자들에게 일관되고 체계 있게 설명하고, 그 내용을 이해시켜야 한다.

　설교 메시지의 의도성과 관련해, 헨리 슬로앤 코핀Henry Sloane Coffin은 오늘날 설교자는 선지자prophet 보다는 교사teacher 나 서기관scribe 에 가깝다고 했다. 선지자들은 하나님의 말씀이 있을 때, 단회적 또는 비정기적으로 그들이 받은 말을 전했다. 그들은 교회를 맡아 정기적으로 설교하는 목회자가 아니었다. 반면 오늘의 설교자는 지역교회를 맡아 매주, 또는 매일 성경을 가지고 하나님을 반복해서 말하는 자들이다. 그는 하나님의 뜻을 부분이 아닌 성경 전체를 가지고 일정하고 균형 있게 가르치고 신자들의 삶을 꾸준히 조명해야 하는 책임을 가진 자이다. 그렇기에 코핀은 설교자는 성경의 교사로서 설교에 대한 일관된 계획과 준비, 체계적 실행과 같은 안정적인 커리큘럼을 필요로 한다고 강조했다.[27]

설교는 '성경'이라는 교회의 교과서로 신자들의 의식을 사랑과 화해, 의와 거룩, 용납과 희생과 같은 대안적 세계관으로 형성해간다는 점에서 매우 교육적이다. 그런데 성경의 다양하고 광범위한 하나님의 뜻을 이해의 폭이 상이한 신자들에게 일관되고 균형 있게, 그리고 지속적으로 가르쳐야 할 때, 설교는 그 역할을 실행할 체계적인 방안을 갖춰야 한다. 그것들에는 설교청중인 신자의 구성분석교회, 사회, 경제, 연령, 성별, 가족, etc., 본문선정과 주제, 메시지내용율법-복음/하나님주도-인간행위과 메시지방식확증교육-성찰조명, 적용방식직접-우회/교훈-초대과 방향성개인-공동체-사회의 균형, 설교진단 등에 관한 장기간의 계획과 구상들이다. 그리고 그 방안들 가운데 하나로서, 설교 메시지가 다양하고 상이한 신자회중이 이해하는 메시지가 되도록 메시지를 설정 및 작성하는 구체적인 방안이 마련되어야 한다.

3.

설교의 핸디캡

그런데 문제는 메시지가 실행되는 상황과 시간이다. 설교의 환경은 설교의 핸디캡으로 작용한다. 그것은 설교가 한 사람이 다수의 신자들을 상대해야 한다는 것과 설교는 하고 싶은 말을 다 할 수 있는 말이 아니라는 데 있다. 설교의 시간은 정해져 있다. 물론 예배나 집회의 성격에 따라 다를 수 있지만, 어떤 경우라도 시간은 정해져 있다. 반대로 설교 시간이 너무 많이 배정되어 어려운 때도 있다. 어떤 상황이든 문제는 시간이다. 먼저 설교가 행해지는 상황의 특수성에 대해 생각해 보자.

공간의 핸디캡?

설교는 예배라는 상황에서 행해진다. 오늘날 설교는 길거리나 광장의 불특정 다수에게 던지는 말이 아니다. 성경 시대와 초기와 중세 교회 때는 그러한 설교가 있었다. 구약의 사사들과 예언자들이 그랬고, 세례자 요한이 그랬으며, 누구보다 예수가 거리의 설교자였다. 또한 중세의 탁발수도자들도 거리의 설교자들이었다. 그러나 오늘의 설교가 수행되는 자리는 신자들의 예배 자리이다. 설교의 공간이 예배라는 것은 오늘날 설교의 특성을 이해하는 하나의 열쇠가 된다.

예배는 신자 공동체의 행위로서 고유한 예법과 규칙을 갖는다. 이는 전통적 예배형식을 가진 예전적 교회들만이 아니다. 형식에 있어 자유로운 예배일지라도 그 나름의 형식이 없지 않다. 가장 비형식적 예배라고 하는 퀘이커의 예배조차도 내부적으로 흐름의 선후가 있고 규칙이 있다. 정도의 차이지 모든 예배는 형식을 취한다.[28]

그렇다면 예배에서 특정한 예법은 왜 필요하고, 어떤 기능을 하는가? 예배는 교회가 공동체로써 신앙을 공유하고 하나님과의 일치를 확인하고 경험하려는 자리이다. 그런데 이를 위해 모이는 신자들은 흩어진 개인들로써 각기 상이한 행동습관을 가지고 온다. 그러므로 예배는 기독교 신앙의 내용을 적합하게 담아내면서도 일치된 규범적 행동을 통해 개별적인 신자들을 공동체로 아우르게 된다. 예배의 의례는 교회가 오랜 세월 하나님과 소통하고 신앙의 차원들을 경험하기 위해 합의해온 공동체의 자세이고 신앙의 규칙이다.[29] 이는 유구한 세월 속에 켜켜이 쌓이고 전수된 신앙 공동체의 고유한 행동양식이다. 성령은 인간의 제도에 구속받지 않는 자유한 영이면서 또한 통일과 질서의 영이다. 예배는 나름의 규례와 순서를 취함으로써 모두가 함께하는 예배를 가능케 하고, 개인적 차원을 넘어서는 공동체적 신앙을 매개하게 된다.

예배의 맥락은 설교의 성격 형성에 영향을 준다. 예배공간은 특성상 감각적 공간이다. 고교회 전통의 섬세하고 풍성한 상징적 공간에서부터 개혁교회 전통의 극도로 절제되고 단순한 공간에 이르기까지 예배공간은 그 자체로 각각의 세계관을 담은 상징체이다.[30] 예배공간이 상징적이라는 것은 그곳이 하나님과 삶, 신앙에 관한 또 다른 텍스트로서 신자들을 초언어적이고 직관적인 메시지로 감싸고 있다는 말이다.[31] 달리 말해 설교 없이도 예배공간은 묵묵히 신앙의 깊이를 말하고 있다. 이러한 예배의 직관적이고 감각적 공간 안에서 설교는 논리적 교호체계인 언어 행위이다. 설교는 언어를 통해 난해하고 다의적인 하나님과 삶의 차원을 보다 명시적으로 풀어준다.

예배의 상징적 공간 안에서 명시적 설교는 한편으로 그 성격이 제한될 수 있지만, 예배라는 맥락이 오히려 오만할 수 있는 설교를 겸손하게 낮추고 장황해지려는 설교의 말을 간결하게 줄이며 설교가 짊어진 과한 짐을 단순하게 덜어주기도 한다.[32] 그로 인해 설교는 메시지의 깊이에 보다 집중할 수 있고 그럼으로써 예배는 다채롭고 더욱 풍성해진다.

시간의 핸디캡?

예배의 맥락에서 설교의 시간은 제한돼 있다. 예배 안에서 설교의 시간제한은 설교자의 경건에 의미하는 바가 크다. 설교는 설교자가 하지만 그렇다고 그가 하고 싶은 말을 하는 자리가 아니다. 설교의 강단은 설교자의 욕구의 분출대가 아니다. 설교는 하고 싶은 말이 많은 설교자 자신이 죽고, 자신의 말을 지속적으로 내려놓아야 하는 자리이다.

"내가 설교할 때, 나의 입은 하나님의 입이 된다"[33]고 한 루터의 말은 설교가 설교자에게 어떤 행위인지를 고백한 말이다. 이는 설교 시간은 설교자가 소유한 시간이 아님을 말한다. 설교는 설교자의 권역이 아니다. 설교는 하나님의 권역이고, 인간 발언자의 이런저런 말이 아닌, 성경이 여는 하나님의 세계를 말해야 하는 구별된 자리이다. 설교가 예배에서 행해진다는 것은 설교 시간이 설교자 개인을 위한 시간이 아님을 분명히 한다. 설교의 시간제한은 설교자를 제어함으로써 설교가 이런저런 어수선한 말이 아닌, 그런 모든 말들을 잠재우고 빛으로 돋아나는, 주님의 말을 내는 것임을 생각하게 한다.

반대로 설교의 내용에 비해 설교 시간이 많이 제공될 경우, 그 또한 설교에 부정적인 영향을 준다. 설교자의 역량에 차이가 있지만, 많은 경우 설교자는 남는 시간을 채우기 위해 불필요한 말들을 붙이고, 신자들의 흥미를 돋우는 말을 찾아 헤맨다. 그렇게 되면 설교는 유희나 오락을 위한 공연이 되어 버리고, 설교의 메시지는 증발해 버린다. 너무 짧은 것도 그렇지만, 시간이 여유롭다고 메시지에 도움이 되는 것이 아니다. 따라서 예배에서의 설교는 20분 내외가 적합하며, 정해진 시간 안에서 설교가 자유롭게 마치도록 하는 것이 옳다. 설교는 이미 예배라는 또 다른 텍스트 안에서 행해진다. 한 날의 설교의 미완은 예배의 초언어적 메시지로 보완되고 그 둘은 서로를 기다리면서 서로를 돕는다.

메시지 작성

설교의 제한된 시간은 설교작성을 요한다. 시간 한정이 없다면 설교자는 메시지를 생각의 흐름대로 나열하고, 그때그때 신자회중의 반응을 살피면서 메시지를 수정 또는 보완해 갈 수 있다. 그러나 설교 시간은 정해져 있다. 그것은 그 시간 내로 할 말을 하라는 거다. 주섬주섬 떠오르는 대로 말하지 말고, 성경에서 필요한 말씀을 조리 있게 풀어주라는 거다. 시간이 짧을수록 설교는 짧아져야 하고 그럴수록 메시지의 논리는 더욱 정연해져야 한다. 왜냐하면 말할 시간이 줄어든다고 이해시켜야 하는 신자들의 숫자가 줄어드는 것이 아니기 때문이다.

설교를 준비함에 있어, 설교는 세심한 작성을 요한다. 리 에클로브 Lee Eclov 는 원고 없이 임기응변식으로 하는 즉흥 설교의 한계를 예리하게 짚어냈다. 그에 따르면, 원고를 작성하지 않는 설교의 특징들은 같은 지점을 맴돌고, 불필요한 설명을 장황하게 반복하며, 예화는 진부하고, 작위적인 웃음을 만들어 내려는 것들이다.[34] 한마디로, 원고의 작성과정이 없는 설교는 설교자의 사고의 습관을 벗지 못할 뿐 아니라, 설교자의 자기중심적 말하기가 되어 설교는 신자들의 귀에 닿지 않게 된다. 따라서 설교는 말로 하지만, 말로 뱉기 전 설교자는 자신의 생각을 객관화하고 명료화하는 과정을 가져야 한다.

하나님은 설교를 통해 자신을 드러내신다. 설교자의 혜택은 그러한 하나님의 일에 참여하는 데 있다. 그것은 혜택이면서 동시에 설교자가 설교 시간의 주인이 아님을 분명히 한다. 설교는 하나님이 세상 가운데 드러나고 말씀하시도록 하나님께 봉사하는 일이다. 그렇기에 설교자는 하나님의 말씀에 봉사하는 일이 구체적으로 무엇인지를 알아야 한다.

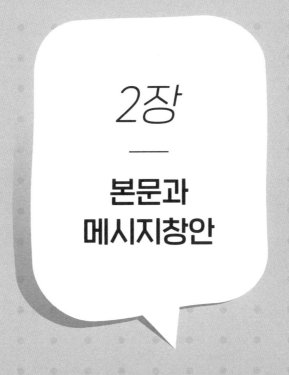

2장

본문과
메시지창안

본 2장의 일부 내용은 최진봉, "설교를 위한 전인적 본문읽기로서 '거룩한 읽기'(*Lectio Divina*)의 수용에 관한 연구," 『장신논단』 53-5 (2021. 12), 383-402의 내용을 본서의 목적과 내용에 맞게 개정 및 확장시킨 내용임.

7.

성경 _ 설교를 위한 책

설교의 메시지창안 과정은 획일적이지 않다. 그것은 설교자마다 다양하고 상이하다. 그럼에도 메시지창안을 위한 기초적이고 공통적인 요소는 있으며, 그것들을 익히고 숙달하는 것은 설교사역에 매우 긴요하다. 그것들 가운데 일차적으로 설교본문으로서 '성경'에 대한 이해는 메시지창안만이 아닌, 메시지 자체를 좌우하는 중요한 과제이다.

'성경'이 설교의 본문이라는 것은 설교가 성경을 정당하게 다뤄야 하는 책임을 포함한다. '성경'은 어떤 종류의 책인가? 역사책인가? 문학인가? 기도문인가? 교훈집인가? 설교인가? 성경은 그것들 중에 어느 하나가 아니다. 성경은 역사와 시, 이야기, 교훈, 묵시와 같은 다양한 장르들을 아우른다. 그렇다면 성경을 하나의 책으로 꿰는 고유한 특질은 무엇인가?

루돌프 보렌Rudolf Bohren은 '성경'이라는 책이 설교본문으로 읽히고, 기록된 문자가 생생한 하나님의 말씀으로 들려지며, 죽은 문자에서 복음이 표현되는 이유가 무엇인지에 응답했다. 그는 성경이 성경인 것은 그것의 문자나 낱말들 때문이 아님을 분명히 했다. 성경은 종이의 문자들을 넘어서는 하나님의 영으로 인해 성경이 되는 것이고, 그렇기에 설교자는 새로운 영의 활동을 기대하면서 성경을 읽는다고 확신했다.[1] 성경의 고유한 특성은 신적 영감에 있고 그것을 읽는 자들의 삶의 깊은 차원과 관련된다.

　　설교자가 신학교에서 배운 성경의 학문적 또는 주석적 읽기들은 본문에 대한 문법적, 역사적, 문학적 정보들을 파악하는 길잡이 역할을 한다. 주석서는 본문의 이해를 위한 방향과 지침들을 제공해준다. 설교는 본문에 대한 바른 이해를 위해 과학적이며 객관적 읽기가 필요함은 의문의 여지가 없다. 그러나 그러한 읽기가 설교의 메시지 창안을 위한 주도적이고 유일한 방안이 될 때, 깊은 영적 차원을 지닌 성경의 고유한 차원은 소외되고 그렇게 되면 설교는 본문으로서 성경을 정당하게 다루지 않게 된다. 성경은 무시간적이고 탈상황적인 불변의 답안을 갖고 있는 책이 아니다. 또한 성경은 정교히 설비된 독해 방식에 의존해야 하는 것도 아니다.[2] 일찍이 아우구스티누스Augustinus는 설교자나 교사들이 그들의 직무를 위해 성경을 써먹으려는 태도를 진지하게 경계했다.[3]

　　교회는 근대적 계몽주의 전까지 성경의 깊은 차원, 곧 영적 차원에 민감했다. 성경의 영적 깊이에 민감했던 초기의 오리겐Origen이나 사중 차원을 강조한 카시아누스Cassianus와 달리 성경의 문자적이고 역사적 읽기에 집중했던 토마스 아퀴나스Thomas Aquinas 조차도 문자와 영 간의 인과적 관계성에 토대한 읽기에 익숙했다.[4] 심지어 16세기 개혁자들의 문자적 읽기literal reading는 삶의 영적 차원인 그리스도를 읽어내려는 영적읽기와 분리되지 않았다. 이는 그들이 성경해석의 가장 중요한 조건으로 성령의 내적조명을 강조한 것에서 알 수 있다.[5] 교회사의 오랜 세월 동안 성경을 읽는다는 것은 객관적이고 지성적인 이해 행위만이 아닌, 하나님의 세계를 향유하는 거룩한 행위였고, 성경은 신자들의 삶에 깊숙이 관여된 책이었다.

성경은 역사나 문학 등과 같은 여러 분야에서 다양한 목적으로 읽힌다. 그러나 그것은 본래적으로 교회의 삶을 위한 책, 곧 설교를 위한 책이다. 따라서 성경은 그 특성에 부합한 읽기를 필요로 하며, 설교와 관련해서는 더욱 그러해야 한다. 설교자는 본문에 대한 객관적 정보나 주석가들의 도움을 받기 전, 성경의 말들을 통해 말씀해 오시는 하나님을 모시고 그분과의 순전한 만남을 가져야 한다. 왜냐하면 설교는 성경과의 진솔하고 순전한 만남에서 발생하기 때문이다.

2.
성경과 전인적 읽기

설교는 전인적인 메시지 행위이다. 교회가 하나님을 우리를 향해 말씀해 오시는 분으로, 설교가 그 말씀의 실행이라고 믿는다면, 설교의 메시지창안은 본문과의 순전한 만남과 함께 해야 한다. 신자는 하나님으로부터 구원을 갈망하고 한 줄기 말씀의 빛을 기다리는 영혼이다. 그리고 그 말씀의 빛은 설교자에게 더욱 간절하고 절실하다. 왜냐하면 메시지를 비롯하여 설교와 관련된 모든 것들이 그 빛에 의지해 있기 때문이다. 해돈 로빈슨^{Haddon W. Robinson}은 성경을 대하는 설교자의 자세에 대해 다음과 같이 말한다.

> "한편의 설교를 얻기 위해 성서를 연구하는 것과 자신의 영혼의 양식으로서 성서를 연구하는 것" 사이에 무슨 차이점이 있다는 생각은 잘못된 것이요 오도^{誤導}하는 것이다. 물론 어떤 학자가 성서를 히브리 시로 또는 오래 전에 죽은 왕들의 탄생과 통치에 대한 기록으로 연구하면서 아직도 그것이 전하는 진리에는 도달하지 못할 수도 있다. 그러나 하나님의 말씀으로서의 성서를 펼쳐드는 사람에게 있어서 그러한 분리는 있을 수 없다. 성서의 메시지를

주명잡설 _ 주제와 명제로 잡는 설교

다른 사람에게 선포하기 전에 그 자신이 그 메시지를 가지고 살아야 하기 때문이다.[6]

12세기 시토 수도회의 창시자이며 대중 설교가였던 클레르보의 베르나르 Bernard of Clairvaux 는 그의 아가서 설교에서 하나님의 말씀을 애타게 기다리는 자신에 대해 아래와 같이 고백한다.

왜냐하면 나 자신도 구도자 중의 한 사람이며, 여러분과 함께 내영혼의 음식, 즉 내 영혼의 자양분을 간절히 찾고 있는 사람이기 때문입니다. 가난하고 도움이 절실히 필요한 내가 그분의 그러한 문, 즉 "그가 연즉, 그 누구도 닫을 자가 없는" 문을 두드립니다. 그러면 나는 이런 대화를 통해서 다다를 수 있는 심오한 신비에 대한 빛을 발견할 수 있을 것입니다.[7]

하나님은 '말씀'으로 설교자에게 온다. 하나님이 **"말씀으로 온다"**는 것은 하나님이 성경의 말들을 통해 참되고 깊은 정신, 곧 생명의 영으로 온다는 말이다. 왜냐하면 하나님은 생명의 힘으로서, 그분의 생명은 진리의 말씀을 타고 영으로 우리를 감화하기 때문이다. 그영의 말씀이 우리에게 사랑에 눈을 뜨게 하고, 생명과 평화를 좇아가게 하여 우리의 삶을 성경적 세계관으로 형성해 가는 것이다. 이는 목회자나 설교자만이 아닌, 모든 이들을 향한 말씀의 활동성이다. 따라서 설교자는 성경을 읽으면서 보다 더 진실되고 집중된 마음으로 자신을 향해 말씀으로 오시는 주님을 구해야 한다. 그리고 그 말씀의 빛으로 오시는 주님을 만나기 위해 설교자는 성경을 보다 충분히 읽고 보다 많은 시간을 성경과 보내야 한다. 그러나 제임스 콕스^{James W. Cox}는 그렇지 못한 설교자들의 현실을 적나라하게 드러낸다.

> … 그러나 우리는 미루다 설교를 써야 하는 시간이 돼서야 성경을 들여다본다.
>
> 우리가 그렇게 하는 이유가 뭔가? 물론 성경은 낯설고, 난해하며, 쉽게 단정할 수도 없는 데다, 우리의 도움을 필요로 하지도 않는다. 그럼에도 우리는 성경을 사랑하게 될 만큼 충분히 오랫동안 성경과 시간을 보내지 않는다. …
>
> 그렇기에 많은 설교자들에게 성경은 마치 매일 만나고 인사를 건네지만 정작 그가 누구인지 모르는 이웃과 같다. …[8]

하나님이 성경을 통해 말씀해 오심을 믿는다면, 설교자는 성경과 충분히 함께 머물고, 성경을 통해 오시는 주님을 기다려야 한다. 그렇다면, 설교의 메시지창안은 기도의 과정과 분리되거나 구분되어서는 안 된다.[9] 메시지창안은 성경을 통해 말씀해 오시는 주님을 구하는 기도의 과정이 되어야 한다.

휴즈 올리판드 올드^{Hughes Oliphant Old}는 설교자의 전인이 참여하는 전인적 읽기의 필요성을 강조하면서, 계시의 깨달음은 결과적으로 하나님으로부터 오는 은총의 선물이기에 그것은 은총 없이 이성으로 얻어질 수 없으며, 그렇기에 성경은 언제나 기도 안에서 다가가야 한다고 주지한다.[10] 설교의 메시지가 기도 가운데 창안되어야 한

주 명 잡 설 _ 주제와 명제로 잡는 설교

다고 할 때, 그것은 메시지 확정 이전의 대략적이거나 임시적인 방향 설정이 아니다. 앞으로 설명하겠지만 그것은 온전한 의미의 메시지 창안이다. 물론 창안된 메시지는 이후 언제라도 조정되거나 수정 보완될 수 있다. 그러나 그것은 메시지가 설교작성 도중에 나올 수 있다는 말이 아니다. 화가는 구상한 아이디어나 밑그림을 가지고 그림을 그리고 건축가는 설계도면을 가지고 집을 짓는다.

　　설교자는 주석서와 원어사전을 비롯한 전문 참고서들을 통해 창안된 메시지를 확인 점검할지언정, 자신이 본문으로부터 받아야 할 것을 주석가들에게서 가져오거나, 설교작성 과정에서 즉흥적으로 도출해내는 것이 아니다. 설교자는 주석서를 열기 전, 성령이 성경을 통해 그에게 비춰준 그날의 메시지가 있는 거고, 그렇기에 자신이 말해야 하는 것을 가지고 주석서로 가고, 설교작성에 들어가는 것이다.

3.
주석적 읽기의 위치

설교의 메시지창안과 관련해 주목을 끄는 것은 크래독의 메시지창안이다. 그것은 전통적인 주석방법에 설교자의 고유한 위치를 포함시킨 것이다. 크래독에 따르면, 처음 본문을 대할 때 설교자는 주석적 방법론을 동원하지 않고 홀로 본문을 마주하고 그것을 순전하고 충분히 음미하는 시간을 갖는다. 크래독은 이것을 '일차적 본문읽기' first reading of the text 라고 부른다. 그러나 이것은 메시지창안의 과정이 아니다. 그것은 설교자가 이전에 본문에서 감지하지 못했던 특이점이나 의문점들이 있는지 탐색하는 예비적 읽기의 과정이다.[11] 이 예비적 읽기가 끝나면 본격적인 주석적 읽기에 들어간다. 그는 설교자의 주관적 해석을 경계하기 위해 비평적이고 객관적 방법론, 곧 본문의 역사적, 신학적, 수사-문학적 특징들을 확인하면서 저자의 의도에 충실한 해석을 하도록 안내한다. 이것이 메시지창안을 위한 본문의 이차적 읽기이다.[12]

크래독은 그의 마지막 과정을 '본문으로부터 물러서기' withdrawing from the text 로 부른다. 이 과정이 크래독에게 있어 메시지창안의 단계이다. 설교자는 주석 방법론의 도움과 영향에서 빠져나와 주도적으로 주석의 내용들을 종합 판단하고, 설교를 위한 고유한 메시지를 확립하게 된다. 이 과정은 설교자가 본문이 말하고 있는 바에 대해 어떤 관점으로 무엇을 설교할 것인가에 대한 자기 입장을 명확하게 하는 과정이다.[13] 크래독의 방식은 메시지창안의 과정에서 설교자의 고유한 자리를 마련해 놓았다는 점에서 이전의 주석적 읽기와 차별된다.

그러나 크래독의 메시지창안은 근본적으로 기존의 읽기와 크게 다르지 않다. 이는 그의 메시지창안 단계인 '본문으로부터 물러서기'가 주석적 원칙들을 따르는 읽기를 전제해야 하고 그것에 뒤따른다는 점에서 그렇다. 특히 그의 본문읽기는 모두 세 단계인데, 그 중심이 주석적 읽기이다. 달리 말해, 본문의 주석적 읽기가 설교자에게 그의 입장을 확립해 줄 메시지의 내용과 범위를 제공하는 것이다. 이는 크래독 자신이 반복적으로 강조하듯, 본문의 원래 의도와 뜻을 왜곡하지 않는 정확한 해석이 본문읽기의 원칙이 되어야 한다고 여기기 때문이다.[14]

크래독의 방식은 여전히 근대적인 방식에서 벗어나지 않는다. 본문해석의 '정확성' accuracy 의 추구는 사물의 본질에 대한 객관적 파악이 인간 이성으로 가능하다고 믿는 근대주의 신념이다.[15] 그러나 리꾀르가 지적한 대로 근대적 확실성은 자기애적 욕구의 발로에 불과하고, 게다가 본문의 원저자가 죽고 없는 상황에서 본문에 대한 정밀한 해석은 신기루와 같다.[16]

본문해석과 관련하여 20세기 이후의 성찰은 그러한 근대적 확신에 대한 맹신을 인정하고 보다 통전적으로 성경을 이해하려는 데 있다. 그것은 성경이 신앙 공동체의 경전으로서 지니는 역동성과 그 고유한 차원을 함께 인정하는 것으로, 성경이 신자 공동체의 전인적 삶과 얽혀있음을 주목하는 것이다.[17] 이런 점에서 본문해석은 '정확성'이 아닌 '정합성'consistency을 지향해야 한다. 성경해석은 교회의 견실한 신앙전통 안에서 오늘의 신자 공동체의 삶을 형성하는 보다 풍성하고 적합한 해석을 찾는 것이어야 한다.[18]

크래독에서 일진보한 메시지창안은 토마스 롱Thomas G. Long의 방법에서 만난다. 롱은 설교를 위한 석의 과정을 본문으로부터 '듣는' 과정으로 표현하면서, 설교의 메시지는 본문을 통해 궁극적으로 성령의 음성으로 창안된다고 말한다.[19]

그의 주석 과정은 크게 4단계로서, 1) 본문 선택, 2) 본문에 대한 개론적 고찰, 3) 본문과의 대화, 4) 들은 내용에 대한 확인이다. 이 과정은 기존의 주석적 읽기와 차별적인데, 그는 본문에 대한 '피상적 이해'와 '심층적 이해'를 나누고, 또다시 그것들과 주석적 읽기를 나누었다. 먼저 피상적 이해는 두 번째 단계인 '2) 본문에 대한 개론적 고찰'로서, 여기서는 설교자가 본문에 대해 단순명료한 이해를 갖는 단계이다. 이를 위해 설교자는 낯선 단어나 낱말, 본문에 대한 기초 정보에 한해서만 주석서의 도움을 받을 수 있다.[20] 이후 설교자는 '3) 본문과의 대화'를 통해 본문에 대한 본격적인 경청, 곧 심층적인 이해를 위한 읽기를 시도하게 된다. 주목할 것은 여기서의 심층적 읽기는 주석적 읽기가 아니라는 것이다. 심층적 이해를 위해 설교자는 본문에 자유롭게 질문을 던짐으로써 본문에 대한 새로운 통찰력이나 심층적인 차원들을 가질 수 있다.[21] 그런 후, 롱은 주석적 읽기를 사용하는데, 그것은 설교를 위한 최종적 메시지를 선정하는 용도로 사용한다.[22]

롱의 메시지창안 과정은 본문으로부터의 듣기 과정을 우선시하고, 주석적 읽기를 그 마지막에 위치했다는 것에서 매우 고무적이다. 그러나 아쉽게도, 그의 본문에 대한 피상적 읽기와 심층적 읽기는 이미 주석 관련 자료들에 기초한 읽기라는 점에서 기존의 주석적 읽기와 크게 다르지 않다. 가령, '2) 본문에 대한 개론적 고찰'에서 그는 본문에 대한 기본적 읽기에 이어 본문에 대한 문맥적 읽기를 시도하는데, 이는 주석서에 기반한 읽기로서 설교자가 주석가들이 제공하는 본문의 내용subject matter을 파악하는 과정이다. 롱은 이 과정을 통해 설교자가 본문의 내용에 대한 다양한 관점들을 모을 수 있다고 한다.[23] 그러나 반대로 그러한 주석서들의 도움과 내용 제공이 본문이해를 위한 설교자 스스로의 순전한 읽기를 방해할 수 있고, 그러한 읽기가 하나님의 깊고 풍성한 조명하심을 향한 설교자의 신뢰를 지속적으로 약화시킬 수 있음을 간과하는 것이다.

뿐만 아니라, '3) 본문과의 대화'를 위한 아홉 가지 영역의 질문들은 신학적으로 깊고 광범위한 주석적 이해 없이는 시도하기 어려운 내용들이다.[24] 게다가 마지막 단계인 '4) 들은 내용에 대한 확인'은 창안한 메시지에 대한 수용 여부를 주석적으로 확인하는 것이 아닌, 앞선 읽기 과정을 통해 모아둔 가능한 메시지들을 주석서의 안내를 받아 선별하는 과정인 것이다.[25] 결과적으로, 롱이 제안하는 본문으로부터의 '경청'은 기존의 주석적 읽기에 없던 표현이지만, 실제적으로는 주석적 참고자료들에 대한 활용을 전제하거나 그 의존도가 매우 높은 편이다. 한마디로, 그의 방법이 설교자의 순전한 읽기를 독려하고 활성화하는 데는 여전히 많은 한계를 안고 있다.

설교의 메시지창안은 진정성 있는 고유한 방식으로 발생되어야 한다. 왜냐하면 성경을 대하는 설교자는 하나님과 교통하는 영적인 인격체이고 성령은 그가 이해하려는 성경의 문자를 통해, 문자 이면에서, 그리고 그 문자 앞으로 인간의 지혜와 인류의 지성을 넘어서는 진리를 드러내시는 영이기 때문이다. 따라서 설교의 메시지는 비평적 도구들로 성경본문을 통제하는 방식이 아닌, 본문을 통해 말씀해 오시는 주님을 듣는 기도 어린 경청의 과정과 함께 창안되어야 한다.[26] 우리는 이것을 '전인적 메시지창안'이라고 부를 수 있다.

　　전인적 메시지창안은 주석적 읽기를 배제하지 않는다. 왜냐하면 전인적 메시지창안은 본문에 대한 그릇된 주관적 읽기를 정당화하기 위함이 아니기 때문이다. 윤철호는 설교자의 성경에 대한 아전인수식의 주관적 해석을 경계하면서 본문에 대한 역사적 주석과 문학적 장르에 따른 기호학적, 의미론적 주석이 필요하다고 강조한다.[27] 전인적 메시지창안은 그러한 주석적 읽기를 배제하는 읽기가 아니다. 단지 근대주의적인 이성적이고 과학적 읽기에 치우친 메시지창안을 전인적 읽기로 회복하려는 시도이다. 이를 위해 전인적 메시지창안은 주석적 읽기의 위치를 달리한다.

　　낸시 라머스 그로스 Nancy Lammers Gross 는 주석적 읽기의 소극적 활용을 되짚어 준다. 주석적 읽기의 적극적 사용은 설교자가 주석적 자료들을 활용하여 메시지를 창안하고 확정하는 경우이다. 반면, 소극적 활용은 주석적 읽기를 약화하거나 축소하는 것이 아닌, 그 본래적 역할을 되찾는 것으로, 그것은 설교자가 창안한 메시지를 지원하고 돕는 기능을 하는 것이다. 그녀는 다음과 같이 언급한다.

설교자에게 역사비평적 방법들이나 주석서들이 필요한 것은 본문의 뜻하는 바를 알아내기 위함이 아니다. 그것은 오히려 본문이 뜻하지 않는 것을 확인하기 위함이다. 설교자는 주석 방법들을 친구 삼아 설교가 본문과 어긋난 방향으로 가고 있지는 않은지를 확인한다. 이 것은 주석가들에게 본문의 모든 해답이 있어서가 아니라, 그들이 누구보다 본문의 중요한 주제들을 많은 시간 연구해왔기 때문이다. … 만일 메시지의 창안 내용이 주석가들에 의해 부정되지 않는 것이라면, 그것은 설교에서 살아있게 된다.[28]

사실, 대부분의 목회자들은 주석적 읽기에 매달릴 만큼 시간적 여유가 없다. 현실적으로 주석적 읽기보다는 주관적이고 자율적인 읽기에 의존한다. 그럴수록 주석적 읽기는 목회자들에게 더욱 부담되고 주석 과정은 설교에서 더 멀어진다. 이것은 자신의 메시지에 대한 설교자의 확신의 결여로 이어지고 설교에 대한 자신감을 위축시킨다. 그러나 보다 문제는 그러한 습관으로 인해 주석의 소극적 활용마저 이루어지지 않는다는 것이다. 곧 설교자들이 창안된 메시지에 대해 주석적 점검과 확인을 하지 않는 경우가 많다.

그러나 주석의 소극적 활용은 두 가지 점에서 설교자를 돕는다. 첫째, 그것은 설교자가 본문과의 내밀한 교감을 보다 적극적으로 충분히 가질 수 있도록 자극한다. 왜냐하면 주석의 소극적 활용은 메시지창안을 본문-주석서-설교자 3자 간이 아닌, 본문-설교자 양자 간의 대화에 집중하도록 하기 때문이다. 이로써 설교자는 메시지창안과 관련해 주석 과정의 부담감으로부터 놓이게 된다.[29] 둘째, 주석서의 소극적 활용은 설교자의 메시지창안을 판단, 평가하기 위함이 아니다. 그것은 설교의 메시지가 보다 정합해지도록 설교자를 돕고 지원하는 것이다. 이로 인해 설교자는 자신과 함께하시는 하나님에 대한 신뢰와 자신의 메시지에 대한 확신을 가질 수 있게 된다.

주석적 읽기의 소극적 활용은 주석의 역할을 소외시키거나 약화하지 않는다. 오히려 설교자의 주석적 방법론에 대한 과도한 의존을 막고 창안된 메시지를 위해 주석적 읽기가 있어야 하는 제 위치를 찾아 주는 것이다. 이를 위해 설교자는 메시지가 창안되기까지 성경과 자신 사이에 순전하고 진실한 듣기를 방해할 수 있는 외적 도움들이 들어오지 않도록 유의해야 한다. 본문에 대한 주석적 읽기, 곧 비평적, 객관적, 기술적 읽기는 창안된 메시지를 지지, 수정, 보완하는 데 사용될 것이다.

4.

전인적 메시지창안

설교의 전인적 메시지창안을 위해 설교자는 자신에게 말씀해 오실 주님을 기대하고 바라는 기도의 자세를 가져야 한다. 마음을 깊고 차분히 가라앉혀 분주한 생각의 움직임과 흐름들이 지나가도록 한다. 그리고 기도하는 호흡으로 본문을 맞이한다. 본문을 읽되 그 읊조림을 기도로 올리듯 한다. 입안에서 맛을 음미하고 향을 맡듯 본문의 말을 천천히 되새기며 본문이 전하는 바를 경청하면서 읽어간다. 이는 본문의 내용을 설교자가 자신 안에 내면화하는 것이며, 그를 통해 본문이 말하고 있는 내용을 충분히 이해하려는 과정이다. 설교자가 자기 안에 본문을 충분히 품지 않고서는 자신에게 말씀해 오시는 주님의 말씀에 눈을 뜰 수 없다. 이를 위해 본문을 반복적으로 읊조리고 경청하는 것이다.

　　이 과정에서 사용하고 있는 성경만이 아닌 2-3개 이상의 다른 역본들을 교차적으로 읽는다. 그 과정에서 하나님으로부터 새롭게 들려오는 말씀을 바란다. 중간중간에 마음을 붙잡거나 생각이 머무는 곳에서 멈춰 반복적으로 되새김질한다. 이러한 기도의 과정에서 마음에서 떠오르거나 비춰오는 말씀에 주목한다. 그리고 그것들을

기록하고 메모한다. 아래는 전인적 메시지창안을 위한 예시의 과정
이다.

메시지창안을 위한 기도

1) 시간을 충분히 갖고 고요한 가운데 주님께 집중한다.

2) 주님의 이름을 부르며 마음을 차분히 하고 분주한 생각들을
   가라앉힌다.

3) 성경의 말씀을 통해 말씀의 빛을 비추실 성령님의 조명을
   구한다.

4) 마음이 고요해지면 본문을 대하고 읽기를 시작한다.

기도와 경청

1) **읽기** : 본문을 가벼운 마음으로 차분히 읽는다.

   - 본문을 처음 만나는 자세로 읽는다.

   - 눈으로 가만히 읽는다.

   - 소리를 내어 천천히 읽는다.

   - 마음으로 다시 읽으면서 본문의 전체 소리에 귀 기울인
     다.

   - 다양한 한글 역본과 외국어 역본을 2~3개 이상 교차해서
     읽는다.

   - 본문을 읊조리는 말이 기도의 말이 되게 하고 본문의 내
     용이 와닿을 때까지 되새긴다.

   - 본문이 말하는 바를 주의 깊게 집중하면서 내면화한다.

(이해되지 않는 부분들은 바로 주석서로 가지 말고 다른 역본들을 사용해 도움을 받는다.)

2) **듣기** : 본문을 읊고 반복적으로 되새기면서 성령의 조명하심을 구한다.
- 본문을 읊조리는 중에 마음을 붙잡는 곳에 집중한다.
- 그것이 단어든 문장이든 소리로, 침묵으로 반복하여 되뇐다.
- 마음에 부상하거나 밝아오는 생각을 구하면서 기도를 이어간다.
- 반복적으로 의식에 머물거나 모이는 생각을 소리 내어 불러낸다.

(읽기와 듣기는 분리된 순차적 과정이 아니다. 복합적이고 순환적인 과정이다.)

3) **보기** : 밝아지거나 들려온 말씀의 내용들을 명시화한다.
- 기도 중에 반복적으로 부상한 생각들을 글로 작성한다.
- 단어나 문장 형태로 작성하여 명료화한다.
- 작성한 내용을 소리로 읽는다.
- 그것들 가운데서 오늘의 설교를 위한 하나의 주제와 명제를 선별한다.

4) **확인하기** : 명료화한 하나의 내용주제/명제을 주석 관련 자료들

을 통해 확인한다.

- 주석가들은 내가 발견한 말씀의 내용을 다루고 있는가?
- 그들은 그것에 대해 어떤 언급을 하고, 어떤 도움을 주는 가? 그들은 내가 알아야 할 정보와 관점을 제공하는가?
- 그 내용을 설교에서 다루기 위해 유의해야 하는 부분들은 무엇인가?
- 주석서들이 나에게 창안된 메시지를 언급하지 않거나 지지하지 않을 때, 그럼에도 나의 창안된 메시지는 설교 가능한가? 그것을 가능하게 하는 근거는 무엇인가? 신학적 관점은 무엇인가?
- 창안된 메시지에 관한 주석적 지지나 성경적, 신학적 관점을 찾을 수 없을 때, 설교자는 [보기] 단계로 돌아가 메시지창안을 재시도 한다.

확인하기는 앞선 단계들과 구분되나, **읽기-듣기-보기**의 과정은 순차적이면서도 특성상 중첩되고 동시적이다. 이러한 과정은 여러 가능한 방식들 가운데 하나의 예다. 이러한 방식은 설교현장에서 비현실적일 수 있는데, 우리의 목회현장은 과중하리만큼 설교의 빈도가 높아 목회의 모든 모임과 행사들이 설교에 의존할 정도다. 그러나 분명한 사실은 목회자의 소명은 결코 설교 자판기가 되는 것이 아니다. 오히려 그의 소명은 그로 하여금 그러한 현실을 변혁하도록 독려하고 용기를 준다.

하나님의 말씀은 생동하고 자유하신 말씀으로써 사람의 기교와 기술에 의해 기계적으로 조제 생산되는 말씀이 아니다. 그럼에도 설교전문가나 목회자들 사이에서 교회의 **성공적인** 성장과 부흥을 설교기술의 결과로 보거나 설교의 대량생산을 위한 효과적인 설교방식을 두둔하는 경우가 많다. 그러나 설교자가 하나님과의 진실된 관계 안에서 구원하는 말씀과 성령의 조명하심을 의지하려 할 때, 설교를 위해 취해야 할 마땅한 자세와 그렇지 못한 자세가 무엇인지 분별이 될 것이다.

설교의 본문으로서 성경의 특성을 존중할 때, 설교를 위한 본문묵상은 기도의 과정이며, 이 과정을 통해 메시지가 창안되어야 한다. 하나님은 사랑의 인격으로 우리에게 말씀해 오신다. 하나님의 신실하심에 의지하고자 할 때, 설교자는 그의 삶과 실존을 밝히고 그를 둘러싼 교회와 사회, 세상을 꿰뚫는 말씀의 빛을 기다릴 수 있다. 다양한 주석 방법론과 해박한 주석가들은 그 말씀을 듣고 품은 설교자를 도와주려 대기하고 있는 것이다.

3장

주제와 명제로 잡는 설교

7.

메시지창안 1 _ 주제설정

설교자는 본문과의 순전한 대화와 기도 속에서 설교를 위한 하나의 의미나 주제적 생각을 창안했다. 그리고 주석적 읽기를 통해 창안된 메시지를 확인하고 점검, 또는 수정하고 보완했다. 그러나 메시지창 안이 완성된 것은 아니다. 창안되고 검증, 보완된 메시지는 최종 확정 되어야 한다.

창안된 메시지를 확정한다는 것은 설교자가 가진 메시지를 최 종적으로 한 문장으로 진술하여 명시화하고 명료화하는 것이다. 이 는 메시지를 설교자에게 또렷이 세우는 작업이다. 이 작업은 설교를 듣게 될 신자들이 아닌, 설교를 작성할 설교자를 위한 일이다. 집의 기초와 기둥 골격은 평소에 눈에 띄지 않는다. 그러나 그것은 집을 지 탱하고 떠받치는 집의 근본으로서 그것 없이 집은 서지 못한다. 건축 가는 그것을 설계했다. 그러나 집에 사는 사람은 그것을 인지하지 않 고 산다.

설교작성은 '메시지'라는 집을 짓는 일이다. 이를 위한 설교자 의 가장 중요한 과제는 그 집을 견고히 붙들어 줄 내용의 뼈대를 세 우는 일이다. 헨리 데이비스 Henry G. Davis 는 이를 설교의 '구조적 디자인' structural design 이라 했다.[1] 설교라는 집의 시작과 끝이 이 구조적 디자인에 달려있다. 제아무리 이런저런 흥미로운 내용과 감화력 있는 말들을 낸다 해도 메시지의 뼈대를 세우지 않고서는 설교의 말들은 흩어지고 만다. 반면 설교자의 여러 많은 말들을 엮어 한편의 설교, 하나의 메시지로 모으는 것은 그것들을 묶는 중심 메시지가 또렷하게 서 있기 때문이다. 데이비스는 설교의 구조적 뼈대를 '주제' subject 와 '명제' thesis 로 제시한다.

물론 설교는 한 문장의 메시지로 끝나지 않는다. 설교의 내용들은 그 한마디의 메시지가 뜻하는 바가 무엇이며, 그것이 하나님으로부터 오는 진리의 말씀임을 신자들에게 호소하는 논증의 내용이다. 데이비스는 그렇게 메시지의 의미를 구체화하고 논증하는 일을 설교의 '기능적 디자인' functional design 으로 불렀다.[2] 이것은 설교의 메시지가 설득력 있는 진리주장이 되도록 적합한 논리와 논거를 들어 메시지를 밝히고 확증해가는 작업이다. 이는 본서의 4장 "강해의 원리"에서 살펴볼 것이다.

주제와 명제가 설교의 구조적 기반인 이유는 그것이 설교자의 의식과 사고의 흐름에 길을 잡아주기 때문이다. 설교자는 설교작성이나 설교 도중에 메시지의 길에서 벗어나거나 그 길을 잃곤 한다. 따라서 설교자는 메시지의 줄기를 놓치지 않을 사고의 추가 필요하다.[3] 그 추가 설교를 말이 되는 말, 이해되는 말, 선후가 일관된 말, 메시지가 있는 말로 이끌어 준다.

주제설정

창안된 메시지를 확정하는 1차 작업은 **주제** subject 를 설정하는 일이다. 주제설정은 전인적 메시지창안의 **읽기-듣기-보기-확인하기**의 과정을 통해 모아진 메시지를 설교작성을 위해 명료화하는 첫째 과정이다. 그것은 설교가 **말하려는 바**를 또렷이 하는 과정이다.[4] 이 과정에서 설교자는 본문으로 다시 돌아가 메시지를 재확인할 수 있다. 그 과정에서 설교자는 주제를 설정해야 한다. 그것은 메시지의 궁극적 관심, 또는 대상을 정하는 것이다.

보다 구체적으로, 설교의 주제主題; subject 는 설교의 내용과 말들을 끌고 가는 선두차와 같다. 설교는 방향 없이 모든 내용을 벌려놓는 말이 아니다. 설교의 주제는 "본문이 말하는 바" 또는 "본문이 가리키고 있는 것"을 받아 설교자가 "나는 신자들에게 결국 **무엇에 대해** 말할 것인가?"에 응답하는 것이다. 그것은 하나의 의미, 곧 하나의 사상을 담은 하나의 낱말 형태로 정해진다.[5] 존 스토트 John R. W. Stott 는 설교를 위한 하나의 주제에 관해 다음과 같이 밝혔다.

읽기와 기도, 연구로 본문을 계속 숙고하면서 우리는 본문의 중심 생각을 찾아야 합니다. 모든 본문에는 중심 사상 main thought 이나 핵심 개념 big idea 혹은 요점 main thrust 이 있습니다. 우리는 인내하면서 중심 생각이 분명하게 떠오를 때까지 숙려해야 합니다.[6]

설교는 한 발의 탄환 bullet 이지 다발의 산탄 buckshot 이어서는 안

된다는 해돈 로빈슨의 말은 유명하다.[7] 롱은 전통적 방식의 연역적 설교와 새로운 방식의 귀납적 설교 간의 차이를 메시지를 창안해 내는 방식의 차이로 본다. 즉 전자는 '개념' 또는 '명제'로, 후자는 이야기 전개가 유발하는 '사건'으로 창안된다고 설명한다. 그러나 그는 양쪽이 메시지창안에 상이한 방식을 갖는다 해도, 결국 양쪽 모두 본문과 설교 간의 연결점을 하나의 핵심개념, 또는 주제를 명확히 하는 데서 찾는다고 재차 강조한다.[8]

설교는 메시지 행위이다. 설교는 어떤 특별한 메시지 때문에 발생하는 행위이다. 그 메시지가 듣는 신자들에게 닿아 그들에게 어떤 자각, 울림, 성찰, 도전, 결단이 있기를 기대하는 말이 설교이다. 따라서 설교의 메시지는 분명한 방향과 의도를 가진다. 설교는 말하려는 바를 가진 말이며, 그것은 분명 **'어떤 것에 관한 것'**이다. 다음은 한 일간신문에 실린 칼럼의 내용이다.

1940년 6월 4일 처칠 영국 총리는 의회에서 연설을 한다. 구레리안 장군이 이끄는 독일 기갑군단의 전선 돌파로 영국-프랑스 연합군의 배후가 차단된 시점이었다. 연합군은 어쩔 수 없이 프랑스 항구 덩커크 Dunkirk 에서 철수 작전을 개시하고 40만 명을 구해내지만 프랑스의 운명은 결딴난 상황이었다. 처칠은 총 붕괴에 직면한 우방 프랑스의 군사 상황을 전하면서 영국민은 끝까지 싸울 것이라고 선언한다. "어떠한 대가를 치르더라도 우리 섬을 지킬 것입니다. 우리는 해변에서 싸울 것입니다. 우리는 상륙지점에서 싸울 것입니다. 우리는 들판과 거리에서 싸울 것입니다. 우리는 언덕에서 끝까지 싸울 것입니다. 우리는 절대로 항복하지 않을 것입니다." 처칠은 스스로 용기를 잃지 않고 위대한 화술로 영국인의 용기와 결의에 불을 지폈다. 그 결과 영국은 모두가 믿지 않았던 독일과의 전쟁에서 승리할 수 있었다. 오바마는 처음 하버드 재학 시절 알게 된 지금의 아내에게 청혼을 했다 거절당한다. 하지만 그의 아내는 오바마가 뉴욕 할렘가에서 수많은 청중들을 대상으로 한 호소력 있고 감동적인 연설을 우연히 듣고 크게 감명을 받는다. 그리고 오바마를 평생 배필로 맞이하겠다는 결단을 내린다. 아내를 감동시켰던 오바마 화술은 지난 2007년 치러진 민주당 대선 경선에서도 빛을 발한다. 당시 그는 힐러리와의 대결에서 힐러리를 물리치고 대통령 후보로 선출됐으며, 결국에는 미국의 대통령에 당선된다. 전문가들은 이구동성으로 오바마의 탁월한 화술이 결정적인 역할을 했다고 말한다. 이처럼 뛰어난 말솜씨는 그 사람의 운명뿐 아니라 한 국가의 운명까지 바꾸는 결정적인 영향을 미친다.[9]

이 사설은 2차 세계대전 당시 영국과 프랑스의 위기 상황과 처칠의 연설 그리고 미국 오바마 대통령의 선출 과정 등 여러 가지 내용들을 말한다. 그런데 논자는 그러한 이야기들을 특정한 관심이나 목적 없이 나열하고 있는가? 아니다. 그가 처칠과 오바마의 연설을 언급하는 것은 말하려는 그의 관심주제 때문이다. 그것은 **'탁월한 화술'** 의 중요성이다. 결국, 그의 말이 향하여 모이는 종착점은 **'탁월한 말'** 이라는 주제이다. 설교에서의 예를 보자.

얼마 전부터 제 마음 속에는 한 가지 간절한 소망이 싹트고 있습니다. '주님, 제 눈을 열어 주의 영광을 보게 해주시옵소서.' 하는 소망입니다. … 구약성경에도 이와 비슷한 기도를 한 사람이 있습니다. 모세입니다. 출애굽기 33장에 보면 위대한 지도자 모세는 매우 어려운 상황에 처했을 때, '원컨대 주의 영광을 내게 보이소서.'[18절]하며 하나님께 매달렸습니다. …

… 그래서 저는 요한복음1장 14절을 다시 읽어 보았습니다. '말씀이 육신이 되어 우리 가운데 거하시매 우리가 그 영광을 보니 아버지의 독생자의 영광이요 은혜와 진리가 충만하더라.'[요 1:14] 여기 보면 하나님의 영광을 보는 사람들이 등장합니다. '우리가 그 영광을 보니'의 '우리'입니다. …

… 저는 요한복음을 다시 읽기 시작했습니다. 읽다 보니 주님의 영광을 보고 환희에 차서 하나님의 이름을 높이는 성도들이 군데군데 눈에 띄었습니다. 그리고 주님의 영광을 보는 자들을 위해서 하나님이 마련해 주신 은혜가 얼마나 풍성한지도 볼 수 있었습니다... 그들은 하나님의 영광을 보면서 기도하는 자가 누리는 축복의 풍성함을 맛보았습니다. …

… 이 정도 말씀드리면 왜 제가 요한복음을 들고 당신 앞에 섰는지 이해하실 것입니다. 우리가 하나님의 영광을 보아야 하기 때문입니다. … (중략)

그렇다면 누가 예수님에게서 하나님의 영광을 볼 수 있습니까?… [10]

위의 설교는 옥한흠의 요한복음 강해설교 가운데 '독생자의 영광을 보라' 요 1:1-18 의 시작 부분이다. 당신이 볼 때, 설교자는 무엇을 말하려고 하는가? 그가 본문에서 발견한 것은 무엇인가? 그의 관심사는 무엇인가?

설교자는 요한복음 강해를 시작하면서 자신이 본문에서 새롭게 발견한 것이 있다는 것과 자신의 설교가 무엇에 관심이 있고 앞으로 무엇을 말하려 할지를 설교청중에게 알린다. 그는 시작하면서 '주의 영광을 보는 것'에 대한 본문의 관심사에 주목한다. 이어서 그는 설교의 관심사를 드러내는데, 그것은 '하나님의 영광을 보는 사람들'이 누구인가를 밝혀내는 것이다. 그것은 설교가 진행되면서 구체화된다. 특히 설교가 끝나는 부분에서 설교자는 직접적으로 설교의 주제 하나님의 영광을 보는 사람들를 다음과 같이 분명하게 제시한다.

하나님께로서 난 사람은 예수님의 초라한 모습에서도 하나님을 봅니다. 나사렛 예수 안에 하나님의 영광이 있는 것을 봅니다.

다시 한 번 이렇게 기도합시다. "주여, 주님의 영광을 보여 주옵소서. 내 눈을 열어 하나님의 영광을 다시 보여 주옵소서." 그 영광을 보기만 하면 당신 영혼의 질병은 모두 사라질 것입니다. 그 영광을 볼 때마다 세상의 헛된 영광에 취해 있던 당신의 마음이 하늘의 영광의 빛으로 가득하게 될 것입니다. … 주님의 영광을 보는 사람은 세상의 어떤 기쁨이나 행복에 마음을 쉽게 빼앗기지 않을 것입니다. 다시 묻습니다. 당신은 주님의 영광을 보고 있습니까?[11]

설교는 본문의 여러 내용들이나 그에 관한 설교자의 이런저런 주장이나 확신을 펼쳐내는 것이 결코 아니다. 설교는 본문에서 뚜렷한 하나의 방향이나 관심주제를 받아 그것을 메시지의 주제로 제시하는 것이다.

설교는 '주제'라는 화살을 가진 말이다. 주제설정은 설교자가 메시지의 지시 대상을 그의 사고에 또렷이 세우는 것이다. 그럴 때, 설교는 메시지에 적합한 내용들을 가져올 수 있다. 만일 위의 첫째 예시 글의 논자가 주제^{탁월한 화술의 힘}를 설정하지 않거나, 자신도 그에 대해 분명하지 않다고 한다면, 글은 방향이 없는 채 장황하고 어수선한 얘기들로 표류하게 된다. 처칠의 연설과 오마바의 사례를 사용하려 할 때, 논자는 그것들을 어떤 관점과 방향으로 사용할지 판단해야 한다. 이는 두 번째 설교의 예시에서도 마찬가지이다. 설교자가 설교를 어떤 내용들로 엮어가고, 어떤 방향으로 끌고 갈지 판단할 수 있는 것은 설교자 자신이 말하려는 주제를 분명히 가질 때이다.

설교의 주제는 메시지의 과녁을 향해 날아가는 화살과 같고, 메시지의 초점을 모으는 돋보기와 같다. 주제는 설교의 이런저런 얘기들의 공통분모이고, 여러 말들을 하나의 메시지를 향해 끌고 가는 줄기이다. 그것이 있고 없고, 서 있고 그렇지 않고는 설교의 향방만이 아닌 메시지의 질을 좌우하는 결정적 요인이다. 명확하게 설정된 주제는 설교를 예리하고 능력 있게 하는 힘이다.

주제설정 방식

주제를 설정하는 방식은 여러 가지이다. 그러나 주제설정을 위한 유용한 방식은 그것을 **하나**의 명사형 낱말 형태로 잡는 것이다. 가령 '**하나님의 사랑**', '**성도의 바른 삶**', '**참된 헌신**' 또는 '**감사의 삶**' 등과 같은 방식이다. 달리 말해, 주제는 서술형 문장 형태가 아니다. 곧 "**하나님의 사랑은 원수까지도 포함하는 사랑이다**" 또는 "**성도의 바른 삶은 말씀을 주야로 묵상하는 삶에서 시작한다**"는 식이 아니다. 주제는 낱말의 형태다. '**하나님의 사랑**' 또는 '**성도의 바른 삶**' 등과 같은 형태다.

설교의 주제를 '**하나님의 사랑**'으로 설정한 경우, 그것은 본문을 통해 설교자가 붙잡은 대상이 '**하나님의 사랑**'이라는 것이며, 그렇기에 그가 설교에서 말하려는 바가 '**하나님의 사랑**'이고, 설교를 엮어갈 내용과 말들이 '**하나님의 사랑**'과 관련된다는 말이다. 중요한 것은 주제는 문장이 아닌 하나의 **낱말**로 설정되어야 하고, 복수가 아닌 **하나**의 의미 값을 지닌 명사형으로 제시된다는 점이다. 예를 들어, 마태복음 8장 5-13절을 본문으로 한 주제설정의 경우를 보자.

"예수께서 가버나움에 들어가시니 한 백부장이 나아와 간구하여 이르되 주여 내 하인이 중풍병으로 집에 누워 몹시 괴로워하나이다. 이르시되 내가 가서 고쳐 주리라. 백부장이 대답하여 이르되 주여 내 집에 들어오심을 나는 감당하지 못하겠사오니 다만 말씀으로만 하옵소서 그러며 내 하인이 낫겠사옵나이다. 나도 남의 수하에 있는 사람이요 내 아래에도 군사가 있으니 이더러 가라 하면 가고 저더러 오라 하면 오고 내 종더러 이것을 하라 하면 하나이다. … 예수께서 백부장에게 이르시되 가라 네 믿은 대로 될지어다 하시니 그 즉시 하인이 나으니라." _{개역개정}

본문에 대한 기도와 읽기는 설교자에게 다양한 관심대상들을 준다. 그것들은 백부장의 모습에서 발견하는 **'참된 믿음'**, **'믿음의 자세'**, **'믿음의 열매'** 등일 수 있다. 또한 백부장이 아닌 예수의 행동에 주목하게 되면, **'예수의 능력'** 또는 **'구원의 은총'** 등도 가능하다. 만일 설교자가 그들 가운데 **'믿음의 자세'**를 주제로 설정한다면, 설교는 본문의 백부장이 예수 앞에서 가진 겸손함이나 전적인 신뢰 등에 비추어 오늘 신자들이 가져야 할 겸손함과 전적 신뢰를 말할 수 있게 된다. 반면, 설교자가 예수의 행위에 주목하여 **'예수의 능력'**을 주제로 설정한다면, 설교는 백부장의 하인을 향한 예수의 주권적인 치유의 약속에 주목하면서 오늘 신자들의 믿음의 상태를 초월하여 역사하시는 예수의 은총의 충만함에 대해 설교할 수 있다. 또 다른 예로서 창세기 39장 1-6절을 본문으로 한 주제설정의 경우를 보자.

"요셉이 이끌려 애굽에 내려가매 바로의 신하 친위대장 애굽 사람 보디발이 그를 그리로 데려간 이스마엘 사람의 손에서 요셉을 사니라. 여호와께서 요셉과 함께 하시므로 그가 형통한 자가 되어 그의 주인 애굽 사람의 집에 있으니 그의 주인이 여호와께서 그와 함께 하심을 보며 또 여호와께서 그의 범사에 형통하게 하심을 보았더라.

요셉이 그의 주인에게 은혜를 입어 섬기매 그가 요셉을 가정 총무로 삼고 자기의 소유를 다 그의 손에 위탁하니 그가 요셉에게 자기의 집과 그의 모든 소유물을 주관하게 한 때부터 여호와께서 요셉을 위하여 그 애굽 사람의 집에 복을 내리시므로 여호와의 복이 그의 집과 밭에 있는 모든 소유에 미친지라. 주인이 그의 소유를 다 요셉의 손에 위탁하고 자기가 먹는 음식 외에는 간섭하지 아니하였더라. 요셉은 용모가 **빼어나고 아름다웠더라.**" ^{개역개정}

위의 본문은 설교자에게 다양한 주제들을 제공할 것이다. 그것들 가운데는 보디발의 신임을 얻는 요셉의 모습에서 보게 되는 '**성도의 신실함**', '**고난받는 자의 자세**', '**참된 섬김**' 또는 '**복의 매개자**' 등일 것이다. 반면, 설교자가 요셉의 배후에 있는 하나님의 행동에 주목할 경우, 주제는 요셉의 신실함이 아닌, '**하나님의 신실함**', '**형통함의 비밀**', '**하나님의 복**' 또는 '**하나님의 주인 되심**' 등과 같을 것이다. 만일 설교자가 요셉의 행동에 주목하여 '**참된 섬김**'을 주제로 설정할 경우, 설교의 내용은 요셉이 주인에게서 받은 은혜와 그로 인해 그가 주인을 섬긴 모습에 비추어 신자들이 가질 참된 섬김의 자세가 무엇인지에 대해 말하려 할 것이다. 이때 설교의 메시지는 "**참된 섬김은 우리가 은혜받은 자임을 기억함에서 시작되는 것이며, 그것이 우리 자신을 은혜 베푸는 자로 행동하게 하고, 긍휼과 도움이 필요한 자들에게 은혜의 손길이 되는 것이 신자들이 가져야 하는 섬김의 바른 자세이다.**"와 같이 될 수 있다.

반면, 설교자가 요셉의 배후에 있는 하나님의 행동에 주목하여

'**하나님의 신실함**'을 주제로 정할 경우, 설교는 요셉을 떠나지 않는 하나님의 함께하시는 행동에 비추어 하나님의 신실함이 무엇이며, 그것이 우리의 삶을 어떻게 이끌고 가는지에 대해 말하게 된다. 이때 설교의 메시지는 "**하나님의 신실함은 우리가 누구이고, 우리의 상황의 어떠함에 좌우되지 않는 신실함이다. 하나님은 오히려 우리의 의심과 불안, 고난의 상황 속에서 우리를 홀로 두지 않고, 더욱 가까이 우리와 함께하시는 분이며, 그 신실하심 안에서 우리가 참된 삶의 형통을 고백할 수 있다.**"와 같아질 수 있다. 이처럼 설교의 주제설정은 설교 메시지를 세우는 중심추이며, 설교를 끌고 가는 방향키이다. 이상에서 제시한 주제설정의 과정을 간략히 정리하면 다음과 같다.

1. 묵상을 위한 기도
2. 메시지창안을 위한 본문읽기(읽기-듣기-보기-확인하기)
3. **주제선별 및 확정**
   - 창안된 여러 주제적 생각들을 글로 작성하여 객관화한다.
   - 작성한 여러 생각들을 보면서, 필요하다면 다시 본문으로 돌아가 재차 본문의 목소리를 듣고 확인한다.
   - 그날의 설교를 위한 **하나**의 주제를 정한다.
   - 주제는 하나의 **낱말** 형태로 하되, 하나의 **의미** 값을 갖도록 한다.
     (예_ '예수의 사랑', '복음의 의미', '섬김의 기쁨', '참된 제자도', '믿음의 삶' 등)
   - 문장 형태의 진술을 피한다.

(예_ 예수의 사랑은 사랑할 수 없는 자들에게로 향하게 한다.)

- 주제가 **'섬김의 기쁨'**이면, 설교는 **'구원의 기쁨'**이나 **'신앙의 기쁨'**이 아닌, **'섬김의 기쁨'**에 관해 말하는 내용으로 향하게 된다.

주제설정 시 유의사항

주제는 설교가 말하려는 '그것', 곧 설교의 관심사이다. 그것은 설교의 각 부분들을 꿰거나 잇는 하나의 실, 또는 설교 내용을 끄는 방향타가 되어, 전체 설교를 하나의 일관되고 통일된 진리주장이 되도록 한다. 주제설정 시 주의할 점은 무엇보다, 주제는 **복수의 개념**들이 아닌, **하나의 개념**을 담아야 한다. 다음의 주제설정의 예들을 보자.

'하나님의 사랑과 공의' (사랑-공의)

'성도의 감사와 헌신' (감사-헌신)

'회개와 성령충만' (회개-성령충만)

'하나님나라의 통치와 사명' (하나님나라-사명)

'거룩함에 이르는 인내' (거룩함-인내)

'환난 날에 여호와만 앙망하는 삶' (환난-앙망)

'종말 시대를 사는 선한 청지기의 신앙' (종말-청지기신앙)

'꾸준한 훈련과 협력' (훈련-협력)

위의 주제들은 옆의 괄호의 내용대로 모두 복수의 개념이나 교리들을 담고 있다. 이런 경우 두 개의 다른 의미들을 담고 있어 설교는 두 개의 다른 방향을 말하게 되어, 설교는 마치 두 편처럼 전개된다. 예를 들어, 주제를 **'하나님의 사랑과 공의'**로 할 경우, **'사랑'**과 **'공의'**는 각기 고유한 뜻을 갖고 있어서 설교자가 그 둘을 정연하게 연결하지 않는 한 설교는 필히 두 가지의 방향을 가질 수밖에 없고, 게다가 장황함을 피할 수 없게 된다. 설교자는 자신의 말이 자신의 머릿속 사고의 내용을 그대로 전달하지 않음을 유의해야 한다. 신자회중은 설교자의 생각 바깥에 있다.

설교의 회중구성과 시간, 공간적 특성을 고려할 때, 설교자는 한 번에 여러 가지가 아닌, 하나의 주제를 다뤄야 한다. 크래독은 주제의 단일성에 대해 강조하면서, 설교자가 많은 것을 말하려 할 때, 설교는 메시지가 가진 중력의 중심점 center of gravity 을 갖지 못하게 되고, 그런 말은 신자들의 관심을 흩어버린다고 했다.[12] 분명 신학적 관점에서 **'사랑'**과 **'공의'**는 긴밀히 통하는 개념이지만, 그 연결을 위해서는 충분하고 신중한 설명이 전제되어야 한다. 그럼에도 설교가 그러한 연결을 시도할 경우, 설교자는 자신의 중요하다고 여기는 두 가지 모두를 다룸으로써 자신에게 만족이 될지는 모르나, 설교를 듣는 신자회중에게는 도리어 초점이 모호하고 장황한 메시지가 될 수 있다.

다양한 신자회중의 상이성과 시간제한이라는 설교의 독특한 상황을 고려할 때, 설교자는 한 번의 설교에서 여러 개가 아닌, 하나의 주제에 집중하는 것이 바람직하다. 그러므로 설교자는 하나님의 **사랑**과 **공의** 모두가 아닌, 둘 중에 하나에 집중하여 설교의 초점으로 삼아야 한다. 그렇다고 설교자가 선택하지 않은 그 교리나 개념이 배제된 것은 아니다. 설교자는 언제라도 동일 본문을 가지고 앞서 선택하지 않았던 그 개념을 주제로 설교할 수 있다.

주제설정 시 주의할 두 번째는 주제는 **최대한 짧고 간략해야 한다.** 주제는 장황하거나 불필요한 수식어들이 과감히 생략된 하나의 개념어가 되어야 한다. 가령, 다음과 같은 주제들을 보자.

> **'하나님의 사랑이 실행하는 하나님의 공의'**
> **'구원받고 하나님을 사랑하는 자들이 살아가야 하는 삶의 태도'**
> **'그리스도와 같이 낮아지고 죽어지는 순종과 복종의 삶'**
> **'저주가 아닌 복의 근원이 되는 성도의 믿음'**

위의 주제설정들은 모두 말하고자 하는 초점 공의, 삶의 태도, 복종의 삶, 믿음이 들어 있다. 그런데 문제는 그 진술이 장황한 수식어구를 포함하고 있다는 것이다. 그러한 수식어들은 설교 시 필요한 부분들에서 언급될 표현들이지, 설교자의 사고를 명료화하는 데까지 필요한 것은 아니다.

주제설정은 설교자의 메시지 실행을 돕는다. 주제는 설교준비와 메시지전달 과정에서 설교자의 의식에 줄기를 잡아주고 사고의 일관성을 제공해 통일된 메시지를 가능하게 하기 위함이다. 따라서 주제진술은 최대한 짧을수록 좋다. 그럴수록 설교자에게 메시지의 방향이 선명해진다. 따라서 위의 주제들은 다음과 같이 설정될 수 있다.

'하나님의 사랑이 실행하는 하나님의 공의'

    → '하나님의 공의'

'구원받고 하나님을 사랑하는 자들이 살아가야 하는 삶의 태도'

    → '성도의 삶의 태도'

'그리스도와 같이 낮아지고 죽어지는 순종과 복종의 삶'

    → '그리스도인의 종 됨'

'저주가 아닌 복의 근원이 되는 성도의 믿음'

    → '복된 믿음'

주제설정 시 유의해야 하는 세 번째는 주제가 **하나님 행동**이나 **성품**보다는 인간신자의 행동을 가리킬 때이다. 설교의 주제는 설교의 주된 관심사이다. 설교의 관심사가 인간신자의 모범적인 신앙 행동에 모아질 때, 설교는 복음적인 내용보다는, 인간의 행위를 부각시키는 도덕주의적인, 인본적인 설교가 될 우려가 크다.

설교는 비복음적 세상과 삶 한 가운데서 **하나님의 행위**를 드러내는 '복음'의 공표이다. 이런 점에서 바르트가 설교를 '하나님에 관한 진술'이라고 규정한 것은 마땅하다.[13] 물론 복음은 인간의 모범적인 행동과 참된 신앙의 길을 가르치고 약속한다. 그러나 기독교의 복음은 인간의 행위에 대한 나름의 관점과 그것을 말하는 고유한 방식을 가지고 있다. 바꿔 말해, 신자들을 회심케 하고, 말씀을 따르는 성숙한 삶으로 이끄는 근원적인 동인이 무엇인가? 신자들이 내면에 가진 도덕성이나, 종교적 경건성인가? 그들의 순수한 의지나 결단력인가? 아니면, 그것들을 갈구하고 독촉하는 인간설교자의 권세 있는 말인가? 오히려 인간의 한계를 넘어서게 하는 힘은 하나님의 말씀, 곧 성령의 감화하심으로 들려오는 하나님의 주권적인 은총의 말씀이다. 그 말씀이 인간의 도덕주의적 영웅의식과 율법적인 관계의 거래 방식들을 허물고 우리를 구원하시는 하나님의 능력이다. 설교는 인간의 모범적인 행동이 아닌, 구원하시는 하나님의 주권적 행동을 말하는 소식이다. 그러나 설교가 하나님이 아닌, 인간의 모범적인 행위를 부각할 때, 설교는 하나님이 아닌 인간의 영웅적 성취를 고무시키거나 그것을 찬사하는 인본적인 말이 된다.[14] 그러나 설교의 사명이 '복음', 곧 하나님의 주권적인 구원의 행동을 말하는 것이라면, 설교의 관심사인 주제는 하나님의 구원하시는 행동과 성품을 포착하는 것이 바람직하다.

그러나 설교가 인간신자들의 행동을 주제로 삼지 않는다고 해서 설교가 그 부분을 간과하거나 책임을 하나님에게 떠넘기는 것은 결코 아니다. 그렇지 않을뿐더러 그럴 수도 없다. 하나님의 주권적인 구원행동은 신실해서 그 소식을 듣는 신자들의 삶을 변화로 이끈다. 이런 점에서, 폴 스캇 윌슨은 설교자가 메시지창안 과정에서 성경본문에 나타나는 하나님의 은총적 행동에 주목할 것을 강조한다.[15] 하나님의 행동이나 성품에 집중하는 주제설정의 예는 다음과 같다.

'하나님'
'하나님의 뜻'
'하나님 사랑의 능력'
'그리스도의 은혜'

'용서의 기쁨'

'십자가의 능력'

'성령의 치유'

'하나님 나라의 통치'

이와 연결하여, 주제설정 시 유념해야 할 네 번째는 **긍정적인 방향**의 주제설정이다. 주제는 설교가 다루고 가리키는 하나의 개념이다. 바꿔 말해, 주제가 부정적인 경우, 설교의 시작과 끝을 끌고 가는 것이 부정적 개념이 된다. 설교는 복음의 특성상 언제나 유한한 신자들의 삶과 세상의 부정적 현실들을 다룬다. 왜냐하면 복음은 죄에 갇힌 인간실존을 들추고 해방과 자유를 선언하는 소식이기 때문이다.

율법과 심판은 참된 삶으로 이끄는 복음의 이면이다. 설교는 죄악에 대한 하나님의 진노와 심판을 말해야 한다. 그러나 그것 자체가 설교의 목적은 아니다. 설교는 요나가 바랐던 것처럼, 죄인에 대한 하나님의 진노나 심판, 영벌을 위해 있지 않다. 설교는 죄와 저주, 사망의 권세를 이기는 하나님의 승리를 알리기 위하여 있다. 그것은 지금 여기서 발설되는 케리그마로써, 죄악의 굴레 안에서 세상과 인간을 일깨우는 구원의 소식을 선언하는 말이다. 따라서 주제는 부정적이기보다는, 복음 안에서 긍정적인 방향으로 설정되는 것이 바람직하다. 그러나 설교의 주제가 부정적인 표현을 피한다고 해서 설교가 인간과 세상의 죄의 현실을 간과하거나 신앙의 부정적 측면들에 무관심할 수 있다는 말이 아니다. 오히려 설교는 복음을 드러내는 과정에서 그러한 측면들을 다루게 된다.

주명잡설 _주제와 명제로 잡는 설교

가령, '**하나님의 사랑**'을 주제로 할 때, 설교는 하나님의 은총적 사랑을 말하기에 앞서 은총이 필요한 인간의 죄와 고독, 또는 사랑과 대비되는 하나님의 심판을 말해야 한다. 설교에서 하나님으로 들려오는 복음의 감격과 기쁨의 크기는 그에 상응하는 유한한 인간실존에 대한 접근의 깊이만큼 비례한다.[16] 아래는 부정적인 주제와 긍정적인 주제의 대비이다.

'불신의 원인들' ↔ '믿음의 신비'
'시험에 빠진 신앙' ↔ '하나님의 도우심'
'죄의 열매' ↔ '회개의 열매'
'불순종의 실패' ↔ '순종하는 기쁨'
'응답받지 못하는 기도' ↔ '하나님의 말씀하심'
'하나님을 기쁘시게 못하는 삶' ↔ '신앙의 기쁨'
'하나님의 경고' ↔ '하나님의 사랑'
'불평의 이유' ↔ '하나님의 공급하심'

주제설정을 위해 설교자가 유의해야 하는 다섯 번째는 주제는 **성경본문에서 창안**되도록 한다. 모든 설교는 엄밀히 말해 성경적 설교가 되어야 한다. 예외적인 경우도 있는데, 일반적으로 분류되는 '주제설교'는 주제창안이 성경본문에 매이지 않는 설교이다. 설교자는 신자들의 특수한 사회적, 목회적 상황으로부터 설교의 주제를 떠올리기도 한다. 이 경우 설교자는 성경에서 그 주제에 응답하는 내용의 본문을 찾아 설교본문으로 삼는다.

그러나 주제설교는 일상적 설교방식은 아니다. 매 주일, 또는 매일, 매주간의 예배와 기도 모임을 위한 설교는 성경본문을 기반으로 하며, 성경에서 주제를 창안하게 된다. 성경을 통해 밝혀지는 하나님의 뜻은 인간의 생각과 지혜, 인류의 문명과 역사의 한계를 극복하는 온전하고 완전한 지혜이다. 이것이 설교가 우리 삶에 주는 의의이다. 개인의 삶과 공동체의 관계, 세상을 구원하는 '심원한 빛'은 성경을 통해 솟아난다. 때문에 설교자는 메시지창안 과정에서 성령의 조명에 의지해 본문과의 순전한 대화를 시도하는 것이다. 설교의 주제는 성경본문에서 얻어지고 성경으로부터 설정되어야 한다.

2.

메시지창안 2 _ 명제진술

구약학자이면서 설교학 교수인 엘리자베스 악트마이어 ^{Elizabeth R. Achte-}meier 는 오늘날 많은 설교자들이 분명한 메시지 없이 설교단에 올라가는 현실에 대해 다음과 같이 비평한다.

> 큰 교회, 작은 교회를 불문하고 매우 훌륭한 설교를 전하는 교회
> 가 있다. … 하지만 이 나라에는 자신의 논지를 분명한 성경 논리
> 로 올곧게 펼쳐가지 못하는, 다시 말해서 한 요점에서 다음 요점으
> 로 논리적으로 명료하게 이동하지 못하는 설교자들이 아직도 많
> 다. 이들은 이 주제에서 저 주제로 오락가락하기 때문에 청중 역
> 시 지금 주제가 어디로 흘러가고 있는지 전혀 모른다. 또 다른 목
> 회자들은 이야기 — 그것도 아주 긴 이야기를 — 좋아해서 설교는
> 뒷전인 채 성경 본문이 의도했던 방향과는 전혀 다른 결론으로 성
> 도들을 끌고 가기도한다. 또 일부 설교자들은 강단에서 연극 공연
> 을 허용하기도 한다.[17]

블랙우드 역시 많은 설교들이 결말에 가서도 신자들에게 그들

이 무엇을 생각하고 어떤 방향으로 가야 할지를 뚜렷하게 말하지 못한다고 지적했다. 이러한 모호함을 극복하기 위해 그는 설교의 필수 과제를 제시했다. 그것은 설교자가 본문묵상과 연구과정에서 창안한 메시지를 글로 적는 것과 그것을 반복해서 눈으로 확인하고 읽어가는 것이다.[18]

설교는 메시지다. 설교자는 성령의 조명 안에서 성경본문과의 순전한 대화를 통해 메시지를 만난다. 창안된 메시지는 일차적으로 '주제'의 형태로 설교자에게 선다. **주제**는 설교자가 말하려는 바로써, 설교를 끌고 가는 중심추이고 설교의 관심대상이다. 그것은 신앙의 주제나 삶에 관한 여러 가치들 가운데 하나로 정해진다. 그러나 주제는 아직 메시지가 아니다. 왜냐하면 데이비스도 주지한 대로, 주제는 설교자의 진리주장을 담고 있지 않기 때문이다.[19] 주제설정은 메시지 창안의 완성을 위한 1차 단계이다.

설교의 '메시지'란 **주제에 대한** 설교자의 **진리주장**이다. 설교의 '진리주장'이란, 설교자가 본문을 통해 주제에 관해 가진 자신의 판단이 참되다고 주장하는 것이다. 여기서 설교의 '메시지'란 설교자가 **주제에 관해 진리라고 주장하는 내용의 진술**이다. 한마디로, 설교의 메시지는 주제에 관한 주장점이다. 우리는 이것을 '**명제**'thesis라 부른다.

명제

설교의 메시지창안은 명제의 진술로 최종 마무리된다. **명제**는 설교의 메시지, 곧 **한 줄 메시지**이다. 그것은 설교의 전체 내용을 한 줄 문장으로 축약한 메시지 중의 메시지이다. **"오늘 당신의 메시지는 무엇인가?"**라는 물음은, 곧 **"오늘 당신 설교의 명제는 무엇인가?"**라는 물음이다. 스토트는 명제의 중요성을 다음과 같이 인지했다.

> 강의와 다르게 설교는 오직 하나의 중심 메시지만을 전달해야 합니다. 강의자는 수업 중에 너무 많은 정보를 전달하기 때문에 강의를 듣는 학생은 필기를 해야 합니다. 하지만 설교는 매우 다릅니다. 자기 백성을 향한 하나님의 살아 있는 말씀인 설교는 바로 그 시간, 그 자리에서 듣는 이들에게 영향을 주어야 합니다. 청중이 내용을 세세히 기억하지는 않을 것입니다. 그것을 기대하면 안 됩니다. 하지만 청중은 중심 생각은 기억할 것입니다. 왜냐하면 설교의 모든 세부 내용이 설교의 메시지를 이해하고, 설교의 능력을 경험하며, 설교에 반응하는 것을 돕게끔 구성되었기 때문입니다.[20]

설교의 명제는 데이비스가 말한 대로 설교의 내용의 골격을 구축하는 작업 structural design 으로, 설교가 주제에 관해 말하려는 바, 곧 설교자가 성경본문을 통해 주제에 관해 진리라고 주장하려는 바이다.[21] 설교자는 전인적 메시지창안을 위한 본문읽기와 기도를 통해 메시지를 얻고, 주석적 읽기를 통해 메시지를 확인한 후, 그것을 명제의 형태로 진술해 냄으로써 설교를 위한 최종 메시지를 세우게 된다.

가령, 설교의 설정된 주제가 '**하나님의 사랑**'이라면, '**하나님의 사랑**'은 아직 메시지가 아니다. 그것은 설교의 관심대상이지 설교자의 주장점이 아니다. '**하나님의 사랑**'은 설교자가 주장할 내용의 대상일 뿐이다. '**하나님의 사랑**'이 내용이 되려면, 그 사랑에 대한 판단, 곧, '**하나님의 사랑**'이 어떤 성질의 사랑인지를 주장해야 한다.

사람들은 '**하나님의 사랑**'이라는 가치에 대해 저마다의 이해와 판단을 가지고 있다. 어떤 사람은 그것을 처음 듣기도 하겠고, 다른 사람들은 듣긴 했어도 잘 모를 수 있다. 또 다른 사람들은 '**하나님의 사랑**'에 대해 나름의 이해를 하고 있거나, 그릇되고 왜곡된 생각을 할 수도 있다. 사람들은 자신의 이해 안에서 사랑하는 방식들이 다르다.

설교의 메시지란 사람들의 의식과 삶을 지배하는 가치들에 관한 판단을 성경적 관점으로 각성시키는 내용이다. 성경의 가치관은 세상과 신자들의 삶을 지배하는 일상적 의식과 생각의 태도들과 충돌한다. 그러나 그렇기에 복음의 세계관은 일상에 가려진 삶의 심원한 진리를 알리는 변혁적 정신이다. 그리고 그러한 변혁적 세계관을 선언하는 결정적인 행위가 설교이다. 이것이 설교가 메시지 행위인 이유이며, 설정된 주제에 관해 무엇을 주장할지를 진술해야 하는 이유이다.

'**하나님의 사랑**'이라는 주제는 그 자체로는 평범한 이슈다. 그러나 그 사랑에 대한 주장의 내용이 어떤가에 따라 그 주제는 예사롭지 않게 된다. "하나님 사랑은 우리의 일상적 사랑과 대립하는 사랑으로 우리를 비로소 구원하고 생동케 한다."는 주장은 특별하다. 설교는 주제에 대한 성경적 가치관을 주장하는 거다. 그 주장점을 어떤 방식으로 펼칠 것인가는 이후의 과제이다. 어떤 방식이든 모든 설교는 주제에 대한 진리주장을 가지고 시작해야 한다. '하나님의 사랑'이 주제라면, 그 사랑이 어떤 사랑인지를 진술하는 것. 그것이 설교의 메시지, 곧 명제를 세우는 것이다.

앞서 예시한 '탁월한 화술'이라는 주제의 글을 다시 보자. 논자의 주제는 '화술'이다. 그러나 그것은 그냥 화술이 아니다. '탁월한 화술'이 그의 관심사이다. 그러나 그것 자체는 아직 메시지가 아니다. 논자가 '탁월한 화술'에 대해 주장하려는 내용은 무엇인가? 사람들은 저마다 화술에 대한 생각을 갖고 있다. 화술을 모르는 사람도 있고, 화술의 중요성을 알지만 그 필요성을 못 느끼거나, 그것이 일상에 어떤 영향을 끼치는지 모를 수 있다. 그러나 화자는 두 가지의 역사적이고 객관적인 논거들 ― 2차 세계대전 당시 처칠의 연설과 최근 오바마의 연설 ― 을 통해 '탁월한 화술'에 대한 자신의 판단을 주장하고 있다. 그것은 탁월한 화술은 "한 사람의 운명만이 아닌, 한 국가의 운명까지 바꾸는 데 결정적인 영향을 미친다."는 것이다. 이것이 글이 의도한 메시지이다. 다시 말해, 논자는 글을 쓰기 전 자신의 메시지를 확정했다. 그는 '탁월한 화술'이라는 주제를 세우고 그에 대한 주장점을 "탁월한 화술은 한 사람만이 아닌, 한 국가의 운명까지 바꾸는 결정적인 힘이다."라고 명료화한 것이다. 이것이 '탁월한 화술'에 관한 논자의 진리주장이다.

옥한흠의 설교의 예는 어떤가? '독생자의 영광을 보라'는 그의 설교가 도입에서 제시한 주제는 **'하나님의 영광을 보는 사람들'**이다. 그러나 그것은 메시지가 아니다. 그의 주제에는 하나님의 영광을 보는 사람들이 누구이고, 어떤 사람인가에 대한 주장점이 없다. 따라서 그의 설교는 그 사람들이 누구인가를 밝히려는 내용으로 전개된다. 그 과정을 통해 그는 결말부에서 자신의 주장점을 명확하게 제시한다. 그것은 세 가지 방향으로 제시된다. 그것들은 **"하나님의 영광을 보는 사람들은 영혼의 질병에서 치료받는다.", "하나님의 영광을 보는 사람들은 마음이 하늘의 영광의 빛으로 가득하게 된다.", "하나님의 영광을 보는 사람들은 세상의 기쁨이나 행복에 마음을 쉽게 빼앗기지 않는다."** 등이다.

한경직의 '상한 갈대' 마 12:20-21 [22]라는 제목의 설교는 주제를 **'예수님의 오심의 목적'**으로 말할 수 있다. 그러나 그의 주제는 메시지가 아니다. 그의 메시지는 설교의 내용 가운데 아래와 같이 제시된다.

… 예수님께서 세상에 오신 목적은 상한 갈대를 꺾지 않으시고 꺼져가는 심지를 끄지 않으시고 그 갈대를 회복시키고, 그 희미한 불을 돋우어서 큰 등대를 삼기 위해 오셨습니다. 주님의 이 정신을, 이 성품을 우리도 좀 배워야 하겠습니다. 그러므로 특별히 병난 사람들을 위해서, 가난한 형제들을 위해서 우리의 최선을 다해야 되겠습니다. 우리 믿는 사람들이 솔선수범해서 상한 갈대, 스치고 밟힌 불쌍한 이들을 함께 붙들어 주어야 하겠습니다. … [23]

설교자가 밝히는 메시지는 무엇인가? 그것은 주제에 대한 주장점으로, 설교자는 그것을 **"예수님의 오심의 목적은 상한 갈대와 꺼져가는 심지와 같은 인생을 회복하시기 위함이다."**로 밝힌다. 이 메시지를 가지고, 설교자는 다음과 같이 적용을 준다. **"주님의 정신을 배웁시다. 병자, 가난한 자들을 위해 최선을 다합시다. 솔선수범하여 상한 갈대, 불쌍한 이들을 함께 붙들어 줍시다."**[24]

설교자는 설교를 써 내려가거나 설교하는 도중에 메시지를 발견하는 것이 아니다. 물론 설교자는 어느 때고 새롭게 조명하시고 의외의 말씀을 주시는 성령의 감화에 열려 있어야 한다. 그러나 그것은 성령의 자율하신 의지에 따른다. 설교자는 설교작성에 들어가기 전, 주제에 대한 명제를 진술함으로써, 설교를 위한 메시지를 확정해야 한다.

설교의 주제는 메시지의 방향성과 직결되고, 명제는 메시지의 주장내용이다. 설교자가 진술된 명제를 갖고 있을 때, 설교자는 설교의 작성만이 아닌, 설교를 행하는 중에도 자신이 무엇을 말하고 있으며, 이후 무엇을 말해야 하고, 무슨 내용으로 마쳐야 하는지 스스로에게 명확할 수 있다. 이를 통해 설교의 메시지는 신자들에게 선명하고 일관되게 들려지게 된다. 한마디로, 명제가 진술되었다면, 설교자는 아직 완성된 원고는 없을지라도, 설교할 **메시지**는 갖고 있는 것이다.

명제진술

명제는 주제에 대한 주장의 내용을 진술하는 것으로, 설교자는 그것을 하나의 문장 형태로 진술해야 한다. 명제진술을 위해 설교자는 3가지 기본원칙을 따라야 한다.

1) 명제는 낱말이 아닌, **한 문장**으로 진술한다.
2) **주제**가 명제 문장의 **주어**가 된다.

   (예_ 예수님의 회복은 꺼져가는 심지를 살리는 회복이다.)
3) 명제문장의 서술부는 **짧고 명확**하게 진술한다.

명제진술의 방식에 옳고 틀림은 없다. 설교자들은 저마다 나름의 방식으로 자신의 메시지를 명료화하여 자신의 사고에 세워야 한다. 따라서 여기서 제시하는 명제진술의 원칙은 정답이 아니다. 그러나 이 원칙은 설교자로 하여금 메시지에 대한 사고의 흐름을 보다 명료하게 해줄 수 있는 적합하고 효과적인 방식이다.

한 문장으로!

본문과의 대화과정에서 설교자에게 창안되는 메시지는 말끔하고 간결한 방식으로 주어지지 않는다. 메시지에 대한 설교자의 생각은 어떤 의미의 방향으로 향한다. 그러나 그것은 설교자의 생각 안에서 여러 말들과 이미지들로 엉켜있다. 심지어 하나의 생각으로 정리가 된 후에도 그것은 화선지에 번지는 먹물 방울처럼, 시시각각 사방으로 퍼지고 동시다발적으로 분화, 변형, 추가, 확장한다. 이것은 자연스러운 현상이다. 중요한 것은 설교자가 메시지를 위한 어떤 하나의 방향점을 가지게 됐다는 거다. 이제 설교자는 그러한 초기의 착상을 종이나, 컴퓨터 모니터 화면에 글로 반복해서 쓰고, 반복해서 말로 소리 내어 보아야 한다. 그 과정을 통해 설교자는 메시지의 방향이나 내용을 흐릿하게 하는 표현이나 말들을 거둬내게 되고, 메시지에 대한 생각을 또렷하게 드러내 줄 보다 다듬어지고 정제된 진술을 정하게 된다. 이것이 설교의 메시지인 명제를 진술해 내는 과정이다.

명제는 **한 줄 문장**으로 쓴다. 제임스 브래가James Braga는 명제를 "설교 개요의 내용을 한 문장으로 요약한 것"으로 소개한다.[25] 문장은 낱말들의 조합으로 이루어진 의미체로 주어와 서술어의 조합으로 구성된다. 예를 들어, **'영화'**, **'선영이'**, **'좋아함'**은 각각의 뜻을 지닌 세 단어들이다. 그러나 이들을 주어와 서술어로 조합된 문장으로 기술하면 **"선영이는 영화를 좋아한다."**가 될 수 있다. 이때 이 문장은 주어인 선영이에 대한 정보를 알리는 의미체가 된다. 앞서 소개한 대로, 설교에서 주제는 낱말로 설정된다. 때론 형용사를 동반하기도 한다.

'하나님의 신실함' '참된 감사' '십자가' '구원' '성도의 믿음'
'성령의 역사' '헌신의 삶' '그리스도의 버림받음' '믿음의 열매'
'참된 소망' '그리스도인의 겸손' '성도의 복' …

이제 주제는 그것에 대한 주장의 내용으로서 술어를 동반하게 된다. 그것이 설교의 메시지로서 **명제**이다. 명제는 설교의 메시지 자체이면서, 설교작성과 설교를 실행하는 과정에서 설교자를 안내하는 메시지의 로드맵이다.

명제는 낱말인 주제와 달리, 주어와 서술어로 조합된 **문장으로** 기술된다. 하나의 완전한 문장으로 진술된 설교의 메시지는 설교자에게 메시지에 대한 자신감을 주고, 도입에서 결말까지 메시지의 길을 잃지 않도록 잡아준다. 따라서 명제는 설교자의 메시지에 대한 생각을 일관되도록 붙들어주는 방식을 취한다. 그 형태는 "**주제는** ○ ○ ○**이다.**"와 같다.[26] 명제의 진술 방식의 예들은 아래와 같다.

〈주제〉		〈명제〉
예수의 사랑	→	**예수의 사랑은** 성도로 헌신케 한다.
참된 감사	→	**참된 감사는** 우리의 연약함을 고백하는 신앙 고백이다.
참된 제자도	→	**참된 제자도는** 복음을 아는 것을 넘어 삶으로 살아내는 데 있다.
삶의 기쁨	→	**삶의 기쁨은** 예수를 본받아 자신을 비워내는 데서 온다.
삶의 변화	→	**삶의 변화는** 죄인을 찾아오시는 하나님의 사랑의 은총에 있다.
부활 생명	→	**부활 생명은** 억울한 고통을 참아내는 데서 올라온다.

참된 믿음	→	**참된 믿음은** 하나님의 긍휼을 바라는 갈망이다.
하나님의 신실함	→	**하나님의 신실함은** 우리로 환난 가운데서 소망을 갖게 한다.
십자가	→	**십자가는** 우리를 새롭게 살게 하는 신앙의 비밀이다.
구원	→	**구원은** 사랑 안에 있는 내가 발견되는 거다.
성도의 믿음	→	**성도의 믿음은** 나의 행위가 아닌 하나님의 주권적인 은총이다.
성령의 역사	→	**성령의 역사는** 우리로 모든 차별과 분리를 넘어서게 한다.
헌신하는 삶	→	**헌신하는 삶은** 부활 생명인 사랑의 삶에 자신을 내어놓음이다.
진정한 하나 됨	→	**진정한 하나 됨은** 복음으로만 가능하다.

데이비스는 설교를 살아있는 유기체로서 한 그루의 나무에 비유했다. 그의 비유와 조금은 다르지만,[27] 주제가 설교라는 나무의 뿌리라면, 명제는 그 나무의 중심 줄기이다. 뿌리는 나무의 바탕이지만 나무는 아니다. 뿌리에서 줄기가 서야 한다. 그 줄기에서 가지가 뻗어나고, 가지에서 꽃과 열매가 난다. 마찬가지로, 설교의 주제는 메시지의 줄기로서 하나의 명제를 가지고, 그 명제는 메시지의 가지들로서 몇 개의 대지와 소지들로 분화된다. 그러나 설교는 결국 다시 주제와 명제로 귀결된다. 본문의 주해와 예증, 적용과 권면, 초청의 말들은

모두 명제를 위해 있는 것이고, 명제로 인해 붙고, 명제로부터 내용의 방향성을 갖는 것이다.

설교자는 자신의 생각 속에 떠 있는 주장점을 한 문장으로 간결하게 명료화해야 한다. 그렇게 하여 설교자는 자신의 메시지를 이 것저것 내용들을 담은 카트가 아닌, 신자회중의 생각을 뚫는 화살이 되도록 해야 한다.

주제를 주어로!

명제문장의 주어는 주제이다.[28] 명제가 설교의 메시지로 기능을 하기 위해서 명제 안에서 주제의 위치가 정해져야 한다. 명제가 진술됐음에도 그것이 설교를 돕지 못하거나 메시지가 어수선한 경우들이 있다. 이는 명제 문장에서 주제와 명제가 메시지를 집약함에 있어 서로의 위치설정이 바르지 않거나 서로가 연계되지 못하기 때문이다. 먼저, 다음의 예들을 보자.

〈주제〉		〈명제〉
소망	→	"**하나님은** 우리의 삶을 소망의 광야로 바꾸신다."
그리스도인의 겸손	→	"**그리스도인은** 하나님 앞에 겸손한 마음으로 살아야 한다."
하나님의 은혜	→	"**하나님은** 우리의 삶을 회복하는 은혜를 주

주명잡설 _ 주제와 명제로 잡는 설교

신다."

| 믿음의 승리 | → | "**하나님의 자녀**는 믿음으로 승리하여 하나님의 기쁨이 된다." |
| 성화의 삶 | → | "**칭의의 은총**은 성도를 성화의 삶으로 이끈다." |

위의 예들은 명제 문장이 주제를 포함하고 있지만, 주제가 제자리를 잡지 못하고 있는 예들이다. 첫 번째 예의 경우, 주제는 '**소망**'으로서 설교의 관심대상이 신자들이 소망하는 것으로 기대되지만, 정작 설교의 메시지인 명제에서는 '소망'이 아닌, '**하나님**'^{하나님은 우리의 삶을 소망의 광야로 바꾸신다}이 설교의 관심대상이 되고 있다. 명제로만 보면 설교는 신자들에게 **하나님**에 대한 새로운 신앙을 제공하려 하고, 그것은 우리의 삶을 소망의 광야로 바꾸시는 분은 다른 누구가 아닌, **하나님**이라는 것이다. 이 경우 '**소망**'으로 설정된 주제는 '**하나님**'으로 수정되어야 한다.

두 번째 예인 '**그리스도인의 겸손**'은 어떤가? 주제로 볼 때, 설교의 과제는 '**그리스도인의 겸손**'에 대한 일반적인 이해나 삶의 자세에 변화를 줄 것으로 기대된다. 그런데 명제는 "**그리스도인은 하나님 앞에 겸손한 마음으로 살아야 한다.**"이다. 명제상 설교가 주장하려는 내용의 대상은 '**그리스도인의 겸손**'이 아니다. 그것은 오히려 '**그리스도인**'은 누구냐는 그리스도인의 정체성이나 역할이 그 대상이다. 이러한 구분은 설교자들에게서 대부분 간과된다. 많은 경우 그리스도인이 하나님 앞에 겸손히 살아야 한다는 말이, 곧 그리스도인의 겸손을 말하는 것 아닌가 반문할 것이다. 그러나 그 둘 간의 차이는 분명하다. 설교의 주제가 '**그리스도인**'인 경우, 설교의 주장점은 그리스도인 됨의 여러 덕목들 가운데서 '겸손'이 중심 덕목임을 주장하는 데 있다. 반면, '**그리스도인의 겸손**'이 주제일 경우, 설교의 메시지는 그리스도인의 덕목인 '겸손'의 자세에 집중하여, 그것이 어떤 마음의 상태, 또는 삶의 자세인지를 밝히는 내용이 된다. 한마디로, 설교에서 어쨌든 '겸손'이 언급된다는 점에서는 큰 차이가 없지만, 메시지의 주장점, 곧 설교의 내용은 전혀 다른 방향이 된다.

또 다른 혼동은 명제문장의 주어부가 장황하여 주어가 불분명한 경우이다. 다음의 명제들에서 보게 된다.

"하나님의 품 안에서 비로소 **우리는** 진정 행복하다."
"예수가 누구신지 앎을 통해 **성도는** 그리스도를 닮는 삶을 산다."
"복음으로 중생한 자들이 모인 **교회는** 빛의 사명을 감당해야 한다."
"한 몸이 될 때 **교회가** 새로워질 수 있다."

이들은 각각 주장점을 갖고 있다는 점에서 설교의 메시지로서 가능하다. 그러나 이러한 방식의 명제진술은 설교자에게 메시지를 명료하게 하지 못한다. 왜냐하면 주어의 수식어구가 길어 주어가 분명하지 않거나 숨어있기 때문이다. 가령, 첫 번째 명제인 "**하나님의 품 안에서 비로소 우리는 진정 행복하다.**"의 경우, 설교자의 머리에는

'하나님의 품', '우리', '진정한 행복' 등 세 가지의 개념들이 부상해 있다. 그런데 이들 가운데 설교자가 주장하려는 바의 대상은 무엇인가? '하나님의 품'인가?, 아니면 '우리', 또는 '진정한 행복'인가? 명제를 자세히 보면, 주어는 '우리'이다. 문장은 진정 행복하기를 바라는 대상을 '우리'로 가리킨다. 그러나 '우리'는 긴 수식어구를 달고 있어, 설교의 메시지의 대상에 대한 명확도가 낮다. 반면 "우리는 하나님의 품 안에서 비로소 진정 행복하다."는 어떤가? 의미는 동일하다. 그럼에도 설교의 관심대상^{주제}과 그에 대한 주장의 내용 간의 관계가 보다 뚜렷해진다. 물론 '우리'보다는 '성도', '그리스도인', 또는 '인간의 삶'이 대상을 구체화하는 데 보다 적합하다.

두 번째 예시인 "예수가 누구신지 앎을 통해 성도는 그리스도를 닮는 삶을 산다."도 동일하다. 이 명제는 '예수가 누군지 앎', '성도', '그리스도를 닮는 삶' 등 세 개의 개념들 사이에서 주제를 뚜렷이 하지 못한다. 그러나 설교의 관심대상은 예수가 누구인지 알고 그리스도를 닮는 삶을 사는 '성도'이다. 그러나 '성도'를 문장 중간에 위치시킴으로 설교자에게 자신이 말하려는 바^{주제}와 그것에 대해 주장하려는 바^{명제}의 구분이 확연하지 않을 수 있다. 같은 의미일지라도, "성도는 예수가 누구인지 앎을 통해 그리스도를 닮는 삶을 산다."가 둘 간의 관계를 보다 뚜렷하게 하고, 그로써 설교자에게 메시지가 보다 명확하게 서게 된다.

명제진술 시 주의해야 하는 또 다른 경우는 주어가 생략, 또는 누락되는 경우이다. 다음의 명제들은 어떤가?

"하나님의 나라를 세우는 일꾼이 되자."

"감사를 통해 우리의 연약함을 고백하는 삶을 살자."

"성령과 함께 동행하자."

앞서 예시된 명제들과 달리 위의 명제들은 공통적으로 주어가 생략되어 있다. 이들은 주어가 없으므로 설교의 메시지가 향하는 대상을 없애거나 모호하게 한다. 하나님의 나라를 세우는 일꾼이 되자는데, 대체 하나님의 나라를 세워야 하는 일꾼은 누구이고, 하나님 나라의 일꾼이 되는 것이 무엇 때문에 중요한 것인지가 불분명하다. 이는 단순히 주어 하나가 빠진 것이 아니다. 주제가 생략됨으로 설교가 전체의 방향을 잃게 될 수 있다. 그러므로 다음과 같이 재 진술되어야 한다. **"성도는 하나님의 나라를 세우는 일꾼이다."** 또는, **"성도의 사명은 하나님의 나라를 세우는 일꾼이 되는 것이다."** 아니면, **"교회의 소망은 하나님의 나라를 세우는 일꾼이 되는 것이다."**

위의 세 가지 경우, 주어가 무엇인가에 따라 설교의 과제로서의 대상 자체가 달라진다. 설교가 말하려는 대상이 **'성도'**인가? **'성도의 사명'**인가? 아니면 **'교회의 소망'**인가? 명제의 주어인 주제가 무엇인가에 따라 설교의 향방이 정해진다고 할 때, 명제문장에 주제가 있고 없고는 메시지의 생사를 결정하는 중요한 부분이다. 뒤에서 다루겠지만, 주제는 도입의 내용과 방향을 결정짓는다. 따라서 주제가 명제문장에서 주어로 간결하고 명확하게 기술될 때, 설교자는 도입에서 무엇을 말해야 할지를 분명히 하게 되고, 그렇게 됨으로 도입작성에 많은 시간을 줄일 수 있다.

이상에서 우리는 명제를 진술함에 있어 주의해야 할 예들을 짚었다.

1) 설정된 주제와 명제문장에서의 주제가 상반될 때이다.
2) 주어가 길고 장황한 수식어구로 인해 불분명한 때이다.
3) 주어가 누락되거나 생략됨으로 주제를 상실하는 경우이다.

짧고 굵고 명확하게!

명제는 본문읽기와 기도 과정에서 설교자에게 얻어진 메시지창안의 결과이다. 그것은 설교자가 성령의 감동과 조명 안에서 성경본문을 통해 듣게 된 조용하고 확신 찬 메시지의 진술이다. 그러나 설교자는 그것을 몇 쪽, 몇 문장으로 받지 않는다. 그것은 본문이라는 씨알에서 돋아난 하나의 싹이며, 산만한 생각을 비추는 하나의 빛줄기이다. 그렇기에 명제는 형식적으로나 내용적으로도 간결하고 분명할 수밖에 없다. 그 한마디의 빛이 전체 메시지를 여는 것이다.

그러나 생각의 내용을 한 문장의 글로 줄인다는 것은 메시지의 변형이나 왜곡을 일으킬 수 있다. 또한 그것이 메시지창안 과정에서 얻은 메시지의 다방면을 한쪽으로만 단정하거나 가볍게 치부하는 것 같다. 더군다나 크래독도 인지한 대로, 많은 설교자들은 하나의 메시지가 신자들에게 도움이 되지 않는다고 생각하는데, 그 이유는 설교는 신자들의 다양한 관심과 요구들에 응답해야 한다고 생각하기 때문이다.[29] 그렇기에 설교자는 자신의 메시지를 한마디로 말하기를 꺼려하고, 심지어 그렇게 하는 것을 부정적으로 보는 경향이 있다.

그러나 명제진술은 설교의 원고를 완성한 후에 행하는 작업이 아니다. 명제는 설교의 전체 내용을 펼칠 메시지의 핵심 줄기로 진술되는 것이다. 이런 점에서 명제는 **짧고 간결하게** 진술한다. 명제는 설교의 **한 줄 메시지**로 전체 메시지의 로드맵이고, 전체 설교를 꿰고, 엮어내는 메시지의 원세포와 같다. 그렇기에 명제는 설교의 세부적인 모든 내용을 담을 수 없고, 그럴 필요도 없다. 명제는 설교의 세부적인 내용들을 떠받치고, 포괄하는 토대문장이다. 그러므로 설교자는 명제를 확정하기 전, 명제문장을 반복하여 읽고 되뇌면서, 최대한 짧고 간결하게 다듬어야 한다. 아래는 창안한 명제를 보다 짧고 굵고 명확하게 다듬어 최종적으로 진술한 예들이다.

> "**하나님의 신실함**은 하나님의 사람들이 모든 어려움과 고난의
> 상황에서도 낙심하지 않고 하나님의 돌보심을 기다리고 붙들게
> 하는 소망의 근거이다."
>
> ➡ "**하나님의 신실함**은 성도로 환난 가운데서 소망을 갖게 한
> 다."

> "**십자가**는 주님이 죽으심으로 보이신 구원의 사건으로써 우리
> 는 십자가를 볼 때, 우리의 죄를 돌아보게 되고 우리가 주님을
> 닮아가는 삶을 살게 하는 신앙의 비밀이다."

➡ "십자가는 우리를 새롭게 살게 하는 신앙의 비밀이다."

"**성도의 믿음**은 하나님의 능력을 믿어주는 나의 의지와 하나님의 기쁘신 일들을 행하는 것으로 나타나는 것이 아니다. 믿음은 하나님이 말씀을 통해 우리에게 심어주는 선물과 같은 것이다."

➡ "**성도의 믿음은 하나님이 주권적으로 주시는 은총이다.**"

"**헌신하는 삶**은 죽음을 통해 부활하신 예수 그리스도를 본받아 나 자신을 부인하고 사랑하지 못하는 이웃과 타인을 향해 손을 내밀어 사랑하는 삶에 있다."

➡ "**헌신하는 삶은 부활 생명인 사랑의 활동에 자신을 내어놓음이다.**"

"**참된 하나 됨**은 물리적 거리의 가까움이나 외적인 만남의 주선이 아닌 우리 자신을 보게 하고 우리와 한 몸 되신 그리스도를 알게 하는 복음을 듣고 복음 안에 변화될 때 가능하다."

➡ "**참된 하나 됨은 복음으로만 가능하다.**"

위에서 보듯이 긴 명제와 짧은 명제 간 전달하는 내용의 차이는 없다. 긴 명제는 짧은 것에 비해 세부 내용을 기술하고 있어 전체 메시지의 내용을 좀 더 구체적으로 설명해주는 데 적합하다. 반면 메시지의 선명도는 어떤가? 짧은 명제는 긴 것처럼 세부적이지 않지만, 설교의 전체 메시지를 파악함에 있어 장황하거나 복잡하지 않고, 메시지를 보다 또렷하고 확고하게 설교자의 사고에 밝혀주기에 적합하다. 앞서 강조한 대로, 설교의 명제는 신자회중들에게 제시되는 것이 아니다. 설교자 자신의 사고의 흐름을 지키고 메시지의 길을 잡아주는 데 있다. 따라서 명제는 최대한 짧고 간단 명확하게 진술되는 것이 유익하다.

　　　설교의 주제설정과 명제진술은 설교의 구조적 디자인으로 설교의 메시지를 세운다. 그러나 주제와 명제의 기능은 거기서 그치지 않는다. 설교의 주제와 명제는 설교작성의 거푸집이 되어, 도입 - 본말 - 결말이 메시지의 구체적인 실행이 되도록 각 부분들을 잡아주는 틀로 작용한다. 한마디로, 주제와 명제는 메시지이면서도 설교의 구성을 빌드업Build-up해주는 기틀로 기능한다.

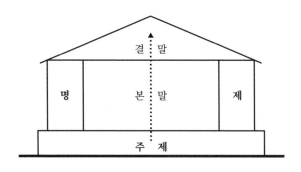

[설교의 메시지의 집]

3.

삼단구조

존 스토트는 설교가 전개되기 위해 하나의 구조를 갖춰야 함을 강조한다.[30] 이는 메시지를 소통하는 행위들의 기본특징으로, 설교의 기본구조는 삼단구조이다. 설교의 삼단구조란 **도입 - 본말 - 결말**로, 시작 말로서의 **도입**과 중심 말로서의 **본말**, 그리고 끝나는 말로서의 **결말**을 뜻한다.[31]

    메시지는 사고의 구조화를 통해 의미를 소통한다. 설교도 예외가 아니다. 어떤 형태나 유형이든, 모든 설교는 삼단구조로 움직인다. 때론 설교가 도입 없이 본말로 시작하기도 하고, 결말을 맺지 않고 본말에서 끝나는 경우들도 있다. 그러나 이는 예외적인 경우다. 특히 연속 강해설교들에서 그렇다. 그러나 대지설교를 비롯한 많은 경우 설교는 **도입 - 본말 - 결말**의 삼단구조가 뚜렷하다.

    귀납식 방식의 설교들도 예외는 아니다. 그러한 설교들은 여러 개의 대지와 소지를 가진 연역적 설교들과 달리, 결말에서 제시될 명제 one-point를 향해 진행하는 방식을 갖는다. 그런 설교는 그 연속적인 흐름으로 인해 듣는 자들에게 **도입 - 본말 - 결말**의 구분이 뚜렷하지 않을 수 있다. 그러나 그 경우에라도 설교자는 **도입 - 본말 - 결말**의 구성으로 설교를 작성한다.

북미의 몇몇 설교학자들을 중심으로 소개된 '귀납식', 또는 '이야기식'이나 '네 페이지' 설교는 다른 것이 아닌, 본말에서 메시지 전개 방식의 차이를 가진 설교들이다. 가령, 크래독이 소개한 귀납식 설교는 신자들의 삶에 성경본문이 제기하는 질문이나 의문점들이 자리해 있음을 보면서 그것을 알려주는 구체적인 경험이나 삶의 이야기로 시작한다.[32] 이어서 설교는 '본문'과 '삶' 상호 간 주고받는 대화를 이어가게 되는데, 이 둘 간의 대화는 본문에서 제기되는 문제점에 삶이 응답하거나, 역으로 삶에서 경험하는 문제점에 본문이 응답해주는 방식으로 진행된다. 크래독은 이러한 자신의 설교를 '문제-해결적 움직임'이라고 말했다. 이 대화가 진행되면서 설교는 점차 본문에 감추어져 있던 복음에 다가가고 결국 복음을 선언하게 된다.[33] 결말에서 설교는 신자들을 그 복음의 은총으로 초대하게 되는데, 이 초대를 통해 신자회중이 각자 자신을 위한 결말을 맺을 수 있도록 한다.

유진 로우리 Eugene L. Lowry 가 소개하는 이야기식 설교도 크게 다르지 않다. 여전히 그의 설교를 '이야기식' narrative 이라고 부르는 데에 반론이 적지 않지만,[34] 그 역시 본문을 삶, 또는 삶을 본문의 거울로 읽는다. 따라서 크래독의 방식과 유사하게 설교는 본문과 삶 간의 오가는 대화로 진행된다. 다만 그는 본문과 삶이 들추어내는 삶의 모호성이나 갈등과 그것에 응답하는 복음의 해소 사이에 조성되는 긴장감을 중요하게 여긴다. 로우리는 그러한 '갈등-해소'의 대비가 만들어내는 플롯 plot 에 집중한다.[35] 특별히 크래독의 귀납식 방식과 달리, 그의 결말은 복음을 선언한 후, 신자회중으로 하여금 복음에 응답하는 삶으로 초대하는데, 이때 설교자는 복음 안에서 기대되거나 요청되는 신자들의 응답적 삶을 제시하기도 한다.[36]

폴 스캇 윌슨의 네 페이지 설교 역시 삼단구조를 따른다. 그의 도입과 결말은 크래독이나 유진 로우리와 크게 다르지 않다. 그러나 본말은 그들의 문제-해결식, 또는 플롯 방식이 아닌, 신학적 구조로 움직인다. 그것은 율법과 복음의 관점으로 본문과 오늘의 삶을 풀어내는 데 있다. 설교는 먼저 본문의 율법적 부분에 이어 율법 안에 있는 오늘의 삶을 제시한다. 그런 후, 본문이 드러내는 복음, 곧 하나님의 구원하시는 주권적 행동을 명명하고, 이어 그 하나님의 구원이 역사하는 오늘의 삶을 기술한다.[37] 이러한 구조는 본문과 삶을 오간다는 점에서 강해적이고, 율법과 복음이 설교를 이끌고 가는 틀이라는 점에서 신학적이다. 무엇보다 윌슨의 방식은 복음을 확연하게 선언하는 설교로서, 설교의 마지막 네 번째 페이지는 신자들이 수행해야 할 행동이 아닌, 하나님의 주권적 행동을 선언하도록 한다.[38]

설교들은 본말에서 저마다의 다양한 구성과 전개의 방식들을 취한다. 그러나 본말의 구성이 그렇다 해도, 모든 설교는 기본적으로 삼단 움직임인 **도입 - 본말 - 결말**의 구조로 엮어진다.

삼단구조와 메시지

주제와 명제는 설교의 삼단구조와 어떤 관계인가? 그것들은 설교의 메시지이지만, 설교자에게 주장점만을 제공하지 않는다. 주제와 명제는 설교의 삼단구조를 내용적으로 빌드업하는 '형식의 내용' the content of form [39]으로 역할을 한다. 주제와 명제는 삼단의 각 부분에 들어갈 알맞은 내용을 제공하는 말잡이가 되고, 그렇게 함으로써 한 편의 설교가 일관된 방향으로 진행하도록 메시지의 레일을 깔아주게 된다. 주제-명제와 삼단구조의 관계는 아래와 같다.[40]

도입 ➡ 주제 부각 및 제시

본말 ➡ 명제 확장 및 심화

결말 ➡ 주제와 명제 재확인

빌드업 1 _ 주제와 도입

설교의 **도입**은 **주제**로 작성한다. 주제는 설교의 관심사이며 설교가 향하는 방향이다. 설교는 특정 의도와 목적을 가진 말로써, 그 시작 말은 설교의 방향을 제시해야 한다.

존 브로더스는 설교의 도입이 가진 기능을 두 가지로 제시했다. 하나는 설교 회중들로 하여금 설교의 주제에 관심을 기울이게 하는 것이며, 또 다른 하나는 그들로 주제를 이해할 수 있도록 준비시키는 것이다.[41] 비록 현대의 귀납식이나 이야기식 설교가 시작부분에서 설교의 주제적 관심사를 노출해서는 안 된다고 주장하지만,[42] 그렇지 않다. 그들이 도입에서 시작하는 삶의 경험이나 이야기는 어떤 목적이나 방향이 없는 아무 내용의 이야기가 전혀 아니다. 그 이야기들은 신자회중들의 흩어진 관심사를 설교자가 끌고 가려는 특정 방향으로 전향시키는 역할을 한다. 롱은 설교를 듣는 신자들은 관심이 있든 없든 설교에 대한 기대를 갖는다고 말하면서, 그들은 설교의 서두를 통해 설교가 어떤 내용일지를 추측하게 된다고 말한다.[43]

도입의 이야기나 예화를 비롯해 본문 소개 등, 도입의 내용들은 그 목적이 있다. 그것은 신자들의 생각의 방향을 설교의 관심사, 곧 주제로 모으는 것이다.[44] 이런 점에서 설교 시작 시, 설교의 주제와 무관한 주의 환기용 이야기나, 흥미 끌기용 예화, 우스갯말들은 적절치 못하다. 설교자가 신자회중과 아이스 브레이킹 ice-breaking 이 필요하더라도 그것은 설교의 방향과 연관성을 가져야 한다.

도입은 **주제**를 꺼내는 말이다. 도입에서 설교자의 화젯거리는 주제를 향해야 하고, 그것이 신자회중의 관심거리가 되도록 해야 한다. 그렇게 함으로써 설교자는 오늘 설교가 무엇을 과제로 삼을 것인지를 알게 하고, 신자들이 그것에 주의를 기울이도록 해야 한다. 이를 위해 설교자는 단순, 단백하게 주제를 드러내는 데 집중해야 한다. 반면, 신선하고 색다른 소재를 통해 흥미를 유발하려는 의도가 과할 경우, 도입과 본말의 연결이 부자연스러울 수 있고, 거창한 도입에 비해 빈약한 본말로 인해 용두사미의 설교가 되게 하기 쉽다. 그러므로 도입은 가급적 힘을 빼고 단순, 간결하게 주제를 알리는 데 집중해야 한다.

도입에서 주제에 관한 관심을 끄는 방법들 가운데 하나는 주제와 상반된 부정적인 예로 시작하는 것이다. 부정적인 사건이나 이야기들은 역으로 주제의 중요성과 필요성을 부각시킨다. 가령, 설교의 주제가 '**참된 제자도**'라고 하면, 도입은 제자도에 대한 바른 이해와 상충하는 그릇되거나 왜곡된 제자도가 나타나는 실천의 현장에 대한 구체적인 이야기로 시작할 수 있다. 그러한 문제 제기는 신자들에게 제자도에 대한 인식을 환기시키고, 성경이 말하는 바른 제자도에 관심을 갖도록 준비시킬 수 있다.

주제에 관한 관심을 끄는 또 다른 예는 주제와 관련된 이야기로 도입을 여는 것이다. 이는 부정적인 사례를 통한 우회적 방식이 아닌, 좀 더 직접적인 방식으로, 주제 관련 사례나 이야기를 꺼내는 것이다. 가령, 주제가 '**평안한 삶**'이라면, 도입은 평안에 대한 사회적인 이해를 반영하는 사람들의 행동이나 삶의 이야기로 시작할 수 있다. 그러한 도입은 평안에 대한 일반적인 이해를 부상시킴으로써, '평안'의 가치와 의미를 신자들의 생각에 띄워준다. 이는 신자들에게 설교자가 의도하는 성경적이고 대안적인 주제를 맞이하도록 준비시켜 준다.

부정적인 사례이든, 긍정적인 내용이든, 주제와 관련된 예화를 제시한 후, 설교자는 본문을 소개한다. 이때 본문소개는 **주제의 관점으로** 행해져야 한다. 본문은 어떤 관점과 각도에서 접근하느냐에 따라 다른 방향과 메시지를 내어준다. 그런데 설교의 주제는 이미 메시지 창안 과정에서 본문을 통해 얻어진 것이다. 따라서 본문소개는 본문과 주제와의 관련성을 언급함으로 설교의 주제를 드러내는 부분이다.

도입의 예

다음은 도입을 위한 하나의 예이다. 본문은 마가복음 10장 46-52절이고, 주제는 '**참된 믿음**', 명제는 "**참된 믿음은 현실에 숨겨진 그리스도의 비밀을 보고자 하는 갈망이다.**"

【도입】 주제 제시(참된 믿음)

① 우리들이 가진 모범적 믿음에 대한 막연한 생각들
② **믿음**에 대한 이해를 반영하는 예화 제시
  "… 그런데 우리가 알고 있는 믿음이 과연 주님이 말씀하는 믿음입니까? 오늘 성경은 뭐라고 말하고 있습니까? …"
  (믿음에 대한 일반적인 이해에 대한 의문제기)
③ 본문소개
  "오늘 본문은 날 때부터 앞 못 보며 걸인 된 디매오의 아들을 이야기합니다. … 그가 예수님을 향해 소리를 질러 도움을 구했습니다. 예수님은 그를 불러 그의 눈을 낫게 하셨습니다. 디매오의 아들은 보게 되었고, 길에서 예수를 따르게 되었습니다. … 오늘 본문은 우리에게 **참된 믿음**이 무엇인지를 말씀합니다. … 그럼으로써 믿음에 대한 우리의 생각을 새롭게 합니다. …"
④ 전환구
  "그렇다면, 주님이 말씀하고자 하는 그 믿음이 과연 무엇입

니까?"

(주제를 부각시키면서 본말로 넘어감)

위의 도입은 우리가 '**믿음**'에 대한 선이해를 갖고 있다는 것, 그러나 디매오의 아들의 이야기는 우리의 이해를 넘어서는 참된 믿음을 말하고 있음을 언급한다. 이어서 성경본문이 참된 믿음에 대한 우리의 생각을 새롭게 할 것을 예고함으로써 이어질 본말의 내용에 궁금함을 유발하는 방식으로 도입을 마무리한다.

도입을 위한 팁!

1. 도입에서 메시지를 꺼내지 않는다. 도입은 명제, 곧 설교의 메시지가 아닌, **주제**를 다루는 시작 단계임을 유의해야 한다. 도입은 설교의 방향에 관심을 갖게 하고 그것을 드러내는 데까지이다. 도입은 본말을 기다려야 한다. 다시 말해 도입의 목적은 주제에 관심을 갖게 함으로 본말에서 듣게 될 메시지, 곧 명제를 기대하도록 하는 데 있다. 도입에서 명제가 노출되면, 본말의 집중도를 떨어뜨리게 된다.

가령, 주제가 '**참된 제자도**'이고, 명제가 "**참된 제자도는 복음을 아는 것을 넘어 삶으로 살아내는 데 있다.**"고 할 때, 설교자가 도입에서 주제인 '**참된 제자도**'를 언급한 후, 이내 "**오늘 주님은 참된 제자도를 가지라 말씀합니다. 우리는 복음을 아는 것에 멈춰서는 안 됩니다. 복음을 삶으로 살아내야 합니다.**"라고 메시지를 말하는 경우가 많다.

그러나 도입은 '**참된 제자도**'까지 만이다. 참된 제자도에 대한 메시지, 곧 설교의 주장점인, '**복음을 아는 것을 넘어 삶을 살아내는 데 있다**'는 말은 본말의 몫이다.

주제가 '섬김의 수고'일 때, 설교자는 섬김에 대한 일반적인 예화로 도입을 시작한다. 그렇게 하여 신자들의 의식에 '섬김'의 가치를 떠올려 준다. 그런데, 설교자가 곧바로 "**주님은 오늘 우리에게 섬김의 사람이 되라고 하십니다. 그러므로 오늘 우리는 참된 섬김의 자세를 가져야 합니다.**"는 식으로 명제_{메시지}를 제시하는 경우가 흔하다. 도입은 본말을 기다려야 한다. 도입은 '**참된 제자도**'에 관한 내용에 관심을 기울이는 데까지여야 하고, "**오늘 하나님은 성경을 통해 삶을 풍성케 하는 '섬김의 수고'를 말씀하십니다.**"라고 말함으로써, 본말에서 듣게 될 섬김에 대한 메시지에 기대와 궁금함을 갖도록 하는 데까지여야 한다.

2. 도입은 단순, 간결해야 한다. 도입이 장황하거나 길어지지 않도록 유의해야 한다. 도입은 종종 설교자의 큰 부담이다. 설교자의 힘이 필요 이상으로 도입에 실리는 경우가 있다. 신자들의 흥미와 관심을 끌려고 하는 강박은 도리어 설교를 장황하게 하고, 메시지의 초점을 흐리게 하는 결과를 초래하곤 한다. 그러나 설교자가 기억해야 하는 것은 설교의 본격적인 말을 위한 자리가 있고, 그것이 본말이라는 점이다. 이에 대해 데이비스는 설교자에게 중대한 메시지가 있고, 그것을 표현할 수만 있다면 신자회중의 주의를 끄는 것은 걱정할 일이 아님을 분명히 했다.[45]

도입은 간결해야 한다. 도입은 메시지에 대한 청중의 태도를 준비시키는 단계이다. 구술-미디어 커뮤니케이션 전문가인 카민 갤로Carmine Gallo는 설득력 있는 말의 능력은 다른 것이 아닌 복잡한 내용을 단순하고 간결하게 만드는 데 있음을 강조한다. 그는 이야기를 시작하고 60초 이내에 핵심을 펼칠 수 있어야 함을 주지한다.[46] 데이비스는 설교의 소요시간이 20-25분이라면 도입은 그것의 십 분지 일인 2분 내외가 적절하다고 조언한다.[47]

도입은 설교의 안방으로 들어가기 전, 입구에 있는 전실과 같다. 설교가 입구에서부터 메시지를 말하고 적용까지 내려 결단을 요청하는 것은 신자들을 안방으로 들이기도 전에 입구에서 돌려보내는 것과 같다. 도입은 짧고 간략할수록 본말의 메시지에 대한 기대와 집중도가 높아짐을 기억해야 한다.

3. 도입은 본말과 결말 후에 작성한다. 도입은 설교의 흐름상 시작이지만, 그 작성은 본말과 결말의 앞보다는, 본말과 결말을 쓰고 난 후가 적합하다.[48] 본말과 결말이 없는 공백상태에서 그 시작의 말을 찾기는 쉽지 않다. 게다가 그 시작이 어떤 말과 이야기냐에 따라 그 맥락에 따라 이어질 방향도 달라질 수 있다. 도입에서 메시지와 적용이 등장하고 장황해지는 이유 중에 하나가 도입을 먼저 작성하려는 데 있기도 하다.

반면, 본말과 결말을 작성하여 설교의 메시지를 완성한 후에는 그 내용에 관한 화두를 정하기가 한결 수월하다. 왜냐하면 본말을 펼치는 과정에서 설교는 스스로 적합한 시작의 말을 제공하기 때문이

주명 잡설 _ 주제와 명제로 잡는 설교

다.[49] 뿐만 아니라, 설교자는 목적지에 도착한 메시지를 가지고 있기에 도입에서 어수선하게 배회하지 않고 말의 분명한 방향을 가지게 된다.

빌드업 2 _ 명제와 본말

명제는 본말을 엮어준다. 설교의 도입과 결말에 내용을 제공하는 것은 본말이다. 존 스토트가 강조한 대로, 설교의 본말이 있고 나서야 결말과 도입의 말을 얻게 된다. 그만큼 설교자의 관심과 집중도는 본말에 모아져야 하며, 본말이 설교의 중심이 되어야 한다.

도입이 주제에 대한 관심을 모으고 설교의 방향을 제시하면, 본말은 **명제**를 다룬다. 명제는 주제에 대한 본문의 주장점이 무엇인지를 밝히는 진술로서, 본말은 명제를 꺼내어 그것을 확장하거나 대지, 또는 강해설교, 심화해 가면서 귀납적 이야기, 네 페이지 설교 메시지를 확증하는 곳이다.

도입 후, 설교는 본격적으로 주제에 관해 무엇을 말할 것인지를 밝혀야 한다. 그것은 마치 **"저는 오늘 우리가 경험하는 '시간에 관한 한 가지 사실'에 관해 말하려고 합니다. 제가 말하려는 그 '시간에 관한 한 가지 사실'이란 우리가 시간을 지배하지 않고, 시간이 우리를 지배한다는 겁니다."**라고 말하는 것과 같다. 화자는 도입으로 자신의 말의 주제가 무엇인지 시간에 관한 사실를 알리고, 이어서 본말로 그 사실이 무엇인지 시간이 우리를 지배한다 를 말함으로써 메시지를 밝히는 것이다.

만일 설교의 주제가 '**하나님의 신실함**'이고, 명제가 "**하나님의 신실함은 성도로 환난 가운데서 소망을 갖게 한다.**"라고 하자. 설교는 도입에서 '**신실함**'이라는 가치의 일반적인 이해에서 시작하여, '**하나님의 신실하심**'에 대한 신자들의 상투적인 이해를 언급할 수 있다. 그런 후 설교자는 본문과 주제의 관련성을 가지고 설교의 주제를 드러내게 된다. 도입은 신자들에게 '**하나님의 신실하심**'에 대한 관심을 깨워준다.

이제 본말로 넘어온 설교는 본격적으로 '**하나님의 신실하심**'이 무엇이고, 그것이 우리와 어떤 관계를 갖는지 밝혀주어야 한다. 그것은 명제가 진술하는 대로, 하나님의 신실하심은 "**우리로 환난 가운데서 소망을 갖게 하는 근거이다.**" 이 명제는 본말에서 다음과 같이 크게 세 가지 대지로 구체적으로 확장될 수 있다. 이 대지들은 메시지창안 과정에서 본문이 명제와 더불어 설교자에게 제공한 메시지이다.

첫째, 하나님의 신실하심은 고난의 상황에서 우리로 낙심치 않게 한다.
둘째, 하나님의 신실하심은 우리로 하나님의 돌보심을 기다릴 수 있게 하는 이유가 된다.
마지막으로, 하나님의 신실하심은 하나님을 믿는 자들에게 모든 환난의 중심에서 붙들 수 있는 소망의 근거이다.

본말의 예

명제는 본말에서 심화, 또는 확장된다. 앞선 마가복음 10장 46-52절을 본문으로 한 예시 설교구성의 [본말]은 다음과 같이 구성될 수 있다.

【도입】 주제 제시(참된 믿음)

① 우리들이 가진 **모범적 믿음**에 대한 막연한 생각들
② **믿음**에 대한 이해를 반영하는 예화 제시
　"… 그런데 우리가 알고 있는 믿음이 과연 주님이 말씀하는 믿음입니까? 오늘 성경은 뭐라고 말하고 있습니까? …"
　(믿음에 대한 일반적인 이해에 대한 의문 제기)
③ 본문소개
　"오늘 본문은 날 때부터 앞 못 보며 걸인 된 디매오의 아들을 이야기합니다. … 그가 예수님을 향해 소리를 질러 도움을 구했습니다. 예수님은 그를 불러 그의 눈을 낫게 하셨습니다. 디매오의 아들은 보게 되었고, 길에서 예수를 따르게 되었습니다. … 오늘 본문은 우리에게 **참된 믿음**이 무엇인지를 말씀합니다. … 그럼으로써 믿음에 대한 우리의 생각을 새롭게 합니다. …"
④ 전환구
　"그렇다면, 주님이 말씀하고자 하는 그 믿음은 과연 무엇입

니까?"

(주제를 부각시키면서 본말로 넘어감)

【본말】 명제 확장(참된 믿음은 현실에 숨겨진 그리스도의 비밀을
보고자 하는 갈망이다.)

① **첫째, 참된 믿음은 유명한 자들에게서 감추어져 있다.**
② **둘째, 참된 믿음은 크고, 많고, 위대함의 허상을 본다.**
③ **셋째, 참된 믿음은 현실에서 그리스도를 보려는 갈망이다.**
(명제)

위의 예시는 연역적 대지설교의 경우이다. 명제는 위의 예시처
럼 세 번째 대지로 제시될 수 있다. 이 경우 세 개의 대지는 마지막 셋
째 대지^{명제}를 향하여 점증적으로 발전하는 구성이다. 또 다른 방식은
일반적인 방식으로, 명제는 대지들을 포괄하는 메시지로서, 그 아래
세 가지의 대지들로 세부화된다. **"참된 믿음은 현실에 숨겨진 그리스
도의 비밀을 보고자 하는 갈망이다."**라는 명제는 본문이 안내하는 대
로 아래와 같이 병렬로 제시될 수 있다.

**첫째, 참된 믿음은 유명한 자들에 가려진 주님의 자녀를 발견하
는 눈이다.**
둘째, 참된 믿음은 허상들에 감춰진 진상을 보려는 눈이다.
셋째, 참된 믿음은 그리스도의 길을 가려는 갈망이다.

위의 세 가지 대지는 모두 명제가 말하는 '감추어진 그리스도의 비밀'을 세 가지로 세분화하고 있다. 명제는 세 개의 대지를 포괄하는 메시지이다. 만일 메시지창안 과정에서 메시지의 발견이 귀납식으로 되어졌다면, 설교의 본말 역시 귀납식으로 구성되는 것이 적합하다. 이때의 본말의 구성은 아래와 같을 수 있다.

【도입】 주제 제시(참된 믿음)

① 문제제기: 일상에서 기독교 신앙의 무기력함
② 삶과 믿음의 괴리를 드러내는 삶의 예 제시

　　(믿음에 대한 상투적 이해, 내지 오해를 반영하는 일상의 예)

③ 전환구

　　"… 우리의 삶과 믿음은 왜 상관없는 것처럼 따로 도는 겁니
　　까? 과연 우리를 구원한다는 믿음이 그런 건가요? 우리가
　　믿고 아는 믿음이 믿음에 관한 전부입니까? …"

【본말】 명제 심화(참된 믿음은 현실에 숨겨진 그리스도의 비밀을
　　　　　보고자 하는 갈망이다.)

[기]　본문과 삶 1

(본문 조명)
"오늘 본문은 우리가 알고 있는 믿음과는 다른 모습을 보여줍니

다. …"

"주님은 믿음의 소유자를 주목하십니다. 그런데 그는 사람들 틈에서 결코 위인이 아닙니다. 유명인도 아닙니다. 오히려 사회가 부끄러워하는 대상입니다. 그는 세상과 모든 사람들이 보고 즐기는 시력을 가지지 못했습니다. … 예수님이 사람을 잘못 지목하신 건 아닙니까? 뭔가 착오를 일으킨 건 아닙니까? … 그러나 주님은 그를 향해 '너의 믿음이 너를 구원했다!' 공언하십니다. …"

(삶 조명)

"우리가 일상에서 주목하는 믿음의 모범은 누구입니까? 과연 우리들 가운데 무명한 사람들, 아니 부끄러움의 대상자들을 보면서 그들을 믿음의 소유자로 인정합니까? 우리는 종종 믿음이라는 사람의 영적이고 내면적인 상태를 외적인 상태와 동일시하곤 합니다. …"

[승]   본문과 삶 2

(본문 조명)

"오늘 본문에서 세상을 보지 못하는 그 맹인이 더욱 크게 주님을 불렀다는 게 무슨 말입니까? 그의 믿음이 컸기 때문입니까? 아닙니다. … 그것은 성읍이 그토록 위대하고, 사람들이 그토록 허다했음에도 그것들이 정작 삶의 깊은 공허와 결핍에 아무런 의미가 되지 못했다는 것입니다. 아니, 그런 세상은 그의 눈에 보이지 않는 세계였습니다. … 그러한 외적인 위대함과 풍요함과 충만한 자원들은 그의 구원과는 상관이 없었던 것이었습니다. …"

(삶 조명)

(예화 제시 _ 외적 화려함과 풍요함에 미혹당하는 우리의 시선과 생각들)

"외적으로 위대하고, 강하며, 풍요한 것들을 대단하게 보는 시선은 믿음이 아니라도 누구라도 보는 눈입니다. 그러나 삶의 중대한 국면들에서 우리는 그러한 것들에 배신을 당합니다. … 그럴수록 디매오의 아들은 주님을 향해 더욱 크게 소리칠 수밖에 없었습니다. … 믿음은 우리가 보고 있는 것, 우리고 보고자 하는 것과 관계됩니다. …"

[전] 본문과 삶 3

(본문 조명)

"디매오의 아들의 도시, 여리고는 대도시였고, 풍요로웠으며, 허다한 사람들이 모여 사는 곳이었습니다. 그러나 그럴수록 그의 심령은 가난했습니다. 그런 와중에 예수가 그를 찾았습니다. 디매오의 아들은 결핍의 사람이었습니다. 그런데 예수의 부르심을 듣고, 그가 보게 된 것은 정작 웅장한 여리고도, 풍요로운 도시도, 수많은 사람들도 아니었습니다. 그는 자신을 찾은 주님을 보았습니다. … 그는 보게 되면서 그 웅장한 도시로, 자신의 집을 찾아 돌아가지 않았습니다. 그는 진실된 차원을 보기 위해 길에서 예수를 따라 나섰습니다.

(삶 조명)

(예화 제시 _ 진리의 가치를 따라 대안적 행복을 누리는 삶의 이야기)

"우리는 삶의 공허와 결핍을 느낍니다. 그러나 외적 화려함과 풍요함은 우리를 미혹하고 배신합니다. 그러나 문득문득 우리를 찾으시는 주님의 음성이 우리의 내면을 채우지 않습니까? 주님의 말씀이 우리로 보이지 않는, 그러나 보다 깊고, 높은 삶의 차원을 향하도록 우리의 감각과 시선, 마음을 움직이지 않습니까? 우리는 빈곤하고 결핍을 해결하지 못합니다. 그러나 주님이 우리의 부요이고, 풍요로움입니다. 우리 앞에 우리를 마주하시는 분이 예수님입니다. 우리의 믿음은 어느 날 빈곤과 결핍이 해결될 것을 믿는 것이 아닙니다. 참된 믿음은 우리의 환경 속에 감추어 있는 그리스도의 비밀을 보려는 갈급함입니다."

대지 중심의 연역적 설교에서 명제메시지는 본말이 시작되면서 대지의 형태로 제시된다. 반면, 귀납식 설교의 본말은 명제를 점차 발견해가는 과정이다. 명제는 본말이 끝나는 지점에서 드러나게 된다. 여기서 주목할 것은 메시지를 전개하는 방식은 다르지만, 설교의 메시지인 명제가 본말의 내용을 구축하는 말의 뼈대, 내용의 메인보드

main-board라는 점이다.

본말을 위한 팁!

1. 메시지창안 시 그려지는 마인드맵을 잡아라. 성경본문은 설교할 메시지는 주지만, 그 메시지를 엮을 논리는 주지 않는다. 설교는 한 줄 메시지만으로 충분치 않다. 그 한 줄 메시지의 외침이나 알림만으로 신자회중의 생각과 마음, 의지를 자극하기에 불충분하다. 다시 말해, 설교는 도입과 결말로만 되는 것이 아니다. 설교의 메시지는 신자들의 삶을 개입하고, 그들의 삶을 변혁하는 실제적이고 실효적인 메시지가 되어야 한다. 그러기 위해 설교는 본말을 가지는 것이며, 본말은 강해적 논거들과 더불어 적절한 논리로 신자회중의 생각과 판단, 의지를 설득해가는 논증의 과정인 것이다.

루시 린드 호간Lucy Lind Hogan은 본말의 논리적 논증이 요구되는 이유를 두 가지로 제시한다. 하나는 설교의 메시지, 곧 주장점은 그 스스로 논증을 하지 않기 때문이다. 설교의 메시지가 진리라고 외치는 것만으로 회중은 설득되지 않는다. 그들에게는 그것이 왜, 어떤 이유로 진리이며, 자신들이 그것을 받아들이지 않으면 안 되는 이유가 제시되어야 한다.[50] 둘째는 본말의 논리적 논증은 메시지의 정연성과 확실성을 제시하기 위함이 아니다. 좋은 논증은 이성에 동의를 얻어냄으로 신자들의 판단에 도전을 주고 판단에 확신을 주어 그들의 행동유발이 가능하도록 한다.[51]

그런데 본말의 논증을 위한 논리의 구성은 메시지창안 이후, 새롭게 어떤 기술을 사용해야 하는 일이 아니다. 그것은 마인드맵 mind-map처럼 본문과의 대화의 과정에서 설교자에게 자연스레 뻗어가고 그려지는 것이다.

설교자는 메시지창안을 위한 본문과의 긴밀한 교제를 통해 메시지를 찾고 발견하며 확인하는 과정을 갖는다. 그 과정은 메시지를 향해 본문과 설교자가 서로를 오가는 상호작용으로, 주제와 명제를 창안하는 과정에서 설교자는 생각이 엮어가는 사고의 그물을 가지게 된다. 비록 그것이 엉성하고 희미할지라도 그것이 본말의 전개를 위한 밑그림이 된다. 본문이 명제를 분명하게 드러내고, 삶을 위한 방향을 명확한 목소리로 들려준다면, 본말은 대지 중심의 연역적 형태를 취할 것이다. 반면, 본문이 설교자에게 어떤 의문을 갖게 하고, 그 의문에 대해 계속해서 찾아가도록 이끈다면, 본말은 명제를 찾아 진행해 가는 귀납식 형태를 취하는 것이 자연스럽다.

네 페이지 설교는 다른 설교들과 달리, 본문과의 대화가 본말 구성으로 자연스럽게 연결되도록 본문과의 대화 시 설교자가 본문을 향해 던질 수 있는 질문들을 제공한다. 그것들은 크게 세 가지로, 설교자는 질문을 하면서 본문을 주목할 수 있다.

① 본문은 인간의 상황에 대해 무엇을 말하는가? 본문은 인간의 어떤 문제적 상태를 알려주는가? 구원을 필요로 하는 인간의 상황은 무엇인가?

② 본문은 그런 인간의 상황에서 하나님에 대해 무엇을 말하는가? 본문에서 하나님은 어디에 있고, 무엇을 행하고^{행하려} 있는가? 그것은 인간을 구원하시려는 행동인가? 혹 하나님이 진노와 심판을 행하신다고 하면, 그러한 행동이 구원과 어떤 관계에 있나?

③ 본문은 하나님의 구원하시는 행동 안에서 인간이 어떤 응답을 할 수 있다고 알려주는가? 하나님의 구원은 인간에게 어떤 삶^순종, 감사, 용서, 헌신, 사랑, 결단, etc.을 약속, 또는 기대하게 하는가?

위의 질문들은 설교작성 시 본말이 어떤 형식과 내용으로 구성될지를 잡아준다. 본말은 네 페이지 설교의 구성에 맞춰 먼저 **첫 번째 페이지**는 성경 안에서의 인간의 문제적 상황을 기술한다. 이어서 **두 번째 페이지**로, 오늘 우리의 삶에서 그 문제적 상황을 구체적인 예화들로 제시한다. **세 번째 페이지**는 본문이 말하는 하나님의 구원하시는 행동을 기술한다. 이어서 **네 번째 페이지**는 그 하나님의 행동이 오늘 우리의 삶에서 어떤 모양으로 나타나는지를 구체적인 예화들로 제시한다. 위의 ③번 질문은 결말의 내용을 위한 질문이다. 하나님의 구원하시는 행동 안에서 요청되고, 기대되는 우리의 삶의 도전과 변화의 내용을 기술한다.

귀납식 이야기 설교나 대지 또는 강해 설교의 경우도 방식은 다르지만, 설교자가 메시지창안 과정에서 그리게 되는 생각의 그물이 본말의 전개를 위한 밑그림이 된다는 것에서는 같다. 이것이 크래독이 말한 설교자가 본문연구 과정에서 가진 경험을 설교로 이어지게 하는 것이다. 이런 점에서 메시지창안을 위한 본문과의 대화와 기도 시, 메모와 노트는 매우 중요하다.

2. 명제의 관점으로 본말을 작성하라. 설교의 기본원리로서 강해에 대한 내용은 다음 장에서 자세히 다룰 것이다. 여기서 설교자가 유의해야 하는 것은 강해의 관점이다. 설교의 중심내용은 본말이다. 설교자는 본말에서 본문의 세계를 드러내고 그것을 삶에 조명하게 된다. 그 내용들은 도입이나 결말처럼 한두 문단으로 끝나지 않는다. 그러다 보면, 본말의 방향이 자연스레 흩어지고, 메시지에 대한 초점이 흐려지게 된다. 그러나 유념할 것은 본말은 **명제의 실행**이다. 본말에서의 본문주해와 삶의 조명^{적용}은 명제를 향해야 하고 명제로 모아져야 한다. 예화도 예외가 아니다. 본말이 도입의 주제에 머물러 있거나, 주제로 되돌아가는 것은 적절하지 않다. 본말은 명제의 테두리 안에 있어야 한다.

3. 형태의 다양한 구사가 중요한 것이 아니다. 역사적으로 모범적인 설교자들은 다양한 설교형태를 구사한 설교가들이었나? 그렇지 않다. 오리게네스, 크리소스톰, 아우구스티누스, 루터, 칼뱅, 웨슬리, 찰스 스펄전, 존 스토트 등 그들은 다양한 설교형태를 구사하지 않았다. 이는 한국교회에서도 마찬가지이다. 한 명의 설교자는 자신만의 고유한 방식으로 설교한다. 그것이 설교의 역사가 말해주는 사실이다. 게다가 알려진 것과 달리, 교회사의 어떤 시대에도 다양한 설교형태들이 나타난 때는 있지 않았다.[52]

교회는 전도나 선교적 상황을 제외하고 초기부터 오랫동안 본문에 대한 주해, 또는 강해식 설교의 방식으로 설교를 이어왔다. 오히려 다양한 설교방법론이 활개를 치게 된 건 설교학이 수사학과 커뮤니케이션 이론을 적극 수용하게 된 20세기 중반부터이다.[53]

본말의 형식은 메시지를 보다 설득적으로 정연하게 말하는 데 도움을 준다. 그렇기에 설교자는 기본적으로 글쓰기를 위한 연역적 논증과 귀납적 논증방식을 배우고 습득하는 것이 필요하다. 왜냐하면 설교는 말이 되고, 이해가 되어야 하기 때문이다. 게다가 설교가 성경 각 책들의 문학적 특성과 장르를 고려하여 그와 조화되는 형식을 취할 때 효과는 매우 긍정적이다. 그러나 그렇다고 시편이 본문인 설교는 시가 되고, 내러티브 본문의 설교는 소설이나 동화가 되어야 하며, 율법서 본문은 판결문이 되어야 하는 것은 아니다. 설교가 매주, 매일의 목회사역이라고 할 때, 설교자는 여러 시행착오를 통해 고유한 자신의 설교방식을 터득하는 것이 중요하다.

이를 위해 중요한 것은 설교의 다양한 형태들이 가진 공통된 특징을 아는 것이다. 그것은 '강해'의 원리로서 이것을 알게 될 때, 설교자는 자신에게 적합한 설교방식을 찾는 데 자신감을 갖게 된다. 설교자가 유념할 것은 하나님의 말씀은 다채롭게 발전된 설교방법들이 없던 시대에도 신실하고 풍성하게 증언되었다는 점이다. 설교의 설득은 궁극적으로 사람의 입의 말에 있지 않다. 설교의 형태는 메시지에 수반되는 요소이기에 절대시 되어서는 안 된다.

빌드업 3 _ 주제와 명제, 그리고 결말

수사학과 커뮤니케이션 학자인 윌리엄 베노이트 William L. Benoit 는 설득을 목적으로 하는 메시지 행위는 세 가지 부분으로 구성된다고 본다. 그것은 '서론-본론-결론'으로서, 화자는 서론에서 주제를 소개해야 하고, 본론에서는 요점, 곧 말의 중심생각을 전개해야 하며, 결론에서는 메시지의 중심요지들을 요약하고 호소해야 한다.[54]

설교는 의도를 가진 메시지 행위로서 끝내는 말로 마무리되어야 한다. 특정한 의도나 목적 없이 주고받는 일상의 담화나 잡담은 끝맺음이 필요치 않다. 그것은 말 중간에 멈추기도 하고, 맥락 없이 새로운 화제가 불쑥 등장하기도 한다. 그러나 설교는 그와 다르다.

설교는 성경이 증언하는 진리와 복음적 삶의 가치관과 그에 대한 믿음을 엮고 융합해 내는 지성적이면서도 매우 의도적인 행위이다. 따라서 도입이 있는 설교는 의도한 말을 끝내는 도착지에서 전체를 포괄하게 된다.[55] 이 부분이 설교의 결말이다. 결말의 기능은 본말에서 전개하고 펼쳐낸 메시지를 최종적으로 집결시켜 설교의 의도를 재강조하는 것이다.

설교자가 본말에서 메시지로서 명제를 전개해냈다면, 결말은 그 메시지의 정리와 요약으로써 **주제**와 **명제**를 **재확인**해 주어야 한다. 앞서 예시한 마가복음 10장 46-52절을 본문으로 한 설교구상의 결말의 예를 보자. 설정된 주제는 '**참된 믿음**'이고, "**참된 믿음은 현실에 숨겨진 그리스도의 비밀을 보고자 하는 갈망이다.**"가 명제진술이다. 연역적 대지설교나 강해설교의 경우는 아래와 같을 수 있다.

"우리에게 **믿음**은 무엇입니까? 우리가 **진실로 믿는 바**가 무엇이냔 말입니다? ⋯ 그러한 믿음이 과연 참된 믿음입니까? 오늘 성경은 우리에게 **참된 믿음이 무엇인가**를 알려줍니다. 그것은 첫째는 ⋯ 둘째는 ⋯ 셋째는 ⋯ 입니다. 참된 믿음은 우리 삶에는 보이지 않지만 현실 뒤편에 숨어있는 비밀을 보려는 겁니다. 그리스도의 비밀을 보고자 하는 목마름입니다. 우리 모두에게 주님의 은혜가 있어 그 목마름, 그 믿음이 있게 되기를 기도합니다."

만일 귀납식 전개에 따른 설교라면 아래와 같이 명제를 드러내면서 설교를 마무리할 수 있다.

"오늘 주님의 부르심이 우리를 향하여 옵니다. 그 부르심이 나의 부르심으로 들려질 때, 우리는 삶을 지탱하고, 붙들어주는 것을 주님으로 바꿀 수 있습니다. **여러분 믿음이라는 게 뭡니까?** 주님은 오늘 소경의 '믿음'대로 그의 눈을 열어 보게 하셨습니다. 그의 **믿음이 무엇입니까?** 그것은 우리를 어지럽고 심란하게 하는 현실 한 가운데서 '주님, 주님을 보기 원합니다.'라고 갈망하는 것입니다. 오늘 그 믿음, 그 갈망이 우리에게 있게 되기를 주님의 은혜가 우리에게 있기를 기도합니다."

위의 예시들이 보여주는 대로, 결말은 주제를 환기시키고, 명제를 재확인해주는 것으로 그 기능을 다한다. 그것은 설교자가 본문을 통해 말하려 한 관심대상이 '참된 믿음'이었음과 그에 대한 메시지는 "참된 믿음은 현실에는 감추어진 그리스도의 비밀을 보려는 갈망이다."였음을 다시 한번 강조하는 것이다.

결말을 위한 팁!

1. **힘을 빼라.** 한마디로 **과유불급**이다. 힘이 들어간 결말은 모자람만 못한 결과를 낳는다. **도입**만큼이나 **결말**에서도 설교자의 힘이 들어가는 경우가 빈번하다. 설교자는 메시지를 각인시키기 위해 감동적이고 멋있게 마무리해야 하는 것이 설교의 책임이라 생각할 수 있다. 그러나 그러한 생각이 도리어 설교에 역효과를 낼 수 있음을 유의해야 한다. 잔뜩 힘이 들어가 이런저런 말들을 낼 때, 결말은 본말의 메시지와 방향을 달리하는 새로운 주제나 메시지를 발아시키게 되고, 그럼으로써 오히려 의도한 메시지를 가리거나 흐릴 수 있다.

2. **예술적 매체 사용에 신중해라.** 결말에 힘이 들어가는 대표적인 예는 시나 그림, 또는 영화와 같은 작품의 부분을 인용하는 경우다. 그러한 내용들은 설교의 끝에서 신자들의 정서를 자극해 설교에 대한 강한 인상을 줄 수 있다. 그러나 설교는 성격상 예술적 감상행위가 아니다. 존 스토트는 설교와 연주회의 음악은 전혀 다른 일로서, 음악은 즐기는 것인 반면 설교를 듣는 일은 윤리적 순종이 뒤따르는 일이라고 강조한다.[56] 물론 본말의 전개과정에 그러한 감상이 필요할

수 있다. 그러나 그것이 설교 본연의 목적은 아니다. 시, 그림, 영화, 노래와 같은 우회적 의미체들은 고유한 기능을 갖는다. 그러나 설교에 사용될 때, 그것들은 신중히 다뤄져야 한다. 그렇지 않고서는 신자들 개개인의 직관의 개방성과 자율성에 따른 해석의 다양성으로 본말의 메시지가 덮이거나 전도될 수 있다. 그러한 내용들을 신중히 다뤄야 한다는 말은 그것들에 대한 별도의 설명이나 해석을 주어 그것들이 설교의 메시지와 관련될 수 있도록 해야 한다는 말이다. 그러나 많은 경우 결말에서 설교자는 그런 내용들에 신중하고 충분한 설명을 주지 못할뿐더러, 설령 그렇게 한다 해도 결말에서는 적합지 않다.

본말의 메시지를 결말로 희생시켜서는 안 된다. 설교가 메시지와 관련해 전력을 쏟는 곳이 본말이고, 메시지의 각인을 위한 최선의 것은 본말에서 끝내야 한다. 완성된 작품 위의 덧칠은 작품을 손상시킬 뿐이다. 롱은 회중이 설교에 대해 실망하거나 짜증을 내는 이유들 가운데 하나로 설교의 해야 할 말이 끝났다고 여겨진 지점에서 멈추지 않고 계속 진행되는 경우를 꼽는다.[57]

3. 간결하고 명확하게 마무리해라. 물론 모든 설교가 그래야만 되는 것은 아니다. 크래독의 귀납식 설교는 열린 결말ᵒᵖᵉⁿ⁻ᵉⁿᵈᵉᵈ로 끝내도록 한다. 설교가 메시지에 대한 생각을 자극하는 질문을 던짐으로써 메시지를 신자들의 일상에 계속 부상케 할 수 있다. 그러나 그것 역시 설교자가 자신의 의도를 실행하는 일환임을 유의해야 한다. 말의 직설적 표현을 세련되고 우회적으로 할 뿐, 이면에는 그 어떤 설교보다 섬세한 의도가 있다. 게다가 크래독의 방식대로 열린 결말이나,

우회적 결말을 소화하기 위해서는 남다른 신학적이고 수사학적인 숙련도가 요구된다. 그렇지 않을 경우, 앞서 언급한 대로 본말의 메시지가 희생되는 결과를 초래하게 된다. 따라서 설교에 따라 예외적인 경우를 제외하고, 결말은 간결하고 명확하게 마무리되어야 한다. 커뮤니케이션 트레이너인 하인츠 골트만^{Heinz Goldmann}은 끝맺는 말에서 간결한 요약이 갖는 유익을 다음과 같이 크게 네 가지로 제시한다.

> **첫째**, 청중에게 화자의 말이 체계성을 갖췄음을 알린다.
> **둘째**, 화자의 말이 들을 만한 핵심을 가졌음을 알게 한다.
> **셋째**, 화자가 전체 내용에서 중요한 점만을 정리하고 있음을 느끼게 해준다.
> **넷째**, 화자의 말을 놓친 청자에게 핵심부분을 이해할 수 있는 기회를 주고 있음을 알게 한다.[58]

분명한 것은, 결말에서 무엇을 새롭게 시도하지 않는 것이 그렇게 하는 것보다 메시지를 살리고, 신자들을 돕는다는 거다. 따라서 도입과 마찬가지로 결말도 장황하지 않도록 짧고 간략해야 한다. 재차 강조하지만, 결말은 메시지를 끝내는 곳이다. 결말은 설교의 전체를 포괄하는 메시지, 곧 주제와 명제를 재확인하는 것으로 그 역할을 다하는 것이다. 그것은 설교의 주장점을 몇 개의 문장으로 요약하는 방식일 수도 있다.[59]

주제와 명제로 잡아라!

설교는 주제와 명제로 세워진다. 주제와 명제는 설교 이면에만 숨어 있지 않고, 적극적으로 설교의 메시지를 꾸려가는 설교의 말잡이로 쓰인다. 한마디로, 설교자가 본문묵상을 통해 설교의 관심대상인 주제를 정하고 메시지인 명제를 진술했다면, 그에게 설교의 삼층인 도입 - 본말 - 결말의 구성도 서게 된 셈이다. 왜냐하면 주제와 명제를 가짐으로써, 설교자는 적어도 도입과 본말, 그리고 결말의 말의 방향과 틀을 가지게 되었기 때문이다.

주제와 명제는 설교형식에 내용을 제공하는 '형식의 내용'이다. 주제는 도입의 방향이 어디며, 말의 소재가 무엇이어야 하는지를 알려주고, 명제는 본말이 다루어야 하는 것이 무엇이며, 확장시켜야 할 메시지는 무엇이고, 심화되어야 하는 내용은 무엇인지를 제공해 준다. 그리고 주제와 명제는 설교가 결말로 어떤 말과 내용으로 마무리되어야 하는지를 이미 말해주고 있다. 설교는 결국 주제와 명제로 시작하여 주제와 명제로 내용을 만들며, 주제와 명제로 마무리 짓게 된다. 설교라는 메시지의 집은 주제와 명제를 기초와 골격 삼아 세워진다. 이를 통해 설교는 핵심이 있고, 힘 있는 말이 된다. 그럼으로써 설교는 신자회중을 말씀으로 돌보고 섬기는 목양적 책임을 수행하게 되는 것이다. 설교는 주제와 명제로 잡힌다.

4.
제목설정

주일의 교회주보에 실리는 설교의 제목들은 많은 경우 제목보다는 설교의 주제에 가깝다. 제임스 브래가는 제목과 주제 간의 차이를 구분하지 않고, **"설교 제목은 주제를 아름다운 언어로 표현한 것이다."** 고 말한다.[60] 그러나 설교의 제목은 설교의 **주제와 구분**된다.[61] 설교의 주제는 메시지의 중심어이다. 주제가 설교 전에 공개되면, 설교를 듣기도 전에 메시지의 관심사와 방향이 신자회중에게 노출되게 된다. 그렇게 되면 설교에 대한 신자들의 집중도는 저하될 수밖에 없다.

　　제목은 대상을 부르는 고유한 이름이다. 이름은 대상의 특징이나 됨됨이를 담고 있으면서 표면으로는 그것을 감추고 있는 은유와 같다. 우리는 대상을 내용이 아닌 이름으로 기억한다. 즉, 우리는 대상을 그 특징이나 됨됨이의 내용으로 부르지 않는다. 우리가 아는 봉준호 감독의 아카데미 수상작의 제목은 '기생충'이지, '한국사회의 계층구조의 고발'이 아니다. 우리는 '영철'이란 친구 이름을 놔두고 그를 '밝고 적극적 성격의 남성'으로 부르지 않는다.

　　설교의 제목은 그날의 메시지의 고유한 이름이다. 메시지의 이름이란, 메시지의 핵심을 알리는 단서clue, 또는 메시지에 불을 밝히는 도화선이다. 따라서 설교의 제목은 설교 전 메시지에 대한 기대와 관심을 북돋고, 설교 후엔 메시지에 대한 기억을 돕는다. 제목을 어떻게 정하느냐에 따라 설교에 대한 신자들의 태도가 달라질 수 있다. 그러므로 설교의 주제와 제목의 차이를 알고 구분하여 사용할 필요가 있다. 설교의 주제가 설교할 설교자를 위한 것이라면, 제목은 설교를 듣게 될 신자들을 위한 것이다. 제목 설정에 있어 주의할 것은 다음의 세 가지이다.

첫째, 설교의 제목은 메시지의 중심부에서 나타나도록 한다. 제목은 설교의 메시지가 강조되거나 본격적으로 드러나는 부분에서 메시지와 엮어지는 방식으로 나타나야 한다. 앞서 말한 대로, 제목은 메시지의 주요 단서나 도화선이어야 한다. 제목이 그럴싸해서 뭔가 특별한 내용을 기대하게 하고선, 정작 설교의 메시지와 관련이 없거나, 아예 설교에서 언급되지 않는 경우도 있다. 그렇게 되면, 신자들은 설교자의 설교를 신뢰하기 어렵게 된다.

둘째, 너무 과하거나 자극적인 표현의 제목은 피해야 한다. 설교는 메시지 행위로서, 설교의 중심은 메시지이지, 제목이 아니다. 제목의 표현이 너무 세거나 자극적이면 메시지가 가려지기 쉽다. 설교의 제목이 주인공이 되어서는 안 된다. 제목은 설교의 메시지를 돕는 것이어야 한다. 설교의 메시지가 좋을 때, 제목은 설교의 좋은 기억장치로서 기능하게 되는 것이지, 좋은 제목이 좋은 메시지를 약속하는 것이 아니다.

셋째, 제목은 설교작성이 모두 마친 후에 설정한다. 설교의 제목은 설교의 각 부분들 가운데 가장 앞에, 먼저 나타나는 부분이다.

그러나 그 설정 순서는 가장 나중이다. 만일 설교의 주제를 제목으로 삼아야 한다면, 제목이 가장 먼저 설정될 것이다. 그러나 제목은 메시지가 아니다. 게다가 도입을 이루는 것은 주제이고, 본말에서 펼쳐지는 것은 명제이며, 주제와 명제가 확인되고, 재강조되는 것이 결말이다. 설교의 메시지는 제목의 유무와 상관없이 창안-구성-전개-전달된다. 제목은 메시지의 집이 완성된 후, 그 집의 대문에 다는 문패와 같다. 설교의 메시지가 '도입 - 본말 - 결말'의 구성을 갖춰 한 편을 이루었을 때, 설교자는 설교에 대한 전체적 안목에서 가장 적합한 이름을 정할 수 있다.

4장

설교의
구동원리,
강해!

본 4장은 최진봉, "설교의 기본규칙으로서 '강해'의 정립에 관한 연구," 『선교와 신학』 61 (2023), 381-402의 내용을 본서의 성격에 맞게 개정 및 확장시킨 내용임.

7.
설교의 원리

본문묵상을 통해 확정된 주제와 명제는 설교의 삼단구성을 붙잡아준다. 그런데 주제와 명제가 설교의 진리주장이 되도록 하는 원리가 있다. 그것은 설교의 정체, 곧 설교를 설교되게 하는 설교의 기본규칙으로, 설교가 본말에서 명제를 전개할 때, 그것을 실행시키는 설교의 작동원리이다. 해돈 로빈슨은 그 원리를 설교로 하여금 성경적이게 하는 설교를 만드는 기본원리로 불렀다.[1] 이것은 어떤 형태이든 모든 설교가 취하는 설교의 내적 움직임의 패턴이다. 우리는 이것을 '강해' 講解: exposition 라고 한다. 설교가 다른 여타의 말들과 구분되는 것이 바로 강해에 있다.

정장복은 로빈슨의 성경적 설교 biblical preaching 에 대한 입장을 빌어 '강해'에 대한 그의 생각을 밝힌다. 그는 '강해'를 설교의 기본원리로 주목하기보다는 여러 설교유형들 가운데 하나인 '강해설교'를 언급하면서, 강해설교는 본문을 대하는 설교자의 기본자세에 기초한다고 소개한다.[2] 이러한 강해에 대한 이해는 그 밖의 여러 설교 교과서들과 설교현장에서 이어진다.[3] 그러나 '강해'는 특정한 설교방식과 구분된 설교의 기본원리로서 독립된 개념으로 다뤄져야 한다. 달리 말해, '강해설교'라 불리는 설교는 '강해'라는 설교원리를 특징삼아 구성을 단순화한 하나의 특정한 설교방식으로 볼 수 있다. 어떤 설교가 설교의 기본원리인 '강해'에 충실하다면, 그 설교는 '강해설교'라 불리지 않더라도, 그것과 영 다른 설교는 아닌 것이다.

사전적으로 '강해' exposition 는 **"읽고 풀어내다"** 또는 **"해석을 붙여 강론하다"**는 의미다. 그렇기에 '강해'는 '주해'라는 말과 혼용되기도 하고, 넓게는 '주석' exegesis 이라는 말과도 통한다.[4] 그러나 설교의 원리로서 '강해'는 본문의 문자나 사건들의 의미만을 풀어내는 것을 뜻하지 않는다. '강해'는 본문의 풀어낸 의미를 오늘 신자들의 삶과 관련 맺는 것이다.

도널드 밀러 Donald G. Miller 는 마빈 빈센트 Marvin R. Vincent 의 글을 소개하면서 강해 exposition 를 다음과 같이 정의한다: **"강해는 하나님의 말씀에 담긴 진리를 드러내는 것으로, 그 진리를 신자회중에게 공개하고 그것을 그들의 삶에서 붙잡을 수 있도록 제시하는 것이다."**[5] 강해는 설교를 설교로 특징짓는 설교의 기본원리이다. 그것은 본문의 깊은 의미를 풀고, 이어서 그 풀어진 의미의 빛 하에서 오늘 신자들의 삶을 밝히는 행위를 말한다.[6] 존 킬링거 John Killinger 는 성경의 역사적이고 교리적 세계가 오늘 여기의 나의 세계가 될 수 있는 것은 그것이 오늘의 나의 삶에 상관되는 방식으로 들려지는 데 있다고 한다.[7] 이런 점에서 '강해'라는 말이 본문풀이에 집중하는 '주해'나 '주석'보다 설교의 기본원리를 가리키는 말로 보다 적합하다.

강해 : 교회의 어법

그렇다면, 설교의 기본자세로서 '강해'는 무엇인가? 그것은 크게 두 가지로 이해할 수 있다. **첫째, 강해는 하나님을 말하는 교회의 어법이다.** 교회는 그 초기부터 오랫동안 강해의 방식으로 성경을 풀고 신자의 삶을 말해왔으며, 신자들은 강해를 통해 자신들을 위해 성경을 어떻게 읽어야 하는지를 배워왔다.[8]

강해는 설교의 의의를 생각할 때 더욱 분명해진다. 설교는 본문만을 해석하는 것이 아니다. 그것은 설교가 아닌, 성경주석이나 강의이다. 본문의 주석적 정보들은 교회와 신자들이 바른 신앙을 위해 배워야 할 중요한 지식들이다. 그러나 그것이 설교는 아니다.

그렇다면 설교는 무엇인가? 설교의 정체는 성경의 특성에 있다. 교회가 성경을 하나님의 말씀으로 확신하는 것은 성경에 기록된 활자 때문이 아니다. 성경이 하나님의 말씀이 되는 것은 그 기록된 말들이 성령의 조명하심으로 오늘의 삶과 신앙을 위한 진실주장, 곧 규범으로 드러나기 때문이다.[9] 박조준 목사는 그의 설교에서 성경의 진정성에 대해 다음과 같이 밝힌다.

이 고린도전서 13장을 읽음으로써 얻어지는 축복은 사랑에 관해서 배우는 것뿐만이 아닙니다. 한 달 동안 매일 읽음으로써 우리에게는 사랑이 마음 가운데 들어서게 되고, 우리 삶의 태도가 변하기 시작하고, 우리의 행동이 새로운 의미를 갖게 되고, 우리의 삶이 보다 충만해지고 보다 완벽해질 것입니다.[10]

성경이 하나님의 말씀으로 읽혀지는 것은 그것이 오늘의 삶을 성찰, 해석하고 새롭게 형성해 가는 데 있으며, 그 내용이 오늘의 나와 우리, 세상과 인류의 삶에 깊숙이 관여한다는 데에 성경의 의의가 있다.

설교는 그러한 성경의 특성이 드러나는 자리이다.[11] 문자화된 성경 자체는 과거의 죽어있는 세계이다. 그러나 설교는 그 과거를 오늘의 삶과 엮고, 오늘의 삶으로 그 과거의 세계에 질문함으로 의미 있게 살려낸다. 설교는 활자에 박제된 복음의 이야기와 사건들을 현재를 도전하는 생동하는 소식으로 깨우는 사건이다.[12] 이런 점에서 설교는 **시간의 사건**이다. 성경과 오늘 신자들의 삶이 설교를 통해 얽히고 버무려짐으로 과거와 미래의 구속사가 현재 안에 교차, 공존하게 된다.[13]

설교는 성경의 언어와 사건, 그와 관련된 역사적 정황에 대한 해설을 요한다는 점에서 성경공부와 가깝다. 그러나 설교는 궁극적으로 성경 지식을 학습하는 교육과 다르다. 설교는 그것을 넘어서 삶의 중대한 계기, 곧 신자 개인과 공동체의 삶의 새로운 차원을 여는 **구원의 사건** Heilsgeschehen [14]이다. 김홍일은 주일예배가 말씀을 기반한 구원의 사건임을 다음과 같이 설명한다.

··· 그리스도교의 주일 전례는 기억 memory 과 재연결 reconnecting 의 시간입니다. 거룩함과 인간다움의 상호작용에 관해 전통이 들려주는 신성한 이야기, 특별히 예수 그리스도의 이야기에 우리 이야기를 연결하는 시간입니다. 그것은 또한 희망의 시간입니다. ··· 이처럼 우리는

한 주간 동안 에고^{Ego}와 거짓 자아를 자신의 정체성으로 편협하게 인식하게 만드는 유혹 가운데 살았지만, 예배는 우리를 그 유혹에서 벗어나 하느님과 이웃과 연결된 더 큰 정체성으로 우리를 인식하게 합니다.[15]

설교가 구원의 사건이라는 말은 설교가 성경의 세계관으로 오늘 신자들의 일상적 의식을 일깨운다는 말이다. 삶의 중대한 계기는 이 일깨워짐으로 유발된다. 따라서 설교는 성경본문의 원 의미를 풀어냄과 동시에 그것을 오늘 여기, 나와 우리의 삶의 자리와 연결 짓게 된다. 여기서 설교의 근본인 '강해'가 무엇인지가 분명해진다. 그것은 '성경본문'^{text}과 '오늘의 삶'^{context} 간의 접속이다. 칼뱅에게 설교가 하나님의 말씀이 되는 것은 그것이 강해에 기반하고 있기 때문이었다. 그에게 강해는 하나님이 세상과 그의 백성들에게 자신의 뜻을 알리고 신자들로 하나님 자신에 의해서 선포되는 바로 그 말씀을 들을 수 있도록 하는 방법이었다.[16] 제임스 콕스는 강해를 누구라도 설교할 수 있도록 하는 방법이라고 주지했는데,[17] 스토트는 이를 성경의 세계와 현재 세계의 간극을 잇는 '다리 놓기'라고 표현했으며, 폴 윌슨은 그 둘의 접속을 전극인 양극$^{+}$과 음극$^{-}$ 간 불꽃을 튀게 하는 접촉으로, 롱은 그 둘이 서로를 오가는 유비적 관계로 표현한다.[18]

강해는 두 지평, 곧 성경의 **어제**^{then}와 신자회중의 **오늘**^{now}, 또는 성경의 **그곳**^{there}과 오늘의 **여기**^{here}를 반복하여 오가는 왈츠의 움직임과 같다: 설교는 첫 동작으로 성경본문으로 들어간다. 설교자는 성경본문의 세계를 알기 쉽고 이해 가능하도록 풀어낸다. 그런 후, 설교자는 다시 오늘의 삶으로 나온다^{때론 그 순서가 바뀔 수 있다}. 오늘의 삶으로 돌아온 설교자는 성경에서 새롭게 이해한 내용이나 관점으로 오늘의 삶을 성찰하거나 새롭게 비춰준다. 그런 후, 설교자는 또다시, 성경의 세계로 들어간다. 그리고 또다시 현재의 삶으로 나온다. 설교자는 메시지가 충분히 확증되거나 발견될 때까지 이러한 움직임을 반복한다. 이것이 강해의 움직임이다.

'강해'는 본문^{text}과 오늘의 삶^{context}, 곧 〈본문주해〉와 〈삶의 조명〉, 이 두 축을 왕래하면서 설교의 메시지를 확증하거나 밝혀나간다. 그것은 오늘의 삶을 도전하고 새롭게 밝혀주는 영적이고 지성적 움직임이다. 이런 점에서, '강해'는 본문과 오늘의 삶 간의 해석학적 그네타기^{swing}[19]에 대한 설교적 실행인 것이다.

강해 : 메시지의 이중논거

두 번째로 강해에 대한 이해는 설교의 메시지^{명제}와의 관계에서 보다 명확해진다. 앞서 주지한 대로, 설교는 메시지 행위로서 설교자는 본문묵상과 읽기의 과정을 통해 설교를 위한 메시지를 조명받는다. 그리고 설교자는 그 메시지를 본말에서 본격적으로 다루게 된다.

강해는 메시지^{명제}를 논증해 가는 설교의 고유한 방식이다. 강해는 수사학적 장치로서 메시지에 대한 이중적 논거로 기능한다. 강해의 이중적 논거란, 강해의 두 축인 '본문주해'와 '삶의 조명'이 메시지를 위한 논거가 된다는 말이다. 설교는 유사한 진리나 복음들로 가득 찬 세상 가운데서 참된 진리의 복음을 선언하는 말이다. 여기서 설교는 암묵적으로 그 메시지의 참됨이 누구의 어떤 권위에 근거하고 있는지를 요구받는다. **"당신은 무엇에 근거해서 그 메시지가 우리가 받아들여야 하는 최종 '진리'라고 주장하는 것인가?"**

강해는 설교의 진리주장이 두 가지 권위에 호소하고 있음을 알린다. 그것은 먼저, 성경이라는 기독교 경전이 가진 **신적 권위**이다. 본문주해는 설교의 메시지가 인류의 지성과 지혜전통을 넘어서는 하나님의 지혜에 닫고 있음을 주장하는 것이다. 본문주해는 설교 메시지에 대한 일차적 근거, 곧 **성경적 논거**이다.

강해를 통해 설교가 호소하는 두 번째 권위는 **삶의 진실성**이다. 권위는 진실성과 관련을 갖는다. 성경이 권위를 갖는 것은 그것이 '하나님'이라는 진리에 대한 진술이라는 것과 그것이 인간과 세상, 삶에 관한 심원한 진실을 말하는 데 있다. 그런데 진실성의 차원에서 성경과 함께 최종적인 권위를 갖는 것이 우리가 겪어내는 삶의 경험들이다. 우리가 무엇인가를 증명하려 할 때 호소하는 근거는 직접 경험하여 모두가 아는 사실이나 사건이다. 우리가 맞닥뜨리는 삶의 즉흥적 내용들은 예측하거나 인위적으로 기획되지 않는다. 그것들은 나와 너, 인간인 우리 모두가 현실로 겪어서 아는 바이며, 그렇다고 인정할 수밖에 없는 진실들이다. 이것이 삶의 진실성이 지닌 권위이다. 하나님은 삶의 진실한 국면들을 통해 우리에게 자신을 드러내신다. 강해의 두 번째 축인 오늘의 '삶의 조명'은 설교의 메시지가 '삶의 진실성'을 그 근거로 삼고 있음을 말하는 것이다. 강해는 설교의 진리주장이 과거의 증언인 성경의 권위만이 아닌, 오늘 우리의 삶에 비추어서도 진실임을 말하는 것이다.

존 킬링거는 성경의 역사적이고 교리적 세계가 오늘 여기의 나의 세계가 될 수 있는 것은 그것이 오늘의 나의 삶에 상관되는 방식으로 들려지는 데 있다고 한다.[20] 이는 설교의 기본원리인 강해를 말하는 것으로, '강해'는 성경의 과거세계와 오늘 신자들의 삶을 오가는 이중적인 해석 행위이면서, 동시에 설교의 메시지^{명제}를 성경과 삶의 권위에 근거해 논증하거나 조명하는 이중적 논거이다. 이 강해가 설교의 본말을 엮어가는 기본자세이며 설교의 기초단위이다. 따라서 강해의 원리가 깨지는 경우, 곧 본문주해와 삶의 조명^{적용} 간의 균형이 상실될 때, 설교의 기본원리가 깨지게 되어 설교의 바른 기능을 하지 못하게 된다. 본문주해가 주도적인 설교는 성경공부에 가까운 것이고, 주해가 없거나 약한 채, 삶에의 조명이나 적용이 주가 되는 설교는 신적이고 성경적 근거가 없는 교훈적 만담이나 간증에 가깝게 된다. 설교는 본성적으로 여러 개의 강해들이 이어지고 엮어지면서 한 편의 설교로 구성된다.

한 가지 유의할 것은 강해의 '본문주해'와 '삶의 조명' 간의 움직임은 기계적으로 순차적이지 않다. 이 둘의 움직임은 유기적인 대화의 흐름과 같다. '본문주해'에 이은 '삶의 조명'이 기본적인 움직임이지만, '삶의 조명'과 '본문주해'의 방식으로 바뀌거나 그 둘이 선후에 매이지 않고 서로 유연하고 자연스럽게 얽히면서 진행하기도 한다.

2.
강해 원리 1 _ 본문주해

강해는 성경을 통해 말씀해 오시는 하나님을 말하는 **교회의 어법**이고, 설교의 구동원리이다. 이를 위해 강해는 이중적 해석, 곧 '본문'과 오늘의 '삶'을 풀어낸다. 그 가운데 본문을 풀어내는 작업을 '주해'라고 한다. 앞서 정리한 대로, 주해는 성경본문을 다룬다. 설교자는 언어로 기록, 편집된 본문의 세계를 알기 위해 본문의 언어와 문법, 저자와 그의 청중/독자 공동체의 역사적^{사회-문화} 정황, 수사-문학적 특성, 경전의 맥락 안에서의 본문의 신학적 기능 등을 살피게 된다. 이러한 과제들은 본문에 대한 객관적 읽기로써, 설교자는 원어사전이나 주석서들의 도움을 받을 수 있다.

　한 가지 유의점은 주석서들이 가진 다양한 신학적 노선이나 배경이다. 그것들은 축자영감설을 따르는 근본주의 신학에서부터 역사비평적 방법에 기반하는 자유주의 신학, 내러티브와 경전 신학적 읽기를 중시하는 탈 자유주의 신학, 그리고 포스트모던 시대 인종과 성, 사회-문화 계층주의, 생태환경의 도전들에 응답하려는 후기 식민주의^{Post-colonialism} 신학에 이르기까지 다양하다. 그러나 일반 목회자들에게 익숙하고 대중화된 주석서들은 대체로 근본주의 성향의 주석서들인 경우가 많다. 따라서 본문에 대한 보다 균형적인 이해를 추구하려 할 때, 다양한 배경의 주석서들을 읽을 필요가 있다.

강해를 위한 본문주해는 메시지창안 시의 본문읽기와 차이가 있다. 앞서 설명한 대로, 메시지창안을 위한 본문읽기는 본문과 설교자 간의 기도 어린 경청을 동반하는 보다 내면적이고 전인적인 읽기를 요구한다. 그러나 설교 본말에서 강해를 위한 본문주해는 진술된 명제메시지에 대한 성경적 논거를 제시하는 작업으로 본문에 대한 객관적 읽기를 요구한다.

주해를 위해 설교자는 본문이 어디에서 어떻게 명제메시지가 진리라고 주장하는지를 정합하고 설득력 있게 논증해야 한다. 주해가 메시지를 위한 설득력 있고 타당한 일차적인 논거가 되도록 설교자는 다음의 몇 가지를 유의해야 한다.

1. 주해는 메시지에 대한 성경적 논거가 되어야 한다. 연역적 방식의 설교에서 주해는 **본문**이 오늘 창안된 명제메시지의 **논거**임을 밝혀주어야 한다. 왜냐하면 설교자가 설교의 메시지를 조명받은 곳이 바로 성경본문이기 때문이다. 이런 점에서 본문과 메시지는 상호발원적 관계에 있다. 따라서 설교에서의 주해는 성경공부하듯 본문의 내용들을 펼치고 가르치는 것이 아니다. 주해는 설교의 명제인 메시지가 삶의 진리임을 성경을 통해 주장하는 행위이다. 설교자는 본문의 특정 구절이나, 한 부분을 풀어냄으로써 그가 제시하는 메시지가 실로 하나님이 주시는 진리의 말씀임을 확증하는 것이다.

가령, 누가복음 3장 1-6절을 본문으로 한 설교의 경우를 보자.

설교의 주제는 '**대림절의 왕의 오심**'으로, 명제는 "**대림절의 왕의 오심은 삶의 보다 깊은 차원의 시작을 위해 오심이다.**"로 설정될 수 있다. 설교자는 '그리스도의 오심'의 의미를 말하기 위해 먼저, 하나님의 뜻이 드러내는 때와 상황, 대상이 전적으로 하나님의 자율과 주권에 달려 있음을 강조하려 할 것이다. 더불어 하나님의 말씀해 오심의 자율성은 사람의 예상이나 기대를 넘어서는 의외성을 동반함도 말해야 할 것이다. 따라서 설교자는 하나님의 말씀하심의 자율성에 대한 자신의 확신이 신뢰할 만한 것임을 뒷받침하기 위해 누가복음 3장 2절, "**안나스와 가야바가 대제사장으로 있을 때에 하나님의 말씀이 빈 들에서 사가랴의 아들 요한에게 임한지라.**"를 근거로 다음과 같이 주해할 수 있다.

오늘 복음서에서 하나님의 말씀이 요한에게 들려진 시점이 주목됩니다. 본문은 그 때를 황제 디베료가 통치하고, 빌라도 총독과 헤롯을 비롯한 영주들이 다스리던 때, 대사제 안나스와 가야바가 종교 신앙을 주재하던 무렵이라고 합니다. 당시 세계관에서 황제와 통치자, 주권자들은 신의 아들로 숭배되었습니다. 하늘은 그들을 통해 연결된다고 믿었습니다. 사제들은 하늘과 인간을 연결하는 중간적 존재였습니다. 그러니까, 황제, 통치자, 주권자, 사제들은 모두, 하늘과 땅을 연결하는 반신, 반인적 존재로 여겨졌습니다. 그런데 그런 그 때에 하나님의 말씀은 정작 그런 권세자들에게서 들려오지 않았습니다. 오늘 2절입니다. "안나스와 가야바가 대제사장으로 있을 때에 하나님의 말씀이 빈 들에서 사가랴의 아들 요한에게 임한지라.”

사람과 인간사회는 제도적 서열체계 안에 있습니다. 그 안에서 사람들은 힘을 부리거나 그 힘에 종속되는 방식으로 살아갑니다. 심지어 오늘 우리도 그러한 제도 안에서 하나님을 말할 수 있는 자격을 부여하기도 합니다. 그런데 오늘 복음서에서 하나님은 오히려 그러한 질서들을 비웃기라도 하듯이 광야, 곧 사회적 체계도 서열관계도 없는 빈 들에서 말씀하십니다. “그 때에 하나님의 말씀이 빈들에서 사가랴의 아들에게 임한지라.” 사람은 하나님을 이렇게 저렇게 규정하려 하지만, 그것은 착각입니다. 하나님은 스스로 활동하시면서 스스로 원하시는 때에 자신을 드러내시고 자신이 기뻐하는 방식으로 자신을 알리십니다. 그리고 그때 우리는 하나님의 일을 바라볼 뿐인데, 그때 우리는 두려워하거나 경이로워하거나 기뻐하거나 당혹감에 싸일 뿐입니다. 우리는 사람이 세상의 주관자라고 생각하곤 합니다. 그러나 그것은 무지한 착각입니다. 세상의 승리자는 하나님이고 하나님이 주인이십니다. “풀은 마르고 꽃은 시드나, 야훼의 말씀은 영영히 서리라.” 오늘 복음서는 명쾌하게 알립니다. “바로 그 때에 하나님의 말씀이 빈 들에 임하였다.”[21]

설교자는 누가복음 3장 2절의 증언을 근거로 하나님은 사람의 기대나 예상을 넘어서서 자신의 자율적이고 기쁘신 뜻 안에서 말씀해 오심을 주장한다. 즉, 설교자는 2절에서 하나님의 말씀이 일반적으로 생각하는 종교계의 중심에 있는 주권자들이 아닌, 그 질서 바깥

빈들에 나가 있는 요한에게 임하였음에 주목하고, 본문의 권위를 빌어 자신의 주장의 정당성을 펴는 것이다. 물론 설교자의 주장점은 이미 그의 본문묵상과 메시지창안의 과정에서 본문이 그에게 밝혀준 내용으로서, 설교 시에는 그것이 신자회중들에게 역순위로 제시되는 것이다.

귀납적 방식의 설교에서, 주해는 결말 부분에서 밝혀질 명제^메_{시지}의 단서들을 본문에서 찾아내는 작업이다. 설교는 최종 메시지를 끝으로 유보시킴으로써 말씀의 발견사건을 극대화한다. 이 과정에서 주해는 본문의 단서들을 가지고 파헤치면서 퍼즐 조각을 맞추듯 메시지의 퍼즐을 완성해가는 것이다. 여기서 본문의 단서들은 본문의 특정 장면이나 사건, 또는 본문이 제기하는 특정 물음의 형태들로 포착된다.

프레드릭 비크너 Frederick Buechner 의 '사랑'^{신 6:4-7; 마 27:45-46} 이라는 설교는 그 주제가 '**하나님에게서 들려오는 소리**'로, 명제는 "**하나님에게서 들려오는 소리는 삶의 광야에서야 비로소 하나님을 사랑하게 되리라는 약속이다.**"로 진술될 수 있다.[22] 그의 설교는 전형적인 귀납식 설교로서 최종 메시지인 명제에 도달하기까지 본문을 한 층 한 층 저며가는 방식을 취한다. 특별히 비크너는 본문의 "이스라엘아 들으라!"는 말씀을 시종일관 붙들고 가면서 하나님이 들으라고 말씀하는 소리, 곧 신자들이 하나님에게서 들어야 하는 소리가 무엇인지를 아래와 같이 점증적으로 좁혀간다.

"이스라엘아 들으라!" 신명기의 위대한 본문에서 모세는 광야에 있던 그의 민족에게 외칩니다. 들으라, 이스라엘아! 들으라! 귀를 기울이라! … 우리 모두는 들음으로써 이스라엘이 되라는 부름을 받고 있습니다. …

그런데 무엇을 들어야 합니까? 무엇을요? 성경에는 과거로부터 수많은 목소리들이 동시에 소리를 높이며 우리의 관심을 강하게 촉구합니다. …

… 이 본문은 거리를 두고 상황을 제대로 바라보게 해줍니다. 큰 군중의 우레 같은 소리의 핵심에 해당하는 중요하고 결정적인 곡조를 듣게 합니다. "너는 마음을 다하고 뜻을 다하고 힘을 다하여 네 하나님 여호와를 사랑하라." 이것이 여러분이 들어야 할 내용입니다.

… 무엇보다, 이 말씀은 네 이웃을 네 자신같이 사랑하라고 먼저 말하지 않습니다. 그것은 두 번째 계명입니다. 우리가 그 무엇보다 먼저 사랑해야 할 대상은 하나님입니다. …

이스라엘아, 들으라! 그러나 대게 우리는 아무것도 듣지 못합니다. 하나님에 대해 아무것도 들을 수 없는 광야에서 대부분 살기 때문입니다.[23]

비크너는 본문에서 들으라는 소리가 "하나님을 사랑하라"는 소리로 끝나지 않음에 주목했다. 그의 주해의 중심은 본격적으로 거기서부터 시작된다. 곧 우리는 광야의 순간에 던져질 때에야 비로소 하나님을 사랑한다는 게 무엇임을 알게 되고, 그럴 때 "하나님을 사랑하라"는 명령은 "너희가 그 광야의 때에 비로소 하나님을 사랑하게 될 것이다"라는 약속의 말씀으로 들려온다는 것이다. 이처럼, 귀납적 설교에서 주해는 최종 메시지를 밝혀내 줄 본문의 단서들에 집중하여 그것들을 심화해 가는 방식으로 실행된다.

2. 본문주해는 명제^{메시지}와 관련되는 부분에 집중해야 한다. 주해는 본문이나 구절의 모든 내용들을 다루는 것이 아니다. 성경의 각 구절과 단어는 특성상 설교자 간의 다양한 관점에 따라 많은 해석들을 낳을 수 있다. 게다가 구절의 각각의 단어나 말들은 각각의 독자적인 의미들을 지니고 있다. 따라서 주해를 위한 분명한 초점과 범위가 없다면 주해 과정에서 메시지가 흩어지거나 또 다른 메시지들을 끌어들이게 된다. 윤철호는 많은 설교자들이 성서의 권위를 강조하면서도 실제 설교에서는 성서해석에 대한 충실도가 빈약하다고 지적한다. 즉 그가 말하는 충실도가 빈약한 주해는 주해가 성서본문의 주제와 동떨어진 방향과 내용으로 향할 때이다.[24] 본문주해는 방향의 각이 일치하고 예리해야 한다. 특별히 본문이나 구절에서 명제^{메시지}와 관련 있는 부분에 집중하여 풀어가는 것이 옳다.

가령, 사도행전 9장 36-43절을 본문으로 한 귀납적 설교의 경우, 주제는 '**하나님의 은총**'이며, 명제는 "**하나님의 은총은 인과관계를 초월하는 하나님의 행동이다.**"로 설정되었다. 설교자는 본문을 풀어감에 있어 결말부에서 드러날 메시지의 단서에 집중한다. 그 단서란 본문에 있는 것으로 인과관계를 초월하시는 하나님의 행동에 관한 기술이다. 설교자는 메시지의 관점으로 40-42절을 다음과 같이 주해해 간다.

 ··· 살아난 다비다를 본 성도들과 과부들 역시 마찬가지였습니다. 그들에게 다비다가 살아나는 과정은 공개되지 않았습니다. 그들도 다락방 밖에서 기다려야 했습니다. 기다림 끝에 그들은 다비다가 눈을 뜨고 앉아있는 모습을 보았습니다. 그들은 살아난 다비다를 보고 베드로에게 긴말하지 않았을 겁니다. 베드로가 어떻게 살렸는지, 다락방에서 어떤 일을 했는지 질문하지 않았을 겁니다. 오히려 살아난 다비다를 신기해하며, 감사하고 기뻐했을 겁니다. 그들에게 베드로는 수술실에 있는 의료진과 같은 존재였습니다.

 이후 성도들과 과부들은 마을 곳곳을 다니며 "베드로 덕분에 다비다가 살아났다!" 말하지 않았을 겁니다. 그저 "다비다가 살아났어요!" 말했을 겁니다. 그래서 그 소식을 들은 욥바의 모든 사람은 베드로를 믿은 것이 아니라 주님을 믿을 수 있었습니다.

 과정이 생략된 결과만을 볼 때 오해할 수 있다는 우리의 생각과 달리, 공개되지 않은 치유 과정은 사람들이 주님을 믿게 했습니다. 우리는 성서를 통해 베드로가 기도하고 다비다에게 "일어나라." 선포했다는 사실을 압니다. 그러나 다비다 곁에 있던 사람들은 다락방 밖으로 보내졌습니다. 베드로가 무엇을 했는지 알지 못합니다. 그래서 인과관계를 만들 수 없었습니다. 즉, 베드로가 기도했기 때문에 다비다가 살아났다고 생각할 수 없었습니다. 베드로가 "일어나라." 선포해서 다비다가 살아났다고 생각할 수 없었다는 말입니다. 그런 성도들과 과부들에게 다비다의 살아남은 주님의

주명잡설 _ 주제와 명제로 잡는 설교

은총이요, 주님의 선하심 덕분이라고 고백할 수밖에 없었을 겁니다.[25]

사도행전 9장 40-42절은 설교자에게 여러 가지 성경적 개념들, 즉 '기도', 치유의 '종교-제의적 방식', '일어나라'와 '믿더라'의 원어적 의미 등에 관심을 갖게 한다. 그러나 설교자는 메시지인 **'인과관계를 넘어 일하시는 하나님의 은총의 행동'**에 집중하여 그 관점으로 해당 구절을 풀어갔다. 이를 통해 설교는 방향성을 잃지 않고 최종적인 메시지에 도달하게 되는 것이다.

연역적 설교 역시 크게 다르지 않다. 한 설교자가 시편 1편 1-6절을 본문으로 설교했는데, 그의 설교는 주제가 **'복 있는 자의 삶'**이고, 명제는 **"복 있는 자의 삶은 거룩한 삶과 성령의 인도하심과 하나님 나라의 소망을 가진 삶이다."**임을 알 수 있게 하는 설교였다.[26] 설교는 신자가 복 있는 자의 삶을 살기 위해 가져야 하는 세 가지의 실천 방안을 제시하는 내용으로써, 설교자는 그 가운데 첫 번째 방안을 "하나님의 말씀을 따라 거룩한 삶을 살아야 한다."고 주장한다. 그는 본문의 1-2절을 주해하면서 '거룩한 삶'에 집중하여 풀어간다.

여러분, 그렇다면 우리가 어떠한 삶을 살아갈 때 하나님께서 말씀하시는 진정한 복 있는 사람이 될 수 있겠습니까? 첫째로, 하나님께서는 하나님의 말씀을 따라 거룩한 삶을 살라고 말씀하십니다. 여기 우리에게 주시는 하나님의 말씀이 있습니다. "복 있는 사람은 악인들의 꾀를 따르지 아니하며 죄인들의 길에 서지 아니하며 오만한 자들의 자리에 앉지 아니하고 오직 여호와의 율법을 즐거워하여 그의 율법을 주야로 묵상하는도다"시1:1-2

본문 1절 말씀은 복 있는 사람의 정의를 악인들의 꾀를 따르지 않는 사람, 죄인들의 길에 서지 않는 사람, 그리고 오만한 자들의 자리에 앉지 않는 사람으로 내리고 있습니다. 이를 한마디로 요약하면 거룩한 사람이 복 있는 사람이라는 말이 됩니다. 성경에서 말씀하는 거룩의 의미는 구별됨입니다. 오늘의 본문에서도 이러한 거룩의 의미를 명확하게 설명하고 있습니다. 이는 인생의 근본적인 세 가지가 구별되어 있느냐는 질문과 연결되어 있습니다. 그 질문은 '어디로 가고 있는가?, 어디에 서 있는가?, 누구와 함께 있는가?'입니다. 나의 생각과 삶의 방향이 악인들의 꾀를 따르지 않는 삶이 거룩한 삶입니다. 내가 서 있는 곳이 죄인들의 길이 아닐 때 거룩한 삶을 살고 있는 것입니다. 그리고 내가 함께 하는 사람들이 오만한 자들이 아닐 때 그 삶이 거룩한 삶인 것입니다.[27]

본문의 1-2절은 그 배후의 정황과 각 단어들이 가진 의미적 정보들을 가지고 있다. 그러나 설교자는 그것들 가운데서 메시지복 있는 자의 삶와 관계되는 관점거룩한 삶에 입각하여 본문에 접근한다. 설교가 다루지 않은 본문의 다른 부분들은 배제된 것이 아니다. 그것들은 또 다른 설교에서 다루어질 내용들이다.

3. 주해 시 유의해야 할 세 번째는 **본문의 원어적 의미를 밝혀주되, 신자들에게 난해한 원어분석이나 낯선 원어읽기는 삼가야 한다.**

주명잡설 _ 주제와 명제로 잡는 설교

왜냐하면 그로 인해 신자들의 메시지에 대한 집중도를 저해할 수 있기 때문이다. 본문 내의 단어나 구의 원어 해설은 본문의 이해를 위해 반드시 필요하며 그것이 피상적이거나 왜곡된 성경이해를 피하는 주해의 바탕이다. 따라서 설교자는 진술된 명제^{메시지}를 확인하거나, 본말로 전개 내지 심화해 갈 때 원어적 읽기와 해석을 필요로 하게 된다.

그러나 유의해야 할 것은 그러한 작업이 신자들에게 설교의 메시지를 깊이 있게 밝혀주기 위함이지, 그들에게 원전강독을 하기 위함이 아니라는 것이다. 설교를 듣고 있는 신자들에게 중요한 것은 그들의 삶을 향해 말씀하시는 하나님의 뜻이다. 원어의 문법이나 구조분석을 비롯해 원어의 발음 읽기가 신자들에게 무용한 것은 아니나, 그것은 주로 설교자 자신을 위해 필요한 것이다. 신자들에게도 그러한 지식이 필요할 테지만, 그들에게 원어의 전문적 정보들은 외계어로 들려 오히려 메시지의 흐름이나 집중을 단절시키는 장애요인이 될 때가 빈번하다.[28] 카센터의 사장님이 엔진이 고장 난 차량의 고객에게 엔진의 연료 분사장치의 시스템이 어떻게 되고, 분사-압축-폭발의 메커니즘을 전문용어를 써가며 수리의 과정을 설명한다고 생각해보라. 그것은 정비하는 기술자를 위한 지식이다. 고객에게 중요한 것은 문제의 핵심원인이 무엇이었고, 재발방지를 위해 어떤 운전과 관리습관이 필요한지에 대한 내용이다. 이와 관련해 17세기 독일교회의 개혁자였던 필립 슈페너^{Philip Jacob Spener}는 설교자가 경계해야 할 자세에 대해 다음과 같이 언급했다.

… 설교하는 자가 학식 있는 사람이라는 인상을 주는 내용들로

설교의 대부분을 채우는 설교자들이 있습니다. 아마도 교회 안에 있는 한 사람도 한마디도 이해하지 못하는데 이들은 외국어들을 많이 자주 인용합니다. … 설교가 이렇게 되어서는 안됩니다. 강단은 어떤 사람의 기교를 자랑해 보이는 곳이 아닙니다. 강단은 주의 말씀을 쉽게 그러나 능력 있게 전하는 곳입니다. … 설교자들은 회중의 대다수를 차지하는 평신도들을 적은 수의 학식 있는 사람들보다 더욱 기억해야 합니다.[29]

설교를 듣고 있는 신자들에게 중요한 것은 본문에 대한 기존 이해와 본래의 뜻이 가진 차이이고, 삶을 보다 깊고 풍성한 차원에서 이해하는 관점을 제공받는 것이다.[30] 로빈슨이 경계한 대로 설교자는 신자들에게 자랑하듯 "나는 당신이 모르는 것을 알고 있다"는 식으로 자신의 지식을 남용해서는 안 된다.[31] 설교를 경청하는 신자들에게 필요한 것은 결코 설교자가 신학교의 원전강독이나 구약/신약 석의 방법론 수업에서 배운 기술적인 지식들이 아니다. 따라서 본문주해 시 원어 풀이나 설명은 가급적 최소화하는 것이 적합하다. 아래는 설교에서 원어를 사용한 하나의 예이다.

첫째, 하나님께서는 아나니아와 삽비라가 마음에 사탄이 가득하여 범죄했다고 말씀하십니다. 오늘 본문 3절을 다시 봉독합니다. "베드로가 이르되 아나니아야 어찌하여 사탄이 네 마음에 가득하여 네가 성령을 속이고 땅 값 얼마를 감추었느냐"
본문에서 베드로는 아나니아를 책망하면서 사탄이 아나니아의 마음에 가득하다고 말씀하고 있습니다. 여기서 '사탄'은 헬라어 원어성경에서 '호 사타나스'로 '대적자'라는 뜻을 가지고 있습니다. 사탄은 하나님을 대적하는 악한 영의 우두머리를 말합니다. 특별히 여기서 쓰인 '호 사타나스'라는 표현은 사도행전과 다른 서신서에서 공동체를 공격하는 사탄의 역사와 관련해서 쓰이는 것입니다. 이러한 사탄으로 가득 찬 아나니아의 마음은 예루살렘 교회에서 성령의 역사를 방해하는 일을 도모하게 합니다. 여기서 무엇이 아나니아와 삽비라가 다른 성도들과는 다르게 성령 충만을 입지 못하고 오히려 사탄으로 가득하게 되었는가를 생각해보아야 하겠습니다.[32]

위의 주해는 무난한 예이다. 그럼에도 메시지의 흐름과 집중도를 좀 더 고려하는 방식으로 보완될 수 있다. 설교자의 주해의 목적은 사도행전 5장 3절의 아나니아의 마음에 가득했다는 사탄의 정체가 무엇인지를 밝혀주는 것이다. 이를 위해 그는 '사탄'을 가리키는 원문 표현인 '호 사타나스'를 읽고 그 뜻을 설명했다. 여기서 설교자가 생각할 것은 아나니아의 마음에 가득 찬 것의 정체를 부각하기 위해 원어를 어느 선까지 읽는 것이 신자들에게 도움이 될 것인가이다. 위의 경우는 사탄의 정체를 설명하려고 '사타나스'$^{\Sigma\alpha\tau\alpha\nu\alpha\varsigma}$ 앞에 남성 단수 주격 관사인 '호'$^{\acute{o}}$를 붙여 '호 사타나스'라고 읽었다. 그런데 신자회중이 성경의 원어에 대한 깊은 관심이나 지식을 가진 경우는 몰라도 그렇지 않은 경우, 오히려 그것으로 설교에 대한 주의가 흩어질 수 있음을 유의해야 한다. 아래는 설교의 집중도를 유지하면서, 전하려는 메시지의 초점을 부각하는 방식으로 수정한 것이다.

첫째, 하나님께서는 아나니아와 삽비라가 마음에 사탄이 가득
하여 범죄했다고 말씀합니다. 오늘 본문 3절을 다시 봉독합니다.
… 본문에서 베드로는 아나니아를 책망하면서 사탄이 그의 마음
에 가득하다고 했습니다. 여기서 '사탄'이라는 말은 원래 '대적자'
라는 뜻을 가진 말입니다. 하나님을 대적하는 영의 우두머리를 말
합니다. 특별히 여기서의 사탄은 다른 서신서들에서와 같이 공동
체를 공격하는 영과 관련되어 있습니다. 한마디로, 아나니아의 마
음에 가득했던 것은 하나님을 대적하고 그 공동체를 대적하는 영
이었다는 말입니다. 아나니아의 마음에는 성령이 아닌, 대적하는
영으로 가득했습니다. 그렇다면, 무엇이 그의 마음을 대적하는 영
으로 가득하게 한 것입니까? …

설교가 어떤 지식적 내용이나 정보를 언급할 때, 필요 이상으
로 설명이나 묘사를 구체화하는 것은 도리어 신자들의 주의를 흩을
수 있음을 주의해야 한다. 이는 예화의 경우에서도 마찬가지이다. 설
교는 뉴스 보도나 학술논문과 달라서 사실에 관한 모든 내용이나 세
세한 설명을 주는 것이 모두 유익한 것은 아니다. 그렇다고 이는 설교
자의 관련 지식이나 이해가 피상적이어도 된다거나 설교자가 자의적
으로 내용을 수정 변조해도 된다는 말이 아니다. 설교자는 설교에 언
급하는 사실이나 정보에 대해 정확하고 객관적인 이해를 가져야 한
다. 왜냐하면 그것은 설교의 진리주장의 논거로서, 설교 후 설교자는

그에 관한 자세한 내용을 추가적으로 설명해야 할 때가 있고, 무엇보다 신자들은 그 사실이나 정보에 관한 판단을 설교자에게 의존하는 경향이 높기 때문이다. 이런 점에서 설교는 지성적이고 소통적이며 목양적이면서도 정직한 행위가 되어야 한다. 설교자는 성실한 연구를 통해 설교의 메시지를 밝히거나 논증할 깊고 넓은 지식을 갖되 설교에 적합하고 적절한 방식으로 사용해야 한다.

주해를 위한 유의점

1) 주장하는 메시지가 진리임을 확증해 주는 일차적 논거가 되도록 한다.
2) 본문이나 구절의 모든 내용이 아닌 메시지와 관련된 부분을 다룬다.
3) 원어의 뜻을 밝히되 메시지의 부각과 집중도를 위해 원어분석이나 읽기는 최소화한다.

3.

강해 원리 2 _ 삶의 조명

강해가 설교의 기본원리인 것은 그것이 성경을 통해 하나님을 말해온 **교회의 어법**이고, 하나님이 교회와 세상 가운데 자신을 드러내는 방식이라고 믿기 때문이다. 본문을 다루는 작업을 '주해'라고 한다면, 오늘의 삶을 다루는 작업은 **'삶의 조명'**으로 부를 수 있다.

강해는 크게 세 가지 이유에서 '삶의 조명'을 필요로 한다. 첫째는 신학적인 이유로, 하나님이 자신을 나타내시고 활동하는 현장이 오늘의 삶의 자리이기 때문이다.

성경이 증언하고 교회가 고백하는 '하나님'은 관념이거나 책의 글자로 박제되어 있는 신적 대상물이 아니다. 하나님이 하나님으로서 행하신 첫 번째 일은 살아있는 생명들과 사람을 내시고 그들이 살아갈 삶의 장으로서 세상을 여신 일이다. 하나님은 그들의 삶을 즐거워하셨으나 죄로 인해 그 삶은 망가졌다. 예수의 삶은 우리와 인류의 삶을 살리는 구원의 드라마이다. 하나님은 나와 우리의 삶, 인류 역사의 현주소로 파고들어 오는 생명의 영이다. 그 생명의 영은 말씀으로 우리의 삶에 깊숙이 관여하고 삶의 감춰진 차원을 들춰내신다.[33] 그리고 우리를 삶의 보다 깊고 높은 차원으로 이끌고 가는 구원의 **사건**

을 일으키신다.

초기 교회는 성경이 가진 신성 divinity과 함께 그 '삶성' reality을 알았기에 성경에 대한 보다 풍성한 읽기를 향유했다. 일례로 그들은 난해하거나 모호한 본문들을 풀이하기 위한 해석의 원칙을 두었는데, 그것은 성경의 포괄적 정신이면서 교회가 합의한 신앙의 규범 regula fidei으로서 '사랑의 법' rule of love이다.[34] 이는 본문의 평이하고 단일한 의미가 가려져 있을 때, 교회는 설교자의 전인적 감각을 존중하여 그러한 본문을 신자의 삶에 덕을 주는 범위 안에서 풀 수 있도록 한 것이다.

동서고금을 막론하고 성경이라는 책이 신자 공동체에 주는 의의는 그 활자들이 오늘의 삶과 엮어지고 그것을 통해 신자들의 삶이 형성되는 데 있다. 본문의 주해를 통해 밝혀지는 하나님의 뜻은 오늘 신자들의 삶에 개입하여 그들을 책망하거나, 권면, 교훈하려 한다. 따라서 오늘 신자들의 삶을 조명하고 교훈하는 일은 설교에 있어서 근본적인 작업이다. 강해가 본문주해로만 끝난다면 설교는 우리가 살아내는 삶에 무의미하고, 그것은 하나님에게도 공허한 행위에 지나지 않게 된다. 설교의 진리주장은 신자들의 **삶**으로 향하고 그곳에 모아져야 한다.

강해가 '삶의 조명'을 포함하는 **두 번째** 이유는 **수사학적인 것**으로, 주해가 메시지의 진리주장에 대한 성경적 근거로서 설교의 일차적 논거라면, '**삶의 조명**'은 삶의 근거로서 설교의 이차적 논거이다. 이는 앞서 기술한 바와 같이, 설교가 호소하는 권위이기도 하다. 이는 한마디로, 설교자가 본문주해를 통해 확증한 메시지가 "과연 우리의 삶에도 진실된 것인가?"라는 물음에 답하는 것이다. 이에 관해 해돈 로빈슨은 다음과 같이 말한다.

> … 흔히 우리는 〈그게 정말인가?〉Is it true?를 묻게 된다. 나는 정
> 말 그것을 믿을 수 있는가? 사람은 이 때 증거를 요구한다. 성경말
> 씀을 진지하게 받아들이려는 사람들이 처음으로 받는 충격은 이
> 질문을 무시하고 어떤 관념idea이 성경에서 나온 것이니까 무조건
> 진실한 것으로 받아들여져야 한다고 가정하는 것이다. 그러나 심
> 리적 수용은 성경 말씀만을 인용한다고 해서 되는 것은 아니다.
> 추리와 증거와 실례를 통해서 확실하게 받아들여져야만 하는 것
> 이다.[35]

삶의 진실성이라는 논거를 통한 삶의 조명은 기본적으로 '예
화'를 통해 실행된다. 설교에서 사용되는 예화는 다양한 종류와 기능
들이 있다. 그 가운데서도 진리주장의 논거로 기능하는 예화는 삶의
실제적인 경험이나 사례를 제시한다. 예화의 내용이 메시지의 주장
점과 일치하고 객관적이고 현실적 개연성이 높을수록 메시지에 대한
진리주장은 설득력을 갖는다. 그러나 그렇지 못할 경우, 예화는 오히
려 설교 메시지의 설득을 저해하는 장애요인이 된다. 이런 점에서 설
교에서 예화의 위치나 무게는 결코 가볍지 않다.

박영선 목사는 사도행전 4장 5절에서 12절을 설교하면서 '구
원을 위한 유일한 길'을 주제로, "구원을 위한 유일한 길은 예수의 진
리에 있다."는 명제메시지를 펼친다. 그는 유일한 길로서 예수를 강조하
기 위해 현대사회의 합리적 사고방식이 상대적임을 주장하려 하는

데, 그는 이를 위한 논증을 다음과 같이 한다.

> 지금 우리가 살고 있는 현대사회를 잠깐 생각해보십시오... 합리
> 성에 의해서 진리를 규명하려 했던 이 과학문명의 결론이 절대적
> 인 진리는 없다는 것입니다. …
>
> 우리가 아는 바와 같이 국민학교 선생님들은 아이들이 어려서
> 이것은 이거다라고 딱 집어 줍니다. 대학교수 정도 되면 그거 이
> 런 것이지 딱 집어서 얘기를 안합니다. 왜냐하면 우리가 알고 있
> 는 학문 분야에서도 정답이 없기 때문입니다. 정답이 없기 때문이
> 아니라 정답을 알 만큼 우리의 지식과 지혜가 깊지 않기 때문입니
> 다.
>
> 우리의 부족함을 인정하지 않고 세상은 다 그런 것이지로 얘기
> 하기 시작해서 절대라는 말을 편견과 옹고집 속에 가둬버렸습니
> 다. 말하자면 우리가 오늘 본문에 있는 것과 같이 다른 이로는 구
> 원을 얻을 수 없다. 천하 인간에 구원을 얻을 만한 다른 이름을 준
> 적이 없다라는 말이 그런 의미에서 현대인들은 배타적이고 독선
> 적으로 보이는 것입니다. …[36]

설교자는 현대사회의 이념이 편견과 옹고집 속에 절대 진리를
배격하고 있음을 주장한다. 그리고 이를 뒷받침할 근거로 초등학교
교사와 대학교수의 교육방식을 예로 제시했다. 그런 후, 설교자는 재
차 자신의 주장, 곧 **"현대인들은 배타적이고 독선적으로 보인다."**는
주장의 정당성을 확고히 하고 있다.

메시지의 주장에 대한 논거예화가 없다면 설교의 메시지는 맹목적인 주장에 불과해지고, 예화를 사용할 경우라도, 그것이 메시지의 주장점과 일치된 사실적인 예화인가에 따라 신자들의 반응과 수용도는 대조적일 수 있다. 예화 제시 후, 설교자는 메시지의 진리주장을 재차 강조함으로써 말씀에 따른 삶의 변화를 권하고 촉구할 수 있다.

윤덕수 목사는 마가복음 4장 33절에서 41절을 가지고 '**성도의 희망**'을 주제로, "**성도의 희망은 절망의 상황 속에서 자신의 힘이 아닌 주님께 인생의 노를 맡겨드리는 데 있다.**"는 메시지를 전했다. 그는 우리의 삶에는 우리 자신의 힘과 지식, 기술과 경험으로 해결할 수 없는 인생의 광풍이 엄습해 옴을 말하면서 그 상황 속에서 예수를 발견하는 의식의 전이가 절실하고 그것이 삶의 희망이 된다고 주장한다. 설교자는 이러한 주장이 진리임을 확증하기 위해 다음과 같이 논증한다.

우리가 우리에게 부닥치는 풍랑을 그리스도를 향한 우리의 눈길을 위한 걸로 알고 그에게 우리 인생의 노를 맡기기만 한다면 우리 인생 항로는 참말 얼마나 쉬울 것입니까? 얼마나 편안할 것입니까?

일찍이 흑인들의 민권 운동을 위하여 몽고메리 버스 보이콧 사건을 일으켰던 마틴 루터 킹 목사는 영육간에 너무나 지쳤읍니다. 그는 도저히 이 운동을 계속해 나갈 용기가 나지 않았읍니다. 그는 자기 침대에 나가떨어졌읍니다. 그때 하나님은 그에게 속삭여

주셨읍니다. "마틴 루터 킹이여! 그대는 후미를 지켜라. 그리고 전면에다 여호와 하나님을 내세워라. 이것으로 만사는 형통할 것이다."

바로 이렇게 하지 못하는데 우리의 고통이 있읍니다. 나의 기술, 나의 인생 경험, 나의 얕은 지식, 나의 얄팍한 계산, 그것 때문에 우리는 아직도 이 거센 풍랑 속에서 억세게 노를 쥐고 있는 것입니다. ...37

설교자의 메시지는 절망의 절규 속에 있는 신자들에게 예수님을 향한 의식의 전이가 삶의 희망이라는 것이다. 그는 이에 대한 논거로써 마틴 루터 킹 목사의 유명한 영적 경험을 들어 제시한다. 그런 후, 설교자는 그 논거를 발판으로 더욱 확신 있게 자신의 주장점을 강조한다.

주장점의 논거로 사용되는 예화는 본문이 요청하는 바를 신자들의 삶에 대입하는 근거가 된다. 설교자는 예화를 발판삼아 신자회중이 살아낼 삶이 어떤 삶인지를 보다 구체적으로 가리키게 되고, 그들로 새로운 삶으로의 변화를 결단하도록 힘있게 촉구하게 된다. 이때 설교자의 문장은 길어서는 안 된다. 행동을 유발하는 동령動令은 되도록 짧은 단문이 되어야 한다. 또한 설명하는 진술문으로 말해서는 안 된다. 왜냐하면 구체적인 삶의 태도와 방향을 제시해야 하기 때문이다. 그리고 그러한 적용점에 성경적 지지와 신앙적 확신을 더해주는 관련된 성경구절이 있다면 적용의 중간에 사용하는 것도 유익하다.

강해가 본문주해와 더불어 '삶의 조명'을 필요로 하는 **세 번째** 이유는 그것이 **본문의 성경적 주제가 가리키는 삶의 차원을 밝혀주기** 때문이다.

본문이 하나님의 은혜나 사랑, 인간의 죄, 십자가의 구원과 부활 등과 같은 교리적 주제를 말하거나, 삶의 모호성과 유한성, 불가항력성, 가능성 등과 같은 삶의 난해한 차원을 다룰 때, 설교는 그에 대한 해석적 조명이 요구된다. 이때 '삶의 조명'은 하나님과 우리, 또는 우리의 삶을 새롭게 인식케 하는 비유, 곧 신학적 '해석렌즈'로 기능한다.[38] 이와 관련하여 크래독은 설교에서 사용되는 예화의 종류를 구분하여 소개한다.

실제로, 좋은 설교에서 사용되는 이야기나 일화와 같은 예화들은 사실 말하는 요점에 대한 예증으로 기능하는 것들이 아니다. 오히려 그들 자체가 메시지의 핵심인 것들이다. 달리 말해, 설교에 사용되는 이야기는 단지 다른 예시로 대치될 수 있거나 메시지의 모호한 부분에 대한 이해를 돕는 예시가 아닌, 그 자체로 설교의 전체 메시지가 될 수 있다. 그 경우, 그 이야기를 빼버리는 것은 단순히 전체 이야기 책에서 본문만 남기고 삽화를 빼는 것이 아니다. 그것은 책의 전체 페이지를 제거하는 것과 같은 것이다. 그 이야기 자체가 설교의 본 메시지를 보여주는 그림과 같은 것이다. … 이는 나단 선지자가 다윗에게 전한 설교의 경우와 같다. …[39]

논거로서의 '삶의 조명'은 예화를 통해 설교의 진리주장을 증명한다. 그러나 설교는 논거 없이 메시지 주장이 불가능한 것은 아니다.[40] 그러나 비유, 또는 해석렌즈로서의 '삶의 조명'은 그것 없이는 주장점이 밝혀지지 않거나 메시지에 대한 이해가 어렵다. 그것은 마치 희미한 물체에 대한 정체를 또렷이 드러내주는 것과 같다. 그러한 삶의 조명은 진솔한 삶의 경험이나 사건을 들려주는 이야기를 통해 제시된다.

비크너는 '어둠 속의 비밀'[눅 24:13-31]이라는 설교에서 **'부활의 소식'**을 주제로 하여 오늘의 어두운 실존적 현실을 사는 자들에게 부활의 의미를 해석해 준다. 그의 명제[메시지]는 **"부활의 소식은 '죽음의 어둠 속에서도 주님은 우리로 삶을 가능케 하는 빛을 보게 하신다'는 말씀으로 들려온다."**로 진술될 수 있다. 비크너는 교회들이 부활 소식을 우렁찬 승리의 소식으로 노래하지만, 그들의 현실은 그렇지 않음을 이야기한다. 부활을 믿는다는 자들의 삶은 엠마오의 두 제자들처럼 눈은 가려져 있고 삶의 중대한 국면이 아닌 것들에만 집중하며 산다. 그러나 설교자는 신자들이 어두운 현실 속에서 들려오는 부활의 소식을 인식할 수 있기를 바라면서, 다음과 같이 영화 속의 한 장면을 이야기한다.

… 그들의 바람은 예수님의 죽음과 함께 죽어버리고 말았습니다. … 자신들의 슬프고 뒤엉킨 생각 속에서 길을 잃어 그분을 알아보지 못했습니다. …

〈쉰들러 리스트〉는 홀로코스트를 다룬 영화입니다. … 이 영화는 다큐멘터리나 옛날 뉴스영화처럼 거의 흑백으로 촬영되었지만, 어린아이들이 놀거나 사람들이 달려가거나 열차 화물칸으로 떠밀려 들어가는 장면에서 가끔 잿빛의 바다 가운데 촛불처럼 깜박이는 것이 보입니다. 그것은 빨간 코트를 입은 어린 소녀의 모습으로 유일한 칼라입니다. 나치들이 폴란드 크라쿠프 게토에서 유대인을 발견하는 대로 철저히 사살하는 과정에서 관객은 빨간 코트의 소녀가 침대 밑에 몸을 숨기는 것을 봅니다. …

저는 두 제자가 엠마오로 가는 길에서 예수님을 알아보지 못했지만 예수님은 그들을 알아보셨고, 세상에 그들 두 사람밖에 없는 것처럼 그들을 보셨다고 믿습니다. … 알아보지 못하는 눈 때문에 여러분과 제가 잘 보지 못하는 이 어두운 세상에서 참새까지도 주목하시는 분이 우리 각 사람을 빨간 옷을 입은 그 아이처럼 보십니다.

… 이것이 바로 부활주일에 은나팔 소리가 알리는 말씀입니다. … 잿빛 세상에서 빨간 코트처럼 우리 사이에서 깜빡이는 구원의 거룩한 말씀입니다.[41]

이 설교에서 빨간 코트의 소녀는 부활의 소식을 증명하는 논거가 아니다. 오히려 설교의 진리주장을 이해하는 데 없어서는 안 될 핵심 단서이다. 그것은 본문이 말하는 대로 부활의 소식이 숨죽여 들려지는 방식의 이유를 밝혀주는 비유이다. 이 경우 예화는 본문과 오늘의 신자들 양쪽 모두에게 신앙과 삶의 깊은 차원을 드러내주는 해석렌즈가 된다.

'삶의 조명'이 설교의 진리주장을 밝혀주는 비유로 기능하는 단적인 설교는 폴 스캇 윌슨의 네 페이지 설교이다. 네 페이지 설교는 강해의 원리를 근본으로 하는 설교로, 율법과 복음의 관점으로 본문 주해와 삶에의 조명이 대화적으로 오가는 강해설교의 한 형태이다. 그는 '영광의 깊이'^{고후 3:7-18}라는 설교에서 **'하나님의 영광'**을 주제로, **"하나님의 영광은 우리가 잊고 지나치는 일상의 삶에서 충만히 비친다."**는 명제를 메시지로 전한다. 설교에서 그는 **'하나님의 영광'**이 우리 삶에 무엇인지 그 해석을 시도한다. 그리고 설교의 끝 부분에서 그는 우리의 평범한 일상 속에 비추고 있는 하나님의 영광이 어떤 것인지를 자신이 경험한 삶의 경험으로 이야기한다.

> 하나님은 우리의 아픔을 짊어지시고, 그것을 영광으로 바꾸십니다. 어떤 분은 질병으로 고통 가운데 있을 겁니다. 그러나 하나님은 그 아픔을 통해 가족이 더욱 친밀히 하나가 되어 전 보다 더욱 서로를 위해 기도하도록 하십니다. 이것이 영광입니다. …
>
> 제가 처음 목회를 시작했을 때, 노환으로 장기 요양 시설에 계신 어느 여자 교우를 심방했었습니다. 그분 방은 온통 축하카드로 가득했는데, 그땐 아직 성탄절이 아니었습니다. 게다가 그분의 두 손은 너무 굳어져 있어서 글을 쓸 수 없는 상태였습니다. 그분은 평소 교회에서 매우 활동적인 분이었습니다. 제가 여쭈었습니다. "여기에 계시기가 너무 무료하죠?" 그분이 대답이, "예, 처음엔 그랬어요. 그런데 지금은 그렇지 않아요. 매일 바쁘게 지내요. 사람들이 카드에 써서 보낸 기도 제목들을 보면서 기도하느라고 바빠요."

여러분, 우리에게 끝난 것처럼 보이는 것이 영광으로 압도됩니다. 바로 이것이 십자가의 사건이 아닌가요? 하나님은 우리의 고통과 아픔을 끌어안으시고 그것을 다른 것으로 바꾸십니다. 어떤 이는 그것을 구원이나, 성화라, 다른 이들은 그것을 영광이라 부릅니다. 우리의 목회가 깨져있는지 모릅니다. 그러나 저는 오늘 이 자리에서 여러분께 선포합니다. 하나님의 영광은 저와 여러분의 목회 현장에 충만히 임하십니다. … 42

이러한 '삶의 조명'은 신자들로 하여금 본문의 닫혀진 차원을 이해케 할 뿐만 아니라, 또다시 본문의 빛 하에서 자신들의 삶의 의미를 재발견하도록 돕는다. 이는 [본문] - [오늘의 삶] 간의 시간적 경계와 의미적 거리를 상쇄시키는 것으로, '삶의 조명' 없이 강해는 닫혀 있는 본문을 풀어낼 수 없고, 주해 역시 그 기능을 다하지 못하게 된다. 반면, 본문의 주장점에 대한 삶에의 대입으로써의 기존의 적용은 그 둘 간^{본문 - 오늘의 삶}의 간격을 상쇄하지 못하고 남아있게 한다.

'삶의 조명'은 일반적으로 '적용'으로 불린다. 적용은 본문을 삶에 실행하는 방식으로, 본문이 뜻하는 바를 가져다 오늘의 삶에 대입하는 행위이다. 설교는 본문이 요구하는 바에 기초해 신자들의 삶을 독려하고 교훈한다. 이처럼 적용은 신자들이 행해야 하는 삶의 과제가 무엇인지를 분명하게 한다.

그러나 본문은 신자들을 교훈하거나 독려하지만은 않는다. 그것은 신자들에게 삶의 감추어진 차원을 보게 하고, 그것을 새롭게 인식하도록 그들의 시야를 자극하기도 한다. 이 경우 본문은 적용처럼 단순히 삶에 이식되지 않으며, 주해도 신자들의 삶을 교훈할 정답의 제공자가 되지 않는다. 오히려 주해는 모호하고 희미한 본문의 뜻을 온전히 밝혀줄 다른 단서를 기다리게 되는데, 그것은 우리가 겪어내는 삶의 구체적인 경험이나 이야기를 통해서이다. 그것은 복음의 현대적 비유로 기능하여 오늘 신자들의 삶을 새롭게 조명함과 동시에 그 관점으로 본문이 비로소 밝혀지게 된다. 이를 통해 신자들은 본문의 세계와 자신들의 세계가 통하고 있음을 알게 된다. 이상에서 살펴본 바 강해가 '삶의 조명'을 수반하는 이유는 크게 세 가지다.

1) 하나님이 향하여 오는 자리가 신자들의 삶의 자리이며, 그곳에서 본문의 문자들이 비로소 살아있는 하나님의 말씀으로 되살아난다.
2) 설교 메시지는 성경적 논거와 함께 삶의 논거예화를 가지고 그것의 진리성을 주장한다.
3) 본문의 깊은 부분은 신자들의 삶과 관련되어 밝혀져야 하는데, 삶의 조명은 예화를 통해 본문과 신자들의 삶, 양쪽 모두를 위한 해석적 기능을 수행한다.

5장

—

설교로
엮어내기

주제와 명제가 설교의 삼단구성을 잡아준다고 할 때, 메시지가 창안되는 방식, 곧 설교자와 성경본문 간 오가는 대화의 과정에 따라 설교는 때때로 다양한 모양새로 메시지를 확장, 또는 심화시켜 가게 된다. 그것들 가운데 설교현장에서 시도될 수 있는 대표적인 몇 가지는 대지설교, 강해설교, 귀납설교, 이야기식 설교, 네 페이지 설교 등이다. 이러한 방식들은 본말의 구조로서, 설교자가 전달, 공유하고자 하는 메시지명제를 논리적으로 구조화해주며 신자들이 메시지를 보다 뚜렷이 이해하고 경험할 수 있도록 돕는 사고체계들이다.

그러나 설교자가 하나의 방식을 취한다고 할지라도, 그 방식은 설교자들 간에 획일화되지 않는다. 설교는 각기 다른 예배의 상황 안에서 말씀의 성령과 설교자의 삶, 신자회중의 호흡과 의식들이 얽혀지는 유기적이며 생동적인 사건이다. 따라서 메시지를 엮어가는 설교의 작성방식을 하나의 표준화된 방식에 고정하고 실행하는 것은 현실적이지도 사실적이지도 않다. 다만, 메시지의 이해와 소통을 원활하게 도와주는 도구로서, 각각의 방식들이 가진 주요 기능들을 아는 것은 설교작성 과정에 유익이 크다.

따라서 설교자는 각각의 설교방식들이 가진 기본적인 특성들을 숙지하고 확인할 필요가 있다. 이것은 설교작성의 과정에서도 그렇지만, 설교작성을 마친 뒤에 더욱 유용하다. 곧, 설교자는 특정 형태에 따라 작성된 자신의 설교가 어떻게 중심 메시지를 부각시키고, 명료하게 하며, 일관되게 이끌고 가는지를 자신이 취한 설교방식의 특성에 비춰 확인하고 점검할 수 있다. 무엇보다 각각의 유형들은 저마다의 방식으로 메시지를 강조, 이해, 각인한다. 따라서 설교자는 작성된 설교를 보면서, 그것이 메시지를 어떤 식으로 강조, 이해, 각인시키려 하는지를 자신이 취한 설교유형의 특성에 비추어 확인할 수 있다. 설교의 메시지^{명제}를 엮어내는 가능한 몇 가지 방식들의 특성은 아래와 같다.

7.
대지로 엮는 설교

연역적 강해

일반적으로 '**대지설교**'라 불리는 설교는 **연역적 논증** 방식을 따르는 설교이다. 연역적 논증이란 설교의 진리주장인 명제^{메시지}를 제시하고 그것의 진리성을 논거를 가지고 증명해 가는 방식의 설교이다. 특별히 '대지설교'라 함은 설교의 주장점인 명제를 구체화하거나 세분화하는 하위 '대지'^{大指; point}들로 본말을 꾸려가는 설교이다. '대지'란 메시지의 큰 가닥이다. 메시지의 몸통인 명제는 하나이지만, 성경본문은 명제에서 뻗어 나오는 메시지의 갈

래들을 드러내곤 한다. 가령, 명제가 **"하나님의 신실함은 우리로 환난 가운데서 소망을 갖게 한다."**일 때, 명제와 관련하여 명제를 확장하거나 구체화하는 대지는 아래와 같은 방식이 된다.

첫째, 하나님은 신실하십니다. (대지1)

오늘 본문 ○○절 말씀입니다. "……"

(본문주해) 오늘 본문에서 우리가 주목하게 되는 부분이 있습니다. …

(삶의조명) 지난 주 뉴스에 보도된 사건입니다. … 오늘 우리는 하나님의 신실하심을 의지할 수밖에 없습니다. … 우리가 붙잡으려는 인간의 힘은 신뢰를 주지 못합니다. 그러나 주님은 신실하십시다.

둘째, 하나님은 우리의 환난 중에도 신실하십니다. (대지2)

이어지는 본문 ○○절입니다. "……"

(본문주해) 하나님이 신실하다는 말은 어떤 상황과 연결되어 있습니다. 오늘 본문에서 우리는 …

(삶의조명) 신학교에 만학으로 공부하시게 된 분을 만났습니다. 여성분이었는데, 하루는 … 삶의 막다른 골목에서 우리가 기다리고 찾는 하나님은 누구입니까? 신실하신 하나님입니다. 하나님의 구원은 언제라도 변함없습니다. 그러나 우리가 곤경에 빠져 있을 때, 하나님은 신실하심으로 더욱 우리에게로 오십니다.

마지막으로, 하나님의 신실하심이 우리가 하나님을 소망하는 이유입니다. (대지3)

본문 ○절입니다. "……"

(본문주해)　오늘 하나님은 우리에게 중요한 한 가지를 말씀하십니다. 오늘 ○○절에서 …

(삶의조명)　사무엘 베케트의 희곡『고도를 기다리며』는 … 우리가 하나님을 믿는다는 것이 무슨 말입니까? 하나님의 존재 여부에 관한 믿음입니까? 하나님의 만능적인 능력에 대한 믿음입니까? 나의 수호신으로서 믿는다는 말입니까? … 하나님을 믿는다는 것은 하나님의 변치 않으심을 믿는다는 말입니다. **그리고 그것이 우리에게 소망이 되는 겁니다.** …

위의 본말은 전형적인 대지설교의 예이다. 설교자가 주목해야 할 세 가지는 **첫째,** 각 대지[1,2,3]를 끌고 가는 강해의 움직임[본문주해 - 삶의조명]이다. 이런 점에서 대지설교는 대지중심의 강해설교라고 할 수 있다. **둘째,** 강조된 **대지사상**은 삶의조명 마지막에서 동일하게 제시되고 있다는 것이다. 쉽게 말해, 각 대지는 대지의 사상이 **수미쌍관식**으로 시작과 끝을 싸고 있는 것이다. **마지막으로,** 설교의 명제[하나님의 신실함은 우리로 환난 가운데서 소망을 갖게 한다.]는 세 개의 대지들을 한데 포괄하는 설교의 메시지가 된다. 그러나 때론 명제가 대지들 가운데 세 번째나 마지막 대지로 자리할 수도 있다. 가령, 명제가 **"구원은 사랑 안에 있는**

내가 발견되는 사건이다."일 때, 대지는 점증적으로 명제를 향해 다가
가는 방식가→가나→가나다으로 다음과 같은 방식으로 제시될 수 있다.

첫째, 구원은 믿음 안에 있는 내가 발견되는 사건입니다. (대지1)
　　　오늘 ○절입니다. "……"

(본문주해)

(삶의조명)

**둘째, 주님은 구원이 소망 안에서 내가 찾아지는 사건이라고 말
씀하십니다.** (대지2)
　　　본문 ○절이 말합니다. "……"

(본문주해)

(삶의조명)

**마지막으로, 우리의 구원은 내가 사랑 안에 있음을 발견하는 사
건입니다.** (대지3 _ 명제)
　　　주님의 말씀입니다. 본문 ○○절입니다. "……"

(본문주해)

(삶의조명)

　　　대지는 명제를 중심으로 명제를 구체화하는 메시지의 갈래들
로 제시되어야 한다. 대지 진술에 이은 해당본문의 제시는 그 대지의
사상이 발원한 성경의 근거를 밝히는 것이고, 이어서 본문주해와 삶

의조명이 뒤따르게 된다. '본문주해'는 해당본문이 어떤 점에서 그 대지의 내용을 주장하고 있는지를 본문을 토대로 밝혀주는 성경적 논거이다. 예화가 포함된 '삶의조명'은 성경이 드러내고 주장하는 대지의 내용이 과거 성경에서만이 아닌, 오늘의 삶에도 진실임을 밝혀주는 논거이다. 이러한 이중적 논거에 근거하여 설교는 메시지를 확증하게 된다. 대지를 중심으로 엮어가는 설교의 유익은 그것이 '목회적'이라는 데 있다. 다시 말해, 대지설교는 연역적으로 설교가 의도하는 메시지를 단순하고 명확하게 제시할뿐더러, 그에 대한 논증을 견고히 함으로써 신자들이 하나님의 뜻이 무엇이며, 그것에 어떻게 반응해야 할지를 알고 행동할 수 있도록 도움을 준다.[1]

[대지 설교 진행도]

주 명 잡 설 _ 주제와 명제로 잡는 설교

예시설교

아래 설교는 2023년 3월 7일 장로회신학대학교 신대원 3학년의 〈목회실습 4〉(설교실제) 수업에서 백권진 학생이 행한 설교이다. 설교의 주제는 '하나님의 공간'이며, 명제는 "하나님의 공간은 우리가 광야라고 생각하는 시험의 장소를 어우른다."이다.

광야[2]

(마 4:1-11)

혹시 "다리"라는 단어를 들으면 어떤 이미지가 떠오르실지 모르겠습니다. 어떤 분들은 떨어진 두 지역을 이어주는 공간. 또 어떤 분들은 멋진 풍경을 바라볼 수 있는 공간으로 생각하실 수 있습니다. 하지만 어느덧 "다리"라는 공간은 꽤 부정적인, '자살'을 하는 한 공간으로 떠오르게 됐습니다. 실제로 한강 다리에 가도 자살을 막기 위한 여러 문구와 상담 전화를 안내하는 푯말을 보게 되죠.

또 세계에서 '자살'을 가장 많이 하는 장소 중 1위부터 6위까지가 모두 다리입니다. 그리고 그중 두 번째로 뽑힌 곳이 중국의 "창장대교"라는 곳입니다. 이곳은 외지인들까지 찾아와 스스로 목숨을 끊어 24시간 인명구조대가 대기할 정도로 유명한 곳입니다. 어느덧 이곳의 사람들에게 이 다리는 자살하는 공간으로 인식됐죠. 그런데 그곳에 주말마다 나가 하염없이 다리의 양 끝을 반복해서 다니는 한 인물이 나타납니다. 그렇게 그는 18년간 주말마다 다리의 양 끝을 오갔습니다. 그 이유는 그곳에서 자살을 하려는 인물을 살리기 위함이었습니다. 그렇게 그가 살린 이들은 작년까지 약 410명의 생명이었습니다. 그가 처음 살렸던 여고생은 어느덧 공무원이 돼 잘 살아가고 있다고 합니다. 그는 다리에서 사람들을 살리는 것뿐만이 아니라 그렇게 구조한 이들을 가까운 식당으로 가 밥을 사주며, 삶의 애환을 들어주었다고 합니다. 그리고 '죽음의 다리'로 인식되었던 그 다리는 어느새 '생명과 천사의 다리'로 기억된다고 합니다.

오늘 우리에게 '광야'는 어떤 공간으로 인식되나요? 유대인들에게 광야는 마귀가 존재하는 공간으로 인식된다고 합니다. 사실 광야의 이미지는 우리가 건너야 하지만, 한편으로 피하고 싶은 공간이기도 합니다. 고난과 역경의 장소요, 그러한 시기라고 할 수 있겠죠.

예수님 역시 그 광야의 공간으로 내몰리십니다. 그리고 우리의 인식과 같이 시험하는 자, 곧 마귀가 예수님 앞으로 나아와 3가지 시험을 예수님께 제안합니다. 오늘 함께 나누고 싶은 부분은 예수님의 답변과 본문을 통해 성경은 광야를 어떤 공간으로 소개하느냐입니다.

첫 번째로 광야는 나의 약함으로 하나님의 강하심을 드러내는 공간입니다.

오늘 본문 2, 3절입니다. "사십 일을 밤낮으로 금식하신 후에 주리신지라 시험하는 자가 예수께 나아와서 이르되 네가 만일 하나님의 아들이어든 명하여 이 돌들로 떡덩이가 되게 하라"

예수님의 광야생활의 시작은 예수님의 초월적인 모습보다는 인간적인 모습을 집중시킵니다. 바로 40일간의 금식입니다. 예수님도 주리셨고, 시장함을 느끼셨습니다. 그리고 마귀는 바로 그 점을 비집고 들어갑니다. 마귀가 예수님을 무너뜨릴 수 있는 최적의 것은 예수님에게 가장 약한 부분처럼 보이는 '굶주림'이었습니다. 하지만 예수님은 이 굶주림의 해결. 즉, 예수님의 약함의 해결이 하나님의 말씀에 있음을 선포하십니다. 예수님은 빈들에서 수많은 이들을 먹이신 분이셨습니다. 그의 손에 능력이 있었고, 힘이 있었습니다. 하지만 예수님께서는 예수님의 연약함이 하나님의 말씀으로만 채워질 수 있음을 답변하셨습니다. 여기서 하나님의 강하심이 세워집니다. 하나님의 강하심이 예수님의 말씀을 통해 드러나게 되는 것입니다.

하나님의 강하심은 구약에서의 모습을 연상시킴으로 또 다르게 드러납니다. 예수님의 3가지 시험의 답변은 모두 광야 시절의 이스라엘의 모습을 연상시킵니다. 그리고 학자들은 아담의 시험까지 연상시킬 수 있다고 이야기합니다. 뱀으로부터 유혹받은 아담과 하와의 시험은 실패로 끝이 납니다. 첫 아담의 유혹은 그렇게 인류의 패배로 종결됩니다. 하지만 마지막 아담의 시험은 패배로 끝이 나지 않습니다. 또 이스라엘의 시험 역시 그들은 모두 무너짐을 보게 됩니다. 첫째 시험에서의 이스라엘은 만나와 메추라기로만 그들의 굶주림을 해결하려 했습니다. 그들은 하나님의 말씀보다는 만나를 움켜쥐려고 했고, 결국 '맛사'에서 하나님을 시험하게 되는 마귀의 두 번째 시험마저 실패하게 됐습니다. 그리고 그들은 예수님이 세 번째 시험 받으신 산 꼭대기에서 모세가 십계명을 받는 그 때에 금송아지를 숭배하고 있었죠. 이스라엘은 예수님이 받으신 이 3가지 시험에 모두 무너졌습니다. 하지만 예수님께서는 이스라엘과 완벽하게 대조되는 모습으로 이 시험에 승리하셨습니다. 그리고 그 승리의 비결은 하나님의 강하심에 초점을 두는 것이었습니다. 이것이 하나님의 강하심이 드러나는 광야였습니다.

"리비히의 최소 법칙"이라는 말이 있습니다. 이 법칙은 식물이 가지고 있는 최소한의 영양소가 식물의 성장을 제한한다는 법칙입니다. 즉, 가장 풍부한 영양소가 아닌, 가장 결핍된 영양소로 그 식물의 성장이 결정된다는 것이죠. 비슷한 법칙으로는 "나무통의 법칙"이 있습니다. 각 나무 판자를 세로로 연결해 나무통을 만들었을 때, 물을 담을 수 있는 한계는 가장 긴 판자가 아닌, 가장 짧은 판자의 높이로 결정된다는 것입니다. 우리의 삶도 어쩌면 이와 비슷하다고 생각합니다. 우리의 성장을 위해 우리가 주목해야 할 것은 우리의 잘난 부분보다 어쩌면 우리의 연약한 부분일 수 있겠죠. 그것이 "나"라는 그릇의 높이를 결정할 수 있을 것입니다. 그러니 우리는 약점의 극복을 통해 우리의 성장의 한계를 넘어설 수 있죠. 그 한계를 무엇으로 넘으시겠습니까. 사실 우리는 너무 잘 알고 있습니다. 하나님께서 우리의 힘이 되심을 말이죠. 하지만 이 확실한 약속을 우리는 잊고 있습니다. 우리의 은혜의 족함은 우리의 능력이 약한 데서 온전하여짐에 있습니다. 그리스도인은 답을 찾아가는 이들이 아닌, 이미 알고 있는 답을 기억하는 사람들이라고 말합니다. 혹시 광야를 지나고 계십니까. 내 연약함을 보고 계신 그 시절을 걷고 계십니까. 우리의 답은 하나님께 있습니다. 우리의 일어섬은, 그리고 성장의 나아감은 하나님의 강하심에 있습니다. 하나님이 계십니다. 광야의 한복판에서 우리는 이 사실만으로 충분한 사람들입니다.

두 번째로 광야는 우리의 능력을 확인하는 공간입니다.

이것은 첫 이야기와 너무 다른 이야기 같지만, 한편으로는 또 이어지는 이야기입니다.

마귀는 첫째 시험과 둘째 시험에서 똑같이 이런 이야기를 합니다. 3절과 6절입니다. "네가 만일 하나님의 아들이어든 …" 마귀는 마치 예수님께서 하나님의 아들임을 증명하기 위해서는 초월적인 기적을 일으켜야 증명이 되듯이 말하고 있습니다. 하지만 예수님은 그 제안을 거절하십니다. 그리고 세 가지 시험에 대한 모든 답변에서 공통되게 언급하시는 부분이 있습니다. 바로 "하나님"이십니다.

오늘 본문 4절과 7절, 10절입니다. "하나님의 입으로부터 나오는 모든 말씀으로 살 것이라", "주 너의 하나님을 시험하지 말라",

"주 너의 하나님께 경배하고 다만 그를 섬기라." 마귀는 하나님에게 초월적인 능력을 요구하라 이야기하며, 그 기적이 이 광야를 헤쳐 나가는 능력이라고 말합니다. 어쩌면 참 달콤한 말입니다. 이 굶주림이 끝날 수만 있다면야, 나의 생명을 위협하는 이 일들이 끝날 수만 있다면야, 그리고 이 광야의 끝에 모든 명예와 힘을 아우를 수만 있다면야. 이 당시 랍비의 문헌들에 의하면, 이들에게 있어 메시야는 이런 놀라운 기적을 통한 왕이라고 이야기합니다. 하지만 예수님이 걸으실 길은 이런 기적이 요점이 되는 것이 아니었습니다. 바로 "하나님"이 선포되는 것이었습니다. 예수님께서 하나님의 아들이라는 표는 바로 하나님을 말씀하시는 데 있었습니다. 그리고 동시에 이것이 그리스도인의 능력입니다.

참 안타까운 일이지만, 산불이 나 산이 황폐하게 되는 경우가 있습니다. 또 생명이 없는 광야와 같이 메마른 땅이 있습니다. 그때 자연의 섭리 중 그곳을 살리기 위해 지구가 보내는 것이 있다고 합니다. 바로 씨앗입니다. 황폐한 땅을 살리기 위해 그곳에 등장하는 것은 다 큰 나무나 이미 완벽하게 성장해버린 식물이 아닙니다. 바로 작은 씨앗입니다. 그 씨앗은 그곳에 심겨져 보이지도 않고, 큰 영향력도 없어 보입니다. 하지만 그 씨앗의 존재 자체로 그곳은 생명이 시작되고 다시 우거진 숲으로 자라날 수 있습니다. 우리 역시 황폐한 땅, 광야와 같은 곳에 보내질 때가 있습니다. 그 광야에서 그리스도인의 능력은 어려움 가운데 그 어려움을 완벽하게 극복하는 완벽한 모습에 있지 않습니다. 그저 하나님의 이름을 선포하며, 그 선포를 통해 그곳을 살리는 것. 이것이 그리스도인의 능력입니다.

마지막으로 광야라는 공간은 바로, 하나님의 공간입니다.

본문 5절과 8절입니다. "이에 마귀가 예수를 거룩한 성으로 데려다가 성전 꼭대기에 세우고", "마귀가 또 그를 데리고 지극히 높은 산으로 가서 천하 만국과 그 영광을 보여." 마귀는 예수님을 거룩한 성전 꼭대기에서 시험합니다. 성전은 어떤 공간입니까. 바로 하나님을 예배하고 경배하는 공간입니다. 그런데 그곳에 마귀의 시험이 존재합니다. 하나님의 거룩함만이 존재할 것 같은 공간에서 예수님을 향한 시험이 다가오죠. 또 세 번째 시험은 산 꼭대기입니다. 산 꼭대기는 당시 독자들로 하여금 한 이미지를 상기시킵니다. 십계명을 받은 장소입니다. 모세는 시내산 꼭대기에서 십계명을 받습니다. 즉, 나 외에 다른 신을 두지 말라는 절대적인 하나님의 임재가 있었던 바로 그곳. 그곳에서 마귀는 예수님을 시험합니다. 더 교활한 것은 바로 그곳에서 하나님이 아닌 마귀 자신을 경배하라고 시험하죠.

우리는 성전에서도, 또 하나님의 임재와 영광을 경험했던 그곳에서도 늘 시험에 대해 마음을 잡고 바로 해야 합니다. 반대로 광야에서도 하나님을 배제하는 위험을 경계해야 하죠. 우리는 광야에 하나님이 마치 안 계신 것으로, 그렇기에 얼른 그곳을 지나쳐야 한다고 생각할 때가 있습니다. 하지만 하나님께서는 그 광야에 정말 안 계시고, 우리가 피하기를 바라실까요? 구약에서 하나님이 이스라엘 백성들의 한 시절을 회고하실 때가 있습니다. 예레미야

2장 2절의 말씀입니다. "가서 예루살렘의 귀에 외칠지니라 여호와께서 이와 같이 말씀하시기를 내가 너를 위하여 네 청년 때의 인애와 네 신혼 때의 사랑을 기억하노니" 하나님은 지금 이스라엘 백성과의 옛 시절을 추억하시며, 그 시절을 신혼 때의 사랑과 청년 때의 인애와 같다고 하십니다. 그리고 이어서 그 시절을 소개하십니다. "곧 씨 뿌리지 못하는 땅, 그 광야에서 나를 따랐음이니라"

하나님은 그 시절을 그리워하시듯, 마치 그 시절을 통하여 다시 백성들이 돌아오기를 원하시듯 말씀하십니다. 그런데 그 시절이 바로 광야의 때라고 하십니다. 광야는 하나님에게 잊고 싶은 시절이, 기억에서 지우고 싶으신 공간이 아니었습니다. 바로 하나님이 그리워하시던 그 때이며, 그 곳입니다. 그리고 예수님은 마지막 시험의 답변으로 "네 하나님 여호와를 경외하고 다만 그를 섬기라"라고 말씀하십니다. 이 말씀은 신명기 6장 4절. "이스라엘아 들으라 우리 하나님 여호와는 오직 유일한 여호와이시니"라는 하나님의 말씀을 따르시는 것이죠. 이것은 뒤에 나오는 "너는 마음을 다하고 뜻을 다하고 힘을 다하여 네 하나님 여호와를 사랑하라"라는 말씀까지 완전하게 보이신 고백이었습니다. 결국 예수님의 이 고백은 우리로 하여금 하나님과의 신혼 때의 사랑의 시절로 광야를 다시 한번 기억하게 하시는 것이죠.

시간이 어느 정도 지났지만, 한때 VR 가상현실이 큰 유행이었습니다. 현재도 VR을 이용한 다양한 체험이 있을 만큼 시대에 큰 영향력을 주는 영역입니다. 이 가상현실을 보기 위해서는 특별한 헤드셋을 착용해야 합니다. 이 헤드셋을 착용하면 실제 공간이 어

주명잡설 _ 주제와 명제로 잡는 설교

떠하든 다양한 공간을 체험하고 누릴 수 있죠. 특별히 놀이 기구와 같이 높은 곳을 올라가거나, 귀신을 체험하는 공포 체험 VR이 큰 사랑을 받았었습니다. 헤드셋을 착용한 후 사람들은 두려워 떨기도 하고, 소리를 지르며 그곳을 벗어나려고도 했습니다. 하지만 옆에서 그 모습을 지켜보는 사람들은 태연합니다. 오히려 그 상황을 보며 즐거워합니다. 그 이유는 실제 그 공간은 안전하며, 두려워 떨지 않아도 되는 공간이기 때문이죠.

우리는 시각적인 것에, 더 협소하게는 지금 당장 내 시야에 들어오는 것에 큰 영향을 받습니다. 광야에 넓게 펼쳐진 메마른 환경과 그곳에 서 있는 나의 상황들을 볼 때면 당장 피하고 싶고, 벗어나고 싶습니다. 실제 그곳에 누구와 함께하고 있는가를 잊을 때가 있죠. 내 눈에 보이지 않는, 내 삶에 느껴지지 않는 그분을 향해 광야를 지나치고 싶습니다. 하지만 광야를 지나치려는 것은 어쩌면 그곳에 계신 하나님을 지나치려는 것과도 같을 것입니다. 광야의 시절을 하나님께서는 최고의 사랑의 시절로 바라보신다는 것을 기억하시며 나아가십시다. 광야와 하나님을 분리하는 것이 아닌, 그곳에서 우리와 함께 거닐고 계시는 하나님의 걸음을 기억하십시다.

난징시의 그 다리는 죽음의 다리에서 생명의 다리로 바뀌었습니다. 결국 공간이라는 개념은 우리의 인식과 행동에 따라 그 이미지가 변화됩니다. 광야는 우리에게 어떤 공간입니까? 누군가 힘들게 거니는 광야를 너무나 쉽게 말하는 것에 참 죄송스럽지만, 그럼에도 우리가 그곳에서 꾸어야 할 꿈은 하나님이기에 나의 약함

가운데에서도 충분하며, 나의 능력은 그 하나님의 이름을 선포하는 것에 있음을 기억하고, 그곳을 하나님과의 가장 아름다운 사랑의 시절로 하나님과 함께 누리는 것입니다.

하나님이 바라보시는 광야와 우리들의 광야라는 공간의 동상이몽을 이제 좁히고, 같은 추억이 담긴 같은 공간으로 바라보십시다. 광야를 바라보시는 하나님의 시선과 마음을 우리 역시 취하십시다. 하나님이 바라보시는 그 광야의 공간을 가장 아름답고, 더 나아가 이전보다 하나님과의 더 깊은 관계로 나아갈 수 있는 곳으로 거니실 수 있는 우리 모두가 되십시다.

점검을 위한 물음들

설교자가 대지설교의 특성에 기초해 설교의 메시지 구성을 점검할 수 있는 물음들은 다음과 같을 수 있다.

1) 설교의 주제와 명제가 명료하게 설정되었는가?
2) [도입] - [본말] - [결말]이 각각의 기능에 맞게 구분되는가?
3) [도입]이 주제와 관련하여 관심 또는 문제를 제기하는가?
4) [도입]에서 [본말]으로 들어가면서 본문을 설교의 주제와 연결하여 접근하고 있는가?
5) [본말]은 명제의 실행이 되고 있는가? 대지들이 간략하고 또렷하게 제시되는가? 그것들이 본문에 근거하고 있는가?

6) 〈본문주해〉는 대지의 주장점에 대한 성경적 근거로서 기능하는가? 설교자만의 고유한 관점은 무엇인가?

7) 〈삶의조명〉이 주해에 기초하여 대지의 주장을 구체화, 현장화하는 데 충분한가?

8) 예화가 설교자 자신과 관련된 내용들인가? 아니면 객관화될 수 있는 예화들인가? 예화들이 설교의 맥락에 적합한가?

9) [결말]은 설교의 주제와 명제를 재확인해주는 데 적절한가? 설교의 메시지에 집중하도록 간결하게 제시되는가?

2.
강해로 잇는 설교

강해설교

'강해설교'는 어떤 하나의 형태로 규정되지 않으며, 설교자에 따라 방식이 다양하다. 그럼에도 일반적으로 '강해설교'로 규정되는 설교는 **강해** 원리에 충실하면서 그것 자체를 설교의 움직임으로 단순화한 설교를 가리킨다. 강해설교는 본문을 풀어내어 그것으로 오늘의 삶을 조명하고 권면하는 것을 주된 과제로 삼는다.

강해설교의 특성은 **첫째**, 본문을 향한 설교자의 믿음이다. 설교자의 성경에 대한 믿음은 맹목적이지 않다. 성경의 권위를 탈역사적인 문자주의나, 반대로 과학적 합리성에 귀속시켜 역사실증주의에서 찾으려는 자세야말로 성경의 참된 권위를 훼손시킨다. 성경에 대한 비평적 자세가 오늘 여기에서 말씀하시는 하나님을 구하는 순전한 갈망에서 비롯된 거라면, 그것은 결코 성경의 권위를 의심하지 않는다. 오히려 그것은 삶과 신앙의 규범으로서 성경의 정당한 권위에 호소하는 신앙의 자세이다. 그러므로 설교자의 본문을 향한 믿음은 지금도 새롭게 말씀해 오시는 하나님을 향한 기대와 열망인 것이다. 강해설교는 이러한 구도자로서 설교자의 신앙 상태와 관련되는 설교이다.

강해설교의 **두 번째 특성**은 본문 주도성이다. 성경본문에 대한 설교자의 신뢰도가 클수록 설교자는 자신의 주도권을 본문에 맡기게 된다. 이는 앞서 언급한 대로 본문의 문자 앞에서의 맹목적인 복종이나 수용이 아니다. 본문의 주도성은 본문이 많은 의문과 모순을 제기하지만, 결국 본문은 그를 통해 교회와 신자회중을 복음으로 이끌고 가리라는 믿음에서 확보된다. 따라서 그러한 신뢰를 가지고, 설교자는 본문 이면의 배경만이 아닌, 성경에서의 본문의 위치와 맥락, 서사구조, 문장구성, 언어의 선택과 표현 등을 신중히 따라가게 된다. 한마디로, 설교자가 본문의 주도성에 자신을 맡긴다는 것은 "본문이 말하려는 것이 무엇인가?"를 집요하게 들으려 한다는 것이다.

강해설교의 **세 번째 특성**은 삶에 대한 직접적인 조명과 권면에 있다. 강해설교의 관심은 두 가지다. 하나는 성경본문이며, 다른 하나는 오늘의 삶이다. 그것 외에 강해설교의 관심은 없다. 문자로 침묵하는 하나님의 말씀은 오늘의 신자들을 향해 살아나려 한다. 설교자가 본문에 대해 기대감과 믿음을 갖고 본문의 주도권을 인정하는 것은 성령께서 본문을 통해 오늘의 신자회중의 삶을 이끌고 가신다는 믿음에 기반한다. 따라서 강해설교는 본문만을 주해하는 것이 아니고, 오늘의 삶도 주해하는 것이다. 이것이 강해설교의 이중적 주해이다. 이러한 강해설교의 특성은 설교 구성의 단순성을 극대화하고 그럼으로써 메시지의 부각성을 키우는 강점을 제공한다.

때때로 강해설교가 본문의 내적 흐름을 따르고 그 흐름의 부분들 각각에 집중함으로 인해 포괄적인 주제나 명제 없이 여러 메시지들을 제시하곤 한다. 그러나 한 편의 설교는 의미들이 연결되면서 하나의 메시지로 모아져야 한다. 따라서 설교가 본문의 여러 구절들을 연속해서 강해할지라도 그것들을 묶거나 모으는 하나의 메시지주제-명제를 창안하는 것이 필요하다.

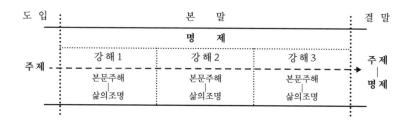

[강해설교 진행도]

예시설교

아래 설교는 2021년 3월 30일에 장로회신학대학교의 신대원 3학년 〈목회실습 4〉(설교실제) 수업에서 김진태 학생이 행한 설교이다. 주제는 '예수 그리스도의 죽음'이며, 명제는 "예수 그리스도의 죽음은 우리를 끝이 아닌 참 생명으로 향하도록 이끕니다."이다.

생명을 보고 있습니까?

(막 15:40-47)

'김형영' 시인의 시 '너 어디 있었나'는 이렇게 묻습니다.

너 어디 있었나

주님 십자가에 못 박히실 때

힘센 기회주의자 빌라도 곁에 있었나

율법주의자 가야파와 함께 있었나

스승을 팔아넘긴 유다 뒤에 숨었나

너 어디 있었나

주님 십자가에 못 박히실 때

스승을 모른다던 베드로를 따라갔었나

잔악한 로마 병사들 틈에 끼어 있었나
기적이 궁금한 구경꾼들 속에 있었나

너 어디 있었나
주님 십자가에 못 박히실 때
두려워 달아난 제자들처럼 떨고 있었나
진실을 고백한 백부장처럼 당당했었나
십자가 아래 여인들처럼 울고 있었나

말해보아라, 사람아 너 사람아
그날 너 어디 있었나
너 지금은 어느 줄에 서 있나

시인은 오늘 우리에게 묻습니다. 예수 그리스도의 죽음을 마주
하는 당신은 지금은 어느 줄에 서 있느냐고요. 이 질문의 답은 우
리가 예수의 죽음을 어떻게 이해하느냐에 따라 달라집니다. 그에
따라 이 시에 등장하는 여러 인물이 예수께서 십자가에 못 박혀
죽을 때 각기 다른 행동을 보입니다. 이 시가 그리는 대부분 사람
은 예수의 죽음을 부정적으로 바라봅니다. 십자가 처형은 예수를
따르는 이들에게는 그들이 진행하는 운동의 끝이었고, 대적자들
에게는 자신들의 승리였을 겁니다. 예수의 편에서도 그 반대편에
서도 그분의 죽음은 예수의 실패였습니다. 그럼에도 이 시인은 왜

그분의 죽음 앞에 당신은 지금은 어디에 있느냐고 묻고 있는 것입니까?

마가복음 15장은 예수께서 빌라도에게 넘겨져 십자가에 처형당하시고 죽기까지의 과정을 담고 있습니다. 그리고 오늘의 장면은 이 장의 마지막 부분입니다. 곧 예수께서 십자가 위에서 죽은 뒤에 그분의 시체가 장사 되는 장면입니다. "하나님의 아들 예수 그리스도의 복음의 시작이라"는 구절로 시작하는 마가복음서는 그분의 장대한 여정을 그분의 죽음에서 절정을 이룹니다. 평범한 죽음도 아닌 죄수의 신분으로 처참한 십자가 처형으로 인한 잔인한 죽음이었습니다. 이 죽음을 더욱 처참하게 만든 건 바로 예수를 둘러싸고 있던 사람들입니다. 그 사람들 중에는 예수를 따르던 사람들은 눈을 씻고 봐도 찾기 힘듭니다. 마가복음 11장에 예수께서 예루살렘 성으로 입성하실 때 그분을 환영하던 수많은 인파는 바로 거기에 없었습니다. 이전부터 그분의 남다른 가르침과 놀라운 능력을 보고 그분을 따라 예루살렘까지 함께 온 사람들 대부분도 그 자리에 없었습니다. 그리고 예수의 사역 초기부터 언제나 함께 하던 그분의 최측근인 열두제자도 모두 다 도망가고 없었습니다. 이처럼 예수의 십자가 죽음 앞에서 그분을 따르던 사람들 대부분은 그분을 버리고 도망갔습니다. 그러나 바로 그 자리, 많은 이가 버리고 도망간 그곳에는 마가복음의 이전 장에서는 전면에 등장하지 않았던 인물들이 있었습니다. 이전에 제대로 등장하지 않았던 이 인물들을 통하여 예수 그리스도의 십자가 죽음의 의미는 선명하게 드러납니다. 그분의 죽음을 바라보는 오늘 인물들을 통해 드러나는 예수 그리스도의 죽음이 무엇을 의미하는지 살펴보겠습니다.

먼저, 40절과 41절입니다. "멀리서 바라보는 여자들도 있었는데 그 중에 막달라 마리아와 또 작은 야고보와 요세의 어머니 마리아와 또 살로메가 있었으니 이들은 예수께서 갈릴리에 계실 때에 따르며 섬기던 자들이요 또 이 외에 예수와 함께 예루살렘에 올라온 여자들도 많이 있었더라." 40절과 41절은 예수의 죽음을 지켜보는 한 무리에 대해 말합니다. 그들은 다른 이들도 아닌 여자들이었습니다. 예수께서 예루살렘 성에 들어가 왕의 자리에 오르실 것으로 생각했던 제자들은 그곳에 남아있지 않았습니다. 그들은 예수의 모습을 보며 자신들이 틀렸다고 자신들은 끝이라고 생각했을 것입니다. 그렇게 위대한 환상이 깨어진 자리에 그 환상과 관련이 없는, 어쩌면 그 환상에서도 소외당한 여자들만이 그분의 죽음을 바라보고 있었습니다. 이처럼 오늘 예수 그리스도의 죽음은 우리의 위대한 환상을 깨뜨립니다. 예수께서 자신의 고난과 죽음을 말씀하실 때 제자들은 그 말에 귀 기울이지 않았습니다. 서로 누가 더 높냐며 싸울 때 예수께서는 자신이 섬김을 받으러 오지 않으시고 섬기고 심지어 자신의 목숨을 많은 사람에게 주려 하신다고 말씀하셨지만, 제자들은 이 역시 마음에 담아두지 않았습니다. 결정적으로 예루살렘에 들어가기 직전 만난 시각 장애인의 눈을 뜨게 하신 일을 경험하고도 예수 그리스도께서 예루살렘에서 하시고자 하는 일이 무엇인지 도무지 깨닫지 못했습니다. 바로 소외되고, 억압받고, 고통당하는 이 세상 작은 모든 이들을 위

주 명 잡 설 _ 주제와 명제로 잡는 설교

해 죽으셔야만 한다는 그 사실을 이들은 도저히 알 수 없었습니다. 오늘 예수의 죽음을 마가복음 이전 장에서 전면에 등장하지 않은 이 여인들이 지켜보고 있다는 사실을 통해 이 죽음은 바로 이 작은 이들을 위한 것임이 드러납니다.

이처럼 예수 그리스도의 죽음은 모두가 주목하지 않는 작은 이들 곧 힘없고 소외된 이들을 보게 합니다. 몇 해 전 제가 대학교 시절 훈련받은 선교단체에서 알게 된 선배가 제가 속한 캠퍼스 담당 간사님과 나누던 대화를 들은 적이 있습니다. 그 선배는 당시 대학교를 졸업하신 지 꽤 시간이 지났습니다. 제가 기억하는 그 선배의 이미지는 물리학을 전공하는 괴짜였지만 누구보다 열심히 신앙 생활하던 분이었습니다. 간사님께서 그에게 요즘 교회는 잘 다니느냐고 물었던 것 같습니다. 그 간사님은 졸업한 선배를 만나면 으레 이렇게 물었습니다. 그리고 그 선배가 다니는 교회는 좋은 교회로 알려진 유명한 교회였으니 그 교회가 어떤지도 궁금하셨던 것 같습니다. 그때 그 선배는 이렇게 말했습니다. "교회 생활 잘하고 있어요. 그런데 그 교회도 변하는 것 같아요. 그 교회에 출석하는 사람들 대부분이 전문직에 있거나 학력이 높은 사람들만 점점 모여들고 있어요." 제가 살펴본 『탈교회』라는 책에서 이런 통계를 보았습니다. "상류층과 중간층에 해당하는 교인들은 60% 이상이 교회를 계속 다니고 싶다고 응답했으나 하류층에서는 44.4%만이 계속 다닐 의향이 있고, 38.6%는 교회를 떠날 의향이 나타났다."고 합니다. 우리네 교회는 힘없고 소외된 이들을 향한 예수 그리스도의 죽음의 의미를 잊고 있는 건 아닌지 돌아보아야 합니다.

　이어서 42절과 43절입니다. "이 날은 준비일 곧 안식일 전날이므로 저물었을 때에 아리마대 사람 요셉이 와서 당돌히 빌라도에게 들어가 예수의 시체를 달라 하니 이 사람은 존경 받는 공회원이요 하나님의 나라를 기다리는 자라." 이제 이야기는 죽은 예수의 시체를 요구하는 한 남자가 나오는 장면으로 전환합니다. 우리는 그가 의회 의원이라는 사실로부터 그도 예수께서 죄인으로 판결받는 순간 그 자리에 있었을 것으로 추측할 수 있습니다. 그러나 마가복음은 그가 예수께서 판결받는 그 상황에서 어떤 발언이나 행동을 했는지 철저히 침묵합니다. 마가복음서뿐 아니라 다른 복음서에서 이 요셉은 예수께서 사역하는 현장에 나타나지 않습니다. 그가 어떻게 예수를 따르게 되었는지 제대로 설명하지 않습니다. 그러나 그는 모든 복음서에 공통으로 나타납니다. 바로 예수께서 십자가 처형을 당하시고 죽은 그 자리입니다. 오늘 본문 말씀은 그가 하나님의 나라를 기다리는 사람이었다고 증언합니다. 그는 일생을 하나님의 나라를 간절히 바라며 살았을 겁니다. 그렇기에 그는 의회 의원이 될 수 있었을 테고, 다른 사람들에게 존경까지 받았을 터입니다. 그러나 아이러니하게도 그가 하나님의 나라를 위해 한 결정적인 행동은 예수의 죽음 앞에서 그의 시체를 요구하는 것이었습니다. 이 행동은 그가 그동안 쌓아온 그의 명성을 추락시키는 행동이었습니다. 그리고 예수를 따른다는 명목으로 의회에서 쫓겨날 위험이 있는 행동이었습니다. 오늘 본문 43절에서 '당돌히'를 공동번역은 이렇게 번역합니다. '용기를 내어'. 그는 자신이 이 행동으로 어떤 불이익을 받을 걸 예상했을 것입니다. 그러나 그는 예수의 죽음 앞에 나아갑니다. 자신이 쌓아 올린 명성이나 자신이 지키던 그 자리가 아니라 하나님의 나라를 기다리던 그 마음이 그를 예수의 시체 앞으로 나아가게 했습니다. 그걸 버리고 나아갈 때 그는 그가 간절히 기다리던 하나님의 나라를 위해 가장 큰 일을 했습니다.

이처럼 예수 그리스도의 죽음은 우리가 쌓아 올린 것들의 허상을 보게 합니다. 신대원에 들어오기 전 성서학을 전공하신 한 목사님의 이야기를 들은 적이 있습니다. 그분은 자신이 오랫동안 성서학을 공부했다고 하셨습니다. 심지어 한국에서도 모자라 먼 외국에 가서 엄청난 돈과 시간을 들여 박사학위를 딸 수 있었다고 합니다. 그러던 어느 날 교회에서 날마다 성경을 읽으시고, 항상 기도하시며, 열심히 봉사하시는 어느 교회에나 있을법한 모습의 한 권사님과 대화했다고 합니다. 이분은 소위 가방끈이 길지 못하신 분이었다고 합니다. 그런데 그분과 신앙에 관련하여 이런저런 이야기를 나누던 중 하나를 깨달았다고 합니다. 자신이 오랜 시간을 들여 힘들게 공부해서 알게 된 성경의 뜻을 이분은 이미 알고 계셨구나. 그리고 이미 이분은 하나님의 뜻대로 살아가시는 분이구나. 우리의 교회는 지금까지 열심히 무언가를 쌓아 올렸습니다. 그래서 세계에서도 엄청나다고 하는 큰 교회, 유명한 교회가 참 많습니다. 그러나 오늘날 우리는 우리네 교회는 위기라고 말합니다. 하나님의 나라를 드러내지 못한다는 비판이 가득합니다. 오히려 우리는 무언가를 더 얻지 못해서, 더 쌓아 올리지 못해서 위기가 찾아온 게 아니라, 버리지 못하여 지금의 상황을 맞이한 것이 아니 겠습니까? 우리는 그리스도의 죽음을 통해 우리가 쌓아 올린 것 들의 허상을 바로 보아야 합니다. 그리고 요셉처럼 이를 내려놓을 때 비로소 하나님의 나라를 위한 사역이 무엇인지 발견할 수 있습 니다.

이제 46절과 47절입니다. "요셉이 세마포를 사서 예수를 내려 다가 그것으로 싸서 바위 속에 판 무덤에 넣어 두고 돌을 굴려 무 덤 문에 놓으매 막달라 마리아와 요세의 어머니 마리아가 예수 둔 곳을 보더라." 장면은 바뀌어 아리마대 요셉이 예수의 시체를 세 마포로 싸서 무덤에 안치하는 모습을 지켜보는 두 마리아를 이야 기합니다. 이 둘은 예수의 시체가 어디에 묻히는지 끝까지 보기 위해 남아있었습니다. 이 둘이 보니, 요셉은 예수의 시체를 가져다 가 좋은 천인 세마포에 싸서 큰 돌무덤에 놓았습니다. 그러나 42 절에서 이야기하듯 이날은 안식일 전날로, 안식일이 오기까지 시 간이 촉박해서 향품으로 시체를 바르지 못한 채 넣었습니다. 그래 서 이 둘은 안식일이 끝나자마자 예수의 시체에 향품을 바르기 위 해 그가 어디에 놓였는지 자세히 지켜봅니다. 예수의 끝은 초라하 기 그지없습니다. 그를 따르던 수많은 이가 와서 그의 죽음을 기 념하거나 애도하지 않았습니다. 그동안 자신을 공식적으로 따르 지 않은 한 사람에 의해 장사는 급박하게 이루어집니다. 그나마 그의 죽음을 기념하기 위해 이를 지켜보는 이들은 여자들이었습 니다. 요셉과 마리아 둘이 지켜보는 이 예수는 죽어버린 시체입니 다. 그분이 선포하신, 그리고 보이신 모든 일은 이제 이 캄캄한 무덤 속에 갇히게 될 터였습니다. 그러나 이야기는 여기서 끝나지 않습니다. 그들은 예수의 죽음을 보고 있으나 이는 곧 그리스도 안에 숨겨진 생명을 바라보도록 그들을 초대하고 있었습니다. 그들의 바라봄은 죽음 너머에 있는 참 생명이신 예수 그리스도를 향해 있던 것입니다.

이처럼 예수 그리스도의 죽음은 끝이 아닌 참 생명의 시작입니다. 여러분 하늘에 떠 있는 오리온자리를 본 적이 있으십니까? 이 별자리는 가운데 세 개의 별이 벨트처럼 줄지어 있어 비교적 찾기 쉽습니다. 이 세 개의 별을 가운데로 놓고 위아래 각각 두 개의 별로 이루어진 큰 별자리입니다. 그런데 이 세 개의 별과 그 아래에 있는 두 개의 별 사이 공간을 자세히 보면 희끄무레한 빛이 반짝거리는 걸 발견할 수 있습니다. 천문학자들은 이 빛의 정체가 바로 마치 구름과 같은 '성운'이라고 말합니다. 성운은 쉽게 생각하면 먼지들이 모여 큰 구름처럼 형성한 것이라 할 수 있습니다. 먼짓덩어리에서 어떻게 빛이 나올까요? 천문학자들은 이 '성운'에 관심이 많습니다. 이유는 바로 이 먼짓덩어리에서 새로운 별이 탄생하는 걸 관측할 수 있기 때문입니다. 우리는 유명한 별자리인 오리온자리 그리고 그중에서 유명한 세 개의 별로 이루어진 허리띠를 볼 뿐, 그사이 비어있는 듯한 어두운 공간에는 집중하지 않습니다. 설사 우리가 신경을 써서 본다 한들 우리의 눈에는 그저 희끄무레한 빛처럼 보일 뿐입니다. 그러나 그곳은 실상 새로운 별이 탄생하는 '생명의 보고'입니다. 연구할 만한 충분한 가치가 있는 곳이기에 많은 천문학자는 이곳을 주목합니다. 비록 우리 눈은 이를 알아차리지 못하지만, 그곳을 주목하는 사람들은 그곳에서 이루어지는 별 탄생의 신비를 경험합니다. 우리는 짧은 생각과 적은 경험으로 세상을 바라봅니다. 그 눈으로 세상을 보면 어둠과 절망 그리고 죽음투성입니다. 그곳에 과연 그리스도께서 주신 생명이 있는지 묻지 않을 수 없습니다. 그러나 누구나 바라보기 힘든 바로 그곳에 예수 그리스도가 계십니다. 모든 죽어가는 것들과 절망에 허우적대는 모든 미래에 모든 죽음의 권세를 이기신 살아계신 예수 그리스도가 계십니다. 그곳에 계신 예수 그리스도는 죽어있는 분이 아닙니다. 그 어둠과 절망 그리고 죽음 가운데 계신 예수 그리스도는 이 모든 상황을 뛰어넘어 참 생명으로 이 세상을 살아 숨 쉬도록 만드시는 분이십니다. 우리가 어둠과 절망과 죽음의 상황을 피하지 않고 그곳에 나아가야 하는 이유는 여기에 있습니다. 우리는 어둠과 절망과 죽음의 상황이 끝이 아니라 그 안에 살아계신 예수 그리스도의 생명을 바라볼 수 있습니다.

예수 그리스도를 따르며 섬기는 이들은 많았습니다. 그러나 예수 그리스도께서 잡히시던 때, 그분께서 십자가에 처형되던 때, 그리고 결국엔 죽음에 이르게 된 절망의 때에 대부분은 도망가고 없었습니다. 그분의 죽음은 그들에게 실패였기 때문입니다. 그러나 그 자리에는 그동안 마가복음에서 전면에 등장하지 않았던 인물들이 있었습니다. 여자의 무리, 그중에서도 두 마리아와 의회 의원인 요셉이 그 자리를 지키고 있었습니다. 성경은 이들을 통해 그리스도의 죽음을 전달합니다. 그 죽음은 사람들이 생각한 위대한 계획의 환상을 깨부수고 예수의 죽음을 목격한 힘없고 소외된 이들을 보게 합니다. 그리고 그분의 죽음은 그동안 쌓아 올린 것의 환상을 보여주며 우리로 그것을 내려놓을 때 비로소 하나님 나라의 일이 무엇인지 깨닫게 합니다. 그리하여 예수 그리스도의 죽음은 끝처럼 보이는 모든 어둠과 절망과 죽음을 넘어서 우리로 하여금 살아계신 예수 그리스도의 생명을 발견하도록 이끕니다.

점검을 위한 물음들

설교자가 강해설교의 특성에 기초해 설교의 메시지 구성을 확인하고 점검할 수 있는 물음들은 다음과 같을 수 있다.

1) 메시지창안주제/명제이 명료하게 설정, 진술되었는가?
2) [도입] - [본말] - [결말]이 각각의 기능에 맞게 구분되는가?
3) [도입]이 주제를 부상시키는가? [본말]로의 전환구는 명제의 관심을 불러오기에 충분한가?
4) [본말]에서의 각 절에 대한 강해들은 설교의 메시지명제와 연관을 갖는가?
5) 각 강해의 〈본문주해〉가 집중하는 것은 무엇이고, 그것은 메시지와 어떤 관계인가? 주해를 위한 설교자만의 관점이 있는가?
6) 〈삶의조명〉은 삶의 어떤 부분을 조명하는가?

7) 사용하는 예화는 본문주해의 발견점을 확증하거나 구체화하는 데 적절한가?

8) [결말]은 설교의 주제와 명제를 재확인해주고 있는가? 설교의 메시지에 집중하여 간결하게 제시하고 있는가?

3.

귀납으로 심화되는 설교

귀납식 강해

귀납식 설교는 그 원리상 '귀납식 강해 설교'이다. '대지설교'와 '강해설교'가 설교의 시작에서 메시지^{명제}를 밝히는 연역적 전달방식의 설교라면, 귀납식 설교는 메시지를 결말에서 밝히는 데 차이가 있다. 메시지전달 측면에서 '대지설교'는 직접적이고 신속한 반면, '귀납식 설교'는 우회적이고 지체된다. 귀납식 설교는 '강해설교'와 마찬가지로 어떤 하나의 형식으로 특정되지 않는다. 그것은 귀납식 논증방식을 따르는 설교를 통칭하는 것으로, 이야기식이나 네 페이지 설교 역시 귀납식 방식에 해당한다.

연역식과 귀납식 설교의 차이는 그 논증방식에 있을 뿐이다. 설교라는 점에서 귀납식 설교도 주제와 주장하려는 명제^{메시지}를 가지고 있다. 그리고 메시지를 찾아가는 과정이 〈본문주해〉와 〈삶의조명〉 간의 강해적 움직임으로 엮어진다는 점에서 그 역시 강해 원리에 기초하는 설교이다. 물론, 귀납식 설교의 경우 〈본문주해〉는 대지나 강해설교처럼 해설이나 풀이의 방식만이 아닌 본문을 리텔링 re-telling 하는 방식으로도 가능하다. 그렇다고 귀납식 설교가 마치 독백적 드라마나 구연동화처럼 되어야 하는 것은 아니다.

또한 귀납식 설교는 본문중심 설교로서 본문에 숨겨진 복음의 소식을 밝혀내는 설교다. 이를 위해, 설교의 본말은 〈본문〉과 〈삶〉 간의 대화를 이어가면서 진행되고, 그것들이 연결되어 최종적인 메시지를 드러낸다. 〈본문〉과 〈삶〉 간의 대화는 크게 두 가지 방식으로 이어진다. 그것은 먼저 본문이 제기하는 의문을 삶의 경험이나 이야기로 응답하거나, 역으로 삶의 모호함과 의문을 본문으로 응답하는 방식이 되기도 한다. 또 다른 방식은 서로가 서로를 확인해주는 방식이다. 가령, 〈본문주해〉가 의인이 당하는 고통의 현실을 포착했다면, 〈삶의조명〉은 본문이 제기한 대로 고통의 현실이 악인만이 아닌, 의인의 것임을 확인해주는 것이다. 이 또한 역으로, 삶의 현실을 본문이 확인해줄 수 있다. 이로써 신자들은 본문 안에 있는 자신들의 삶을 보

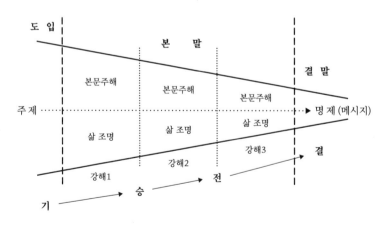

[귀납식 설교 진행도]

게 되고, 동시에 자신들의 삶 안에 와 계시는 본문의 하나님을 보게 된다. 아래는 귀납식 설교의 움직임을 보여주는 진행도이다. 참고로, [본말]에서의 〈본문주해〉 - 〈삶 조명〉은 〈삶 주해〉 - 〈본문조명〉이 될 수도 있다.

예시설교

아래 설교는 『그말씀』 2010년 4월호에 실린 필자의 설교이다. 주제는 '성령'이고, 명제는 "성령은 소외된 주변과 소통하시며 변두리의 다양함에 참여케 하는 영이시다."

시날 선언의 종언[3]

(창 11:1-9)

캐나다 토론토의 다운타운 중심엔 'CN 타워'라는 건축물이 있습니다. 날 끝 뾰족한 은빛 창이 대지를 뚫고 하늘로 치솟아 오른 듯한데, 동서남북 어디에서도 도시의 중심이 어디임을 한눈에 알려주는 좌표와 같습니다. 현재 전 세계의 콘크리트 건축물 중 가장 높은 이 타워는 높이가 무려 553.3미터나 되는데, 타워의 전망대에 오르면 토론토 전체는 물론 온타리오 호수 건너편에 있는 미국의 뉴욕 주까지 한 눈에 들어옵니다. 도시 이곳저곳에 흩어진 사람들에게 타워는 그들의 시선을 지배하고, 과연 그들이 사는 곳이 어디임을 확인하게 합니다. 전망대 쪽에서는 드넓게 펼쳐진 도시의 그 어느 부분도 타워의 시각 안에 들어오지 않는 곳이 없습니다. 거대한 도시는 하늘로 솟은 553.3미터의 줄기를 타고 하늘로 비상할 것만 같습니다. 거대한 도시는 그렇게 타워의 휘하에서 숨 쉬며 살아갑니다. 그런데 좀처럼 깨지지 않던 553.3미터라는 세계 기록이 새로운 기록으로 갈아치워졌습니다. 얼마 전 개장한 두바이의 부르즈 칼리파는 총 162층의 빌딩으로 높이가 지상 828미터나 됩니다. 이는 토론토의 CN 타워 보다 무려 275미터나 높은 것인데, 과연 인간의 한계가 어디일까 전율이 감돌 정도입니다. 자연이 솟아낸 지구의 지붕 히말라야의 안나푸르나에는 10분의 1 정도 밖에 못 미치는 높이입니다. 그러나 언젠가는 그 지붕도 인간의 손에 의해 바뀔지 모를 상상을 해봅니다. 828미터 부르즈 칼리파의 개장식에서 두바이의 통치자는 "이것은 인류의 위대한 프로젝트다"라고 선언했습니다. 두바이의 이 위대한 선언은 21세기 문명인들의 기개어린 포효입니다.

그러나 인류의 이 위대한 선언은 고대인들이 외친 선언의 메아리에 불과합니다. 노아의 후손들은 부르즈 칼리파에서 마주보이는 메소포타미아의 한 평원에서 이미 인류의 위대한 선언을 했습니다. 본문 4절입니다. "자, 성읍과 탑을 건설하여 그 탑 꼭대기를 하늘에 닿게 하자." "탑 꼭대기를 하늘에 닿게 하자!" 어떻습니까? 선언으로만 친다면야 "이것은 인류의 위대한 프로젝트다"라는 21세기 두바이의 선언보다 더 그럴듯하지 않습니까? 높이에

주명잡설 _ 주제와 명제로 잡는 설교

대한 욕망은 인류에게 보편적입니다. 그러나 우리의 욕망은 단순히 높이에 만족할 만큼 순수하지 않습니다. 21세기 인류의 위대한 선언은 순수하게 들릴지 모르지만, 적어도 노아의 후손들이 외친 선언엔 인간의 숨은 속내가 묻어납니다. "그 탑 꼭대기를 하늘에 닿게 하여 우리 이름을 내고 온 지면에 흩어짐을 면하자." 높이에 대한 인류의 근본적 욕구는 "흩어짐을 면하자!"입니다. 도시와 탑의 높이를 하늘에 닿게까지 해야 하는 이유가 "흩어지지 말자!"에 있다는 말입니다. 헤어지지 말자는 말이지요. 1950년 12월 6일, 중공군의 남하를 피해 피난하던 사람들은 원산항에서 인산인해를 이루었습니다. 떠나는 마지막 배에 오르려고 아수라장이 된 틈바구니에서 어린 두 아이와 노모를 모신 어머니는 가족의 손을 부여잡고 말합니다. "정신 차리고 손 꼭 잡아. 떨어지면 죽어!" 50여 년 만에 만난 이산가족은 서로를 부둥켜안으며 울음 끝에 토해냅니다. "형님, 우리 이젠 헤어지지 말아요." 흩어진다는 것은 아픔이고, 상처입니다.

오늘 본문의 이야기는 "온 땅의 언어가 하나요 말이 하나였더라"로 시작합니다. '하나'라는 것, 같다는 말이지요. 우리는 어딜 가나 나와 같은 동질성을 찾습니다. 낯선 사람을 만나 고향을 묻습니다. 하나 됨을 찾으려는 것이지요. 주일 오후 헌신예배 때, 에녹회 어르신들이 하얀색 와이셔츠에 나비넥타이로 맞추어 입습니다. 같은 사람들이란 말이지요. 하나의 국어를 말하고, 하나의 인종인 우리는 한 핏줄임을 자랑하고, 단일 민족임을 자부합니다. "온 땅의 언어가 하나요 말이 하나였더라." 모두가 하나일 때, 보다 안정되고, 질서가 있으며, 힘이 되고, 위기에서도 신속히 움직일 수 있습니다. 모두가 하나일 때, 우리가 어디에서 왔는지가 분명해 집니다. 바울은 성도의 하나 됨을 찬양합니다. "너희가 부르심의 한 소망 안에서 부르심을 받았느니라 주도 한 분이시요 믿음도 하나요 세례도 하나요 하나님도 한 분이시니 곧 만유의 아버지시라."엡 4:4-5 하나 되는 것, 그것은 우리의 원래의 모습으로 되돌아가는 것입니다. 우리의 선조들은 외쳤습니다. "자, 성읍과 탑을 건설하여 … 흩어짐을 면하자"

그러나 인류가 시날 평원에서 외친 "흩어짐을 면하자!"는 적어도 남편 없이 가족과 함께 피난 인파에 묻힌 어머니의 절박한 외침은 아닙니다. 그것은 적어도 이산의 아픔으로 반세기를 잃어버린 한 가장의 통한의 외침도 아닙니다. 시날 평원에서 외친 "흩어짐을 면하자!"는 변방이 되기를 멈추는 선언입니다. 어떻게 그렇죠? 그들이 동방으로 나가기를 멈추고 평지에 정착하면서 외친 외침이기 때문입니다. "흩어짐을 면하자!"는 외침은 "가장 강력한 세상의 중심이 되자"는 패권 프로젝트입니다. 왜죠? 그 탑의 꼭대기를 하늘에 닿게 하여 하나 된 이름을 세상에 내기 위함이기 때문입니다. 이것이 어떻게 가능합니까? 그들은 하나입니다. 같은 말을 하고, 같은 생각을 하며, 같은 비전과 같은 신화를 믿고 있습니다. "온 땅의 언어가 하나요, 말이 하나였더라." 하나의 언어가 세상의 중심이 될 때, 그것은 자칫 다른 언어가 없다는 아니, 다른 언어를 허용하지 않는 힘으로 작용합니다. 하나의 힘이 하늘에 닿을 만한 강한 힘이 될 때, 그 하나는 어느새 세상의 유일한 기준으로 얼굴을 바꿉니다. 하나의 생각이 세상을 대표하는 생각으로 이름날 때, 자칫 그 하나와 같지 않은 것은 낯선 것이 되고, 다양함은 획일화 속에 사라지고, 차이는 차별의 대상이 되며, 다름은 틀림으로 치부됩니다. 가장 크고, 높고, 새로운 것이 중앙이 될 때, 작고, 낮고, 낡은 것들은 주변으로 소외됩니다. 하나의 이야기가 세상을 움직이는 담론이 될 때, 그것과 같지 않은 이야기는 무시되고, 귀에 들리지 않습니다. 가장 힘 있고, 안전하고, 중심이 되는 것에서 흩어지지 않으려 할 때, "이들로부터 여러 나라 백성으로 나뉘어서 각기 언어와 종족과 나라대로 바닷가의 땅에 머물렀더라"^{창 10:5}는 하나님의 창조 세계에 금이 가기 시작합니다. 시날 평지에서 인류는 위대한 선언을 외칩니다. "자, 성읍과 탑을 건설하여 그 탑 꼭대기를 하늘에 닿게 하여 우리 이름을 내고 온 지면에 흩어짐을 면하자."

일흔을 넘긴 한 어른이 26년 전인 1983년 8월, 용산구 한강로 2가에 위치한 한 건물에 세를 얻어 갈비집을 개업했습니다. 아들이 결혼하면서 가게 위 옥탑에서 아들 내외와 함께 살았습니다. 3년 전 자신의 가게가 호프집으로 바뀌었지만, 그 동네는 지난 26년 동안 매일 새벽기도와 마당 청소, 자전거를 타고 시장을 보던 곳이었습니다. 그런데, 2년 전 시에서 재개발 승인이 나면서 용역들이 드나들기 시작했습니다. 그들은 가게에 와서 장사를 못하게 시비를 걸었습니다. 소동을 벌이고, 오물을 버리거나 심지어 가게 문 앞에 죽은 짐승을 버리기도 했습니다. 항의를 하면 아들이 보는 앞에서 아버지를 패고, 시아버지 보는 앞에서 며느리에게 못할 소리를 하며 괴롭혔습니다. 현수막을 달던 어른은 젊은 용역 다섯 명에게 매를 맞고도 오히려 폭력 행위로 사전 구속 영장이 나오기도 했습니다. 이런 괴롭힘을 당하면서도 용산에서 이십 년 넘게 산, 일흔이 넘게 살아온 어른은 수배자가 되었고 갈 곳이 없었습니다. 보상금 얘기도 없고, 평가 금액 통보가 나왔지만 재개발로 용산 주변은 다 올라버려 어디에도 갈 수 없었습니다. 동네에서 제일 큰 건물인 모 교회의 장로가 조합장이었지만 조합회의를 할 때와는 달리 세입자들 회의 할 때는 교회도 빌려주지 않았습니다. 어른이 갈 곳은 한 곳 밖에 없었습니다. 그리고 다른 분들과 함께 2009년 1월 20일 새벽, 화염에 휩싸인 용산 4구역의 남일당 건물에서 어른은 주검으로 발견되었습니다. 당시 어른의 나이 일흔 둘, 이름은 고 이상림 씨.

서울 용산구 한강로 2가 용산 4구역은 2006년 시로부터 재개발 구역으로 지정되었고, 2012년 5월, 지상 26-40층 규모의 주상복합 7개 동 완공을 목적으로 2008년 10월부터 철거에 들어갔습니다. 890여 명의 세입자들 대부분이 떠나고, 얼마의 철거민들이 남겨진 4구역은 마지막 철거 작업이 한창이었습니다. 그러던 2009년 1월 20일 새벽, 재개발을 반대하는 철거민들과 진압경찰이 충돌했고, 그 과정에서 철거민 5명과 진압경찰 1명이 화염에 휩싸여 목숨을 잃는 참사가 발생한 것입니다. 도시의 테러리스트들로 불리던 것과는 달리 철거민들은 아빠를 잃은 한 아들의 이야기처럼 바람을 막아주는 벽이 있는 집에서 살고 싶었던, 평범한 가정의 남편과 아빠, 시아버지였습니다. 재개발이 나쁜 것은 아닙니다. 그럼에도 철거민들과 유가족들의 아픔은 사무칩니다. 왜입니까? 도시 재개발의 화려한 청사진 뒤로 가난한 이웃들이 설움당하고, 사회 바깥으로 소외당하기 때문입니다. 남편을 잃은 아내가 장례식에서 그럽니다. "가난을 힘으로 다스리려는 정부, 사람의 목숨 앞에서 자존심 따지는 정부가 너무 야속합니다. … 너무 섣부른 재개발로 없는 사람들을 길거리로 내몰지 않았으면 합니다." 지난 1월 9일, 참사 발생 355일 만에 정부 대표자의 방문과 사과, 위로가 있고 나서야 유가족들은 장례식을 치렀습니다. 용산 참사는 우리 국민 모두에게 깊은 상처와 아픔의 기억을 남겼습니다. 삶의 터전이 허물어진 것만큼이나 진솔한 사람간의 만남과 소통, 서로간의 보듬어줌과 대화가 허물어져 버렸기 때문입니다. 장례식이 있던 날, 한 사람이 곧 철거될 남일당을 찾았습니다. 참사 당일 진압 임무 수행 중 순직한 경찰관의 아버지였습니다. 아들이 죽은 남일당에 떳떳하게 가보지도 못하고, 철거민들의 죽음 앞에서 아들의 죽음을 속으로만 삭혀야 하는 아버지가 그럽니다. "유가족들과 한 번 만날 수 있었으면 합니다. 아들도 철거민 희생자들도 모두 피해자입니다." 시날 평지에서 멈춘 인류는 위대한 프로젝트를 선언합니다. "자, 성읍과 탑을 건설하여 그 탑 꼭대기를 하늘에 닿게 하여 우리 이름을 내고 온 지면에 흩어짐을 면하자."

흩어짐을 면하고 하나 됨을 건설하기 위한 프로젝트가 다름과 차이를 인정하지 않을 때, 하나 됨은 집단적 획일화가 됩니다. 그 프로젝트가 크고, 높고, 새로운 것에 가치를 둘 때, 큰 것과 작은 것, 높은 것과 낮은 것, 새로운 것과 낡은 것 모두가 찢겨지게 됩니다. 하나 됨의 욕구가 변방과 변두리의 소리에 귀를 닫을 때, 그것은 중심으로 집중하는 패권주의가 되고, 우리 모두를 피해자로 만드는 폭력이 됩니다. 하나 됨이 하나님의 선하신 창조의 질서를 망각할 때, 그것은 괴물이 됩니다.

하나님은 왜곡된 하나 됨, 탈을 쓴 하나 됨의 인간 역사에 개입하십니다. 5절입니다. "여호와께서 사람들이 건설하는 그 성읍과 탑을 보려고 내려오셨더라" 하나님의 개입은 인간의 역사를 중단하십니다. 집단적 획일화를 중단하시며, 자기중심적 패권주의를 멈추시며, 그 패권주의 그늘 아래서 안주하려는 인간의 안일함을 중지하십니다. 하나님은 하늘에 무심히 좌정해 있지 않습니다. 하늘 보좌에 안주하여 저 아래 인간의 죄악과 아픔, 상처와 고통의 현장을 구경하지 않습니다. 왜입니까? 그 위대한 프로젝트는 인간이 멈추지 못하기 때문입니다. 인간은 그것을 갈망합니다. 그러나 하나님은 멈추십니다. "여호와께서 이르시되 이 무리가 한 족속이요 언어도 하나이므로 이같이 시작하였으니 이 후로는 그 하고자 하는 일을 막을 수 없으리로다" 하나님은 내려오십니다. 내려오셔서 그 웅장한 하나 됨, 그러나 왜곡된 집단화의 끄나풀을 절단하십니다. "여호와께서 사람들이 건설하는 그 성읍과 탑을 보려고 내려오셨더라."

하나님은 개입하십니다. 아니, 하나님은 역사에 개입하심으로 세상의 죄를 심판하십니다. 피조세계에 아픔과 상처, 고통과 신음을 가져오는 괴물이 된 하나 됨을 흩으십니다. 하나님께서 말씀하십니다. "자, 우리가 내려가서 거기서 그들의 언어를 혼잡하게 하여 그들이 서로 알아듣지 못하게 하자." 흩으십니다. 하나님은 흩으십니다. 인간은 하나가 되기 위해 모였으나 하나님은 흩뜨려 놓습니다. 서로를 고통하게 하고, 서로를 피해자가 되게 하는 집단적 획일화, 중앙 집중형 패권주의와 무심한 안일함을 흩어버리십니다. 하나님은 흩어버리심으로 심판하십니다. 흥미로운 것은 인간을 흩으시는데, 언어를 혼잡게 하셨습니다. 본문 9절입니다. "그러므로 그 이름을 바벨이라 하니 이는 여호와께서 거기서 온 땅의 언어를 혼잡하게 하셨음이니라 여호와께서 거기서 그들을 온 지면에 흩으셨더라." '바벨'이란 말은 '섞어버리다', '혼합하다'라는 말입니다. 하나의 말을 다른 말들로 혼합해 많게 했다는 것입니다. 획일화와 집단화, 패권화 속에 안일과 무관심, 차별과 폭력을 낳은 인간 사회의 왜곡된 하나 됨의 이야기를 흩으셨다는 말입니다. 그런데, 말을 혼잡케 하는 것은 그것 자체가 목적이 아닙니다. 서로 알아들을 수 없게 하는 것이 목적입니다. 말이 달라지면 어떤 혼동이 있습니까? 들어도 무슨 뜻인지 알 수 없습니다. 마치 처음 듣는 외국어처럼 들린다는 말입니다. 이해되지 않습니다. 들리지 않는다는 말입니다. 다시 말해, '바벨', 그것은 '말하는 혀'를 혼잡케 하신 것이 아니라, '듣는 귀'를 혼잡하게 했다는 말입니다. 하나님이 말씀합니다. "자, 우리가 내려가서 거기서 그들의 언어를 혼잡하게 하여 그들이 서로 알아듣지 못하게 하자" '바벨', 그것은 귀의 사건입니다. 듣지 못하게 하신 사건입니다. 왜곡된 하나 됨의 이야기를 더 이상 듣지 못하게 하신 것입니다. 이해하지 못하고, 알아듣지 못하면 그 이야기가 말하는 것을 행할 수 없습니다. 유학생활 할 때, 교수님이 어떤 말을 했습니다. 그 말을 듣고는 미국인 친구들은 모두 박장대소를 했습니다. 그런데 저만 웃지 못했습니다. 왜입니까? 그들은 알아들었고, 저는 못 알아들었기 때문입니다. 이해가 되면 그대로 행동합니다. 그러나 모르면 행동하지 못합니다. "거기서 그들의 언어를 혼잡하게 하여 그들이 서로 알아듣지 못하게 하자."

오순절에 임하신 성령님은 그동안 변두리로 소외된 지방의 언어들로 새로운 담론, 새로운 이야기, 새로운 가치와 질서를 다양한 모두에게 듣게 하셨습니다. "우리가 우리 각 사람이 난 곳 방언으로 듣게 되는 것이 어찌 됨이냐 우리는 바대인과 메대인과 엘람인과 또 메소보다미아, 유대와 갑바도기아, 본도와 아시아, 브루기아와 밤빌리아, 애굽과 및 구레네에 가까운 리비야 여러 지방에 사는 사람들과 로마로부터 온 나그네 곧 유대인과 유대교에 들어온 사람들과 그레데인과 아라비아인들이라." ^{행 2:8-11} 교회는 다양한 모두에게 하나의 중심 언어만이 아니라 소외된 주변의 언어로 말씀하시는 성령님께서 시작하셨습니다. 모여든 이들은 갈릴리 시민으로 갈릴리 말을 하던 사람들입니다. 그러나 성령님이 각각 다르게 말하게 하심을 보면서 이들은 충격을 받았습니다. "다 놀라며 당황하여 서로 이르되 이 어찌 된 일이냐." ^{행 2:12} 하나님은 흩으심으로 심판하십니다. 그러나 바로 그렇기 때문에 심판은 비로소 새로운 창조인 것입니다. 하나님의 내려오심은 심판입니다. 그러나 그렇게 내려오심으로 이제 위로부터의 지배가 아닌, 아래에서의 참여를 통한 새로운 통치 질서를 시작하십니다. 하나님의 내려오

주 명 잡 설 _ 주제와 명제로 잡는 설교

심은 자기를 비우심입니다. 왜입니까? 하나님의 내려오심은 일인 칭 단수 '내가'의 독단적 행위가 아닌 복수 '우리'가 서로 소통하고, 함께 만나며, 대화로 이끌기 때문입니다. '우리'로 대화하고 일하시는 하나님은 참된 하나 됨이 다름을 수용하는 것이라 말씀하십니다. 아래로 내려오셔서 세상의 거짓과 죄악을 심판하시는 하나님은 이제 다양함 속에 일치를 이루신다고 말씀하십니다. 다름과 같음, 많음과 하나, 중심과 주변 사이의 대립과 거리감이 이제 대화와 만남, 소통과 참여로 무너진다고 말씀하십니다. 그러므로 바벨의 하나님은 새로운 창조의 하나님입니다. 새로운 관계, 새로운 경험, 새로운 세상으로 이끕니다. "거기서 그들을 온 지면에 흩으셨더라." 하나님은 바벨에서 세상을 끝내셨습니다. 분열과 다툼, 지배와 통제의 세상을 끝내셨습니다. 그리고 이제 새로운 세상을 시작하십니다. "우리가 다 우리의 각 언어로 하나님의 큰 일을 말함을 듣는도다."

지난해 용산 4구역 남일당에서 숨진 고 이성수씨가 아들에게 남긴 쪽지가 발견되었습니다. 거기엔 이렇게 쓰여 있었습니다. "상현아, 아버지는 평생을 정직하게 살려고 애썼다. 정직한 게 죄라면 우리가 지금 벌을 받고 있는지도 모르겠구나. 근데.... 상현아. 세상에는 지금 우리처럼 고통 받는 사람들이 많이 있어. 우리가 서로를 돕지 않으면 누가 우리를 도와주겠니... 아버지는 미련하게도 그냥 두고 볼 수가 없구나. 아버지 말 이해하겠니? 엄마 잘 보살펴 드려라, 며칠 걸리지 않을 거야."

하나님의 영은 우리로 우리와 다른 주변을 끌어안게 하시는 영입니다. 하나님의 영이신 성령님은 우리로 광대한 다양함으로 세상을 창조하신 하나님을 믿음으로 고백하게 하십니다. 나를 버리고, 내려감으로 비로소 나를 얻고, 버려진 이웃을 살리며, 탐욕에 신음하며 고통하는 이 사회를 그리스도의 생명으로 회복하게 하십니다. 교회를 세우신 성령님은 오늘 시날 평원에서 머물러 서지 말고, 저 변방, 아무도 가려고 하지 않는 저 동방의 끝에 있는 사람들에게로 나아가라고 하십니다. **"여호와께서 거기서 그들을 온 지면에 흩으셨으므로 그들이 그 도시를 건설하기를 그쳤더라."**

점검을 위한 물음들

귀납식 설교의 경우, 설교자가 그 특성에 기초해 메시지 구성을 확인하고 점검할 수 있는 물음들은 다음과 같을 수 있다.

1) 메시지창안주제와 명제이 명확하게 설정되었는가?
2) [도입]은 주제와 어떤 관련을 갖는가? 주제를 적절하게 부상시키는가?
3) [도입]의 문제제기가 본말에 대한 기대와 관심을 주기에 충분한가?
4) [본말]은 〈본문주해〉와 〈삶의조명〉 간의 심화되는 대화들로 엮어지는가? 그것들은 설교의 메시지명제와 어떤 관계를 갖

는가?

5) 각각의 〈본문주해〉와 〈삶의조명〉은 동일한 관점/관심사로 묶여져 있는가?

6) 〈삶의조명〉을 위한 예화들은 오늘의 삶의 자리에서 나오는 이야기인가? 설교자 개인적 삶에 편중된 내용은 아닌가?

7) 명제가 귀납적으로 제시되는가? [도입]에서부터 노출되지는 않는가?

8) [도입] - [본말]의 내용과 [결말]의 최종 메시지명제 간의 인과관계가 성립되는가?

9) [결말]은 설교의 주제와 명제를 재확인해주고 있는가? 열린 결말일 경우, 초청/초대의 방향은 명제와 어떤 관계를 갖는가?

4.
극적 반전이 있는 설교

플롯 강해

'이야기식 설교'는 '**플롯을 가진 강해설교**'로 말할 수 있다. 이야기식 설교는 귀납식 설교의 한 형태로, 차이점은 플롯plot 구성에 있다. 플롯이란 본문이 제시하는 삶의 '의문점'갈등을 포착하여 그것을 심화시키고 본문이 드러내는 '복음'해소을 제시함으로 반전을 주는 극적구성을 뜻한다. 설교구성은 유진 로우리의 형식을 빌어 [도입: 의문제시] - [본말1: 정체파악] - [본말2: 실마리 파악] - [본말3: 복음발견과 선언] - [결말: 응답기대]로 진행될 수 있다. 그러나 핵심은 플롯, 곧 본문의 '갈등'의문점을 감지하고, 그것의 '**해소**'점인 '**복음**'을 제시하는가에 있다.

주목할 것은, **주제**를 부상시키는 곳이 [도입]인데, 이야기식 설교의 [도입]은 의문점을 제시한다는 점에서 그 의문점이 곧 설교의 주제로 자리한다. 가령, 본문에서 포착한 의문점이 삶의 '무고한 불행'이라면, 그것이 설교의 주제로 설정된다는 말이다. 그 '무고한 불행'이라는 의문점은 [본말3]에서 선언되는 복음을 통해 해소되게 된

주명잡설 _ 주제와 명제로 잡는 설교

다. 그리고 의문점을 해소하는 복음이 곧 설교의 메시지인 명제이다. 설교상으로는 명제가 가장 뒤늦게 나타나지만, 앞서 주지한 대로, 설교자는 이미 메시지창안 단계에서 주제와 명제를 확정하고 설교구성에 들어간 것이다.

　　　[본말1]은 [도입]에서 띄운 의문의 대상이 무엇인지를 보다 명료화하는 단계이다. [본말2]는 의문점을 풀어내는 실마리를 찾아내는 단계이고, [본말3]은 실마리를 통해 발견하게 된 의외의 복음을 선언한다. 그리고 [결말]은 그 복음에 응답하는 삶으로 교회와 신자들을 초대하는 초청의 말이다. 이야기식 설교 역시 귀납식 설교와 마찬가지로 강해를 근본원리로 삼아, 본문과 삶 간의 대화, 곧 〈본문주해〉와 〈삶의조명〉 간 연속되는 강해적 대화로 구성된다. 오해하지 말 것은, 이야기식 설교라고 해서 설교 자체를 이야기나 독백구연처럼 하라는 것이 아니다. **이야기식**이라는 이름이 가진 뜻은, 신자회중을 본문과 삶의 의문점의 깊이로 끌고 들어가서 의외의 복음^{명제}을 듣게 하는 극적 반전을 준다는 것이다. 아래는 귀납식 설교의 움직임을 보여주는 진행도이다. 참고로, [본말]에서의 〈본문주해〉 - 〈삶조명〉은 〈삶주해〉 - 〈본문조명〉이 될 수도 있다.

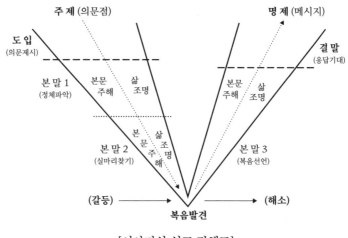

[이야기식 설교 진행도]

예시설교

아래 설교는 리차드 에스링거Richard L. Es-
linger가 자신의 책에 수록하고 주승중 교수가 번역한 유진 로우리의
설교이다.[4] 설교는 주제를 '거듭남'으로, 명제는 "거듭남은 우리가 이
루어내는 것이 아닌 하나님의 숨결로부터 오는 선물이다."로 드러내
준다.

한밤중의 니고데모

(요 3:1-17)

그 일은 한밤중에 일어났습니다. 아마 혹자는 그 일이 그의 밤에

224　　　　　　　　　　　　주명잡설 _ 주제와 명제로 잡는 설교

일어났다고 말할지도 모르겠습니다. 때는 새벽 두 시쯤, 길은 온통 흑암과 고독으로 가득했습니다. 어떤 영혼도 거리에는 없었습니다. 아니 그러길 그는 간절히 바랐을 겁니다. 그는 어둠을 뚫고 밤의 그림자들 사이에서 불쑥 나타났습니다. 하지만 남들의 눈에 띄기를 원하지 않았습니다. 그의 이름은 니고데모였습니다. 그는 한밤중에 몰래 어딘가를 가고 있었던 겁니다.

새벽이 오기 전에 어둠 사이를 헤치며 달려가고 있었습니다. 아마 여러분은 그가 거기서 뭘 하고 있었는지 궁금하실 겁니다. 왜 그는 굳이 한밤중에 마을을 가로질러 제자들과 함께 묵고 있는 예수님의 거처로 달려가고 있는 걸까요?

여러분은 니고데모가 당시 종교지도자들 중의 한 명이라는 걸 아실 겁니다. 그는 밤이든 낮이든 그가 원하는 곳이면 어디든지 갈 수 있는 사람이었습니다. 만약 그가 동네 이편에서 저편으로 가고자 한다면 사람들은 얼마든지 그에게 길을 터 줄 것입니다. 그는 심지어 문고리에 손을 댈 필요도 없는 사람이었습니다. 왜냐하면 그가 문고리에 손을 대기도 전에 다른 사람이 그를 위해 문을 대신 열어 줄 것이기 때문입니다. 그 정도로 그는 당시 정말 대단한 존재였습니다.

그런 그가 한낱 순회설교자에 지나지 않는 이를 왜 굳이 한밤중에 찾아 나섰는지 우린 선뜻 이해하기 힘듭니다. 여러분은 이 수상한 사람의 깊은 고통과 영적인 아픔을 감지할 수 있겠습니까?

제 생각에는 아마 니고데모가 예수님께 왔을 때 제자들이 급히 예수님을 깨웠고, 그리하여 예수님은 친히 니고데모를 맞이하러나가셨을 겁니다. 이렇게 예수님과 니고데모의 대화는 시작이 됩니다. 이러한 장면은 내 평생 본 대화 장면들 중에서 가장 이상할 정도로 희귀하게 느껴집니다. 그 두 사람의 대화의 첫 마디를 잘 들어 보십시오. 니고데모가 말을 합니다. "랍비여, 우리가 당신은 하나님께로서 오신 선생인 줄 아나이다. 하나님이 함께하시지 아니하시면 당신의 행하시는 이 표적을 아무라도 할 수 없음이니이다." 이것이 바로 니고데모의 첫마디였습니다. 이에 대한 예수님의 대답은 어떠합니까? "예수께서 대답하여 가라사대 진실로 진실로 네게 이르노니 사람이 거듭나지 아니하면 하나님 나라를 볼 수 없느니라." 여러분, 이 두 사람의 대화가 좀 이상하지 않습니까? 마치 동문서답과 같습니다. 그들은 마치 밤이라서 서로를 알아보지 못하는 듯 엉뚱한 말들을 서로에게 늘어놓고 있습니다. "하나님이 함께하시지 아니하시면 당신의 행하시는 이 표적을 아무라도 할 수 없음이니이다." "진실로 진실로 네게 이르노니 사람이 거듭나지 아니하면 하나님 나라를 볼 수 없느니라." 저는 예수님의 대답에 상당한 충격을 받았습니다. 예수님은 적어도 니고데모의 존경어린 말에 대해 감사의 뜻을 표했어야 했습니다.

예배 후 성도들과 인사를 나누는 설교자가 있다고 해 봅시다. 만약 누군가가 다가와 "목사님은 정말 하나님으로부터 영감을 받은 분이십니다. 하나님이 함께하시지 않는다면 그 누구도 오늘의 설교와 같은 말씀을 전할 수 없습니다."라고 말했다면 그 설교자는 분명 "고맙습니다."와 같은 감사의 표시를 했을 겁니다. 아니면 적어도 "별말씀을요, 언제부터 그렇게 생각하셨습니까?"와 같은 겸손의 표현을 했을 것입니다. 그 설교자는 절대로 "캔자스시티에서 뉴욕까지의 거리는 약 1,200마일입니다."와 같은 동문서답을 해서는 안 되는 겁니다. 하지만 사실은 니고데모의 질문에 대한 예수님의 대답은 동문서답이 아닙니다.

니고데모가 한 말은 전통적으로 참 선지자를 일컬어 말할 때 사용되던 표현이었습니다. 니고데모는 예수님께 다음과 같이 말한 겁니다. "저는 당신을 유심히 지켜봐 왔습니다. 그리고 이제 당신이 하나님의 참 선지자임을 믿고 고백합니다." 니고데모에게 거듭나지 않으면 하나님의 나라를 볼 수 없다고 하신 예수님의 발언은 단지 "너는 거기^{하늘}로부터 이곳에 올 수 있는 자가 아니다."라는 말씀입니다.

사람은 누구나 이해하고 나서 믿는 경우는 없습니다. 오직 볼 수 있는 눈을 가진 믿음의 사람들만 이해할 수 있는 겁니다. 이것은 우리의 경험에 비추어 보아도 어렵지 않게 알 수 있습니다. 학생이 된다는 게 무엇을 의미합니까? 그 대답은 오직 학생만이 할 수 있습니다. 배관공이 되는 것은 어떤 의미가 있습니까? 오직 배관공만이 답을 할 수 있습니다. 결혼 서약의 의미는 무엇입니까? 오직 결혼한 사람만이 대답할 수 있습니다. 만약 당신이 믿음에 대해 알고 싶다면 정말로 믿음의 영역에 있는 자에게로 가야 합니다. 그게 바로 예수님이 하신 말씀의 초점입니다. "너는 저기로부터 이곳에 올 수 있는 자가 아니다. 네가 알기 위해서는 거듭나야 한다." 예수님은 그 말씀을 하시고자 했던 겁니다. 그러나 니고데모는 은유에 있어서는 대단한 인물이 못되었습니다. 시인의 자질은 없었던 것이지요. 예수님은 영적인 것을 말씀하시려고 하나의 이미지를 사용하시고자 했습니다. 하지만 어리석은 니고데모는 예수님의 비유를 곧이 곧대로 받아들였습니다. 예수님이 "너는 거듭나야 한다."라고 말씀하셨을 때 니고데모는 "내가 어떻게 다시 어머니의 자궁으로 들어갈 수 있습니까?"라고 반문을 합니다. 이 어리석은 질문에 대해 예수님은 "바람이 임의로 불매"라고 대답하십니다. 하나님의 숨인 '루아흐'는 향하고자 하는 방향으로 향합니다. 여러분은 그 바람이 어디에서 와서 어디로 향하는지 알 수 없고 다만 소리를 들을 수 있을 뿐입니다. 혹은 그 바람이 여러분의 얼굴에 와 닿을 때 여러분은 느낄 수 있을 뿐입니다. 참 신비스러운 말입니다. 그 두 사람은 좀 더 대화를 나눕니다. 하지만 니고데모는 좀처럼 알아듣기 힘들어합니다. 마침내 그는 지쳐서 소리지릅니다. "도대체 이게 어떻게 가능하단 말입니까?" 저는 이것에 대해 정확히 이해할 수 있을 것 같습니다.

나는 어릴 때 종종 자동차의 뒷자석에서 캔자스 도로변을 달리며 창밖을 내다보곤 했습니다. 뭔가 볼거리가 있는지 살피다 보면 늘 추한 간판 하나가 눈에 띄곤 했지요. 그 간판의 문구는 "당신은 거듭나야 합니다."였습니다. 나는 그 문구가 너무 강압적이고 무례하게 여겨져서 좋아하지 않았습니다. 나는 "당신 일이나 신경쓰시지?"라고 말하고 싶을 지경이었습니다. 요즘에는 그런 문구가 도로변에서 눈에 잘 띄지 않습니다. 우리는 이제 그런 강압적이고 무례한 말들을 방송 매체, 특히 광고에서 많이 접할 수 있습니다. 나를 매우 힘들게 하는 광고가 하나 있습니다. 그 광고는 어느 신발 회사의 광고인데 대사가 "당장 하십시오."라는 명령입니다. 아마 니고데모는 자신의 차 범퍼에 "당장 하십시오."라는 스티커를 붙이고 다니는 사람과 같은 심정이었을 겁니다. 그런데 그는 아마 그가 뭘 해야 하는지에 대해 혼란스러웠을 겁니다. 그 때문에 니고데모는 한밤중에 예수님을 찾아온 걸 겁니다.

"당장 하십시오."라는 문구 자체는 나쁘지 않을지 모르지만 그것을 삶에서 실천한다는 것은 엄청난 부담으로 작용할 수 있습니다. 그 말을 듣는 사람들은 엄청난 부담감을 떠안을 수밖에 없습니다. 흔히 텔레비전에서 그런 문구가 사용될 땐 먼저 건장한 운동선수가 불가능에 가까운 능력을 발휘합니다. 그런 다음 우리는 "여러분도 당장 하십시오!"라는 광고 카피를 듣게 됩니다. 그런 문구 이면에는 하나의 가정이 들어 있습니다. 즉, "당신이 하고자 마음만 먹는다면 당신도 능히 할 수 있습니다."와 같은 적극적인 사고 방식이 들어 있는 겁니다. 그러나 실제로 우리 모두가 그렇게 할 수 있는 건 아닙니다. 뿐만 아니라 그 문구 속에는 일종의 신학적인 요구도 들어 있습니다. 즉, "당신은 그것을 할 수 있을 뿐만 아니라 반드시 하셔야 합니다. 당신의 영혼이 위기에 처해 있는 게 안 보이십니까?"

3월만 되면 우리는 이런 불행한 가정 속으로 빠져 들어갑니다. 소위 3월의 광기입니다. 바로 NCAA 대학농구 경기 때문입니다. 그런 광기는 단지 3월 한 달에만 있는 게 아니라 평생 우리를 따라다니는 증후군입니다.

행해지는 절차를 한번 생각해 봅시다. 64개의 전국 최고 대학농

구팀들이 조정되어 최후의 승리자가 가려질 때까지 지속적으로 시합을 하게 됩니다. 만약 여러분이 선수라고 했을 때 여러분의 팀이 그 64개의 팀에 들지 못하고 하위권에 처져 있다면 광기라고 하는 문제에 대한 적용점이 없을 수 있습니다. 오직 최고의 팀들만이 상관있습니다. 여러분은 경기 전 코치의 고함소리를 들을 수 있습니다. "자자, 너희들은 할 수 있어. 너희들의 능력은 충분해. 이제 나가서 최대한 능력을 발휘하는 거야." 문제는 상대팀의 코치도 똑같은 말을 한다는 겁니다. 승리하는 팀은 오직 한 팀 뿐인데도 말이죠. 그리고 경기 후 어김없이 인터뷰가 진행됩니다.

자, 이제 기자들의 전형적인 질문에 대한 선수들의 답변을 들어봅시다. 기자가 이렇게 질문합니다. "오늘 게임 어땠나요?" 승리한 팀의 한 선수가 대답합니다. "예상했던 대로입니다. 우리는 우리가 해야 할 일을 했고 좋은 결과를 얻었습니다." 패배한 팀의 라커룸에서는 선수들의 머리가 아래로 향해 있습니다. 이윽고 한 선수가 말합니다. "상대팀이 우리보다 승리를 더욱더 원했던 것 같습니다." 생각할수록 정말 황당한 일이 아닐 수 없습니다. 물론 어느 한 팀이 다른 팀들보다 실력이 뛰어날 수는 있습니다. 그런데 64개의 가장 뛰어난 팀들 중에서 오직 한 팀만 승리의 면류관을 쓰고 시즌을 마치게 됩니다. 그게 바로 "당장 하십시오"의 비극 아니겠습니까? 여러분은 "당장 하십시오!"와 같은 적극적인 도전정신이 63개의 패배한 팀들에게 안겨 주는 좌절감을 이해하시겠습니까?

니고데모에게로 다시 돌아가 봅시다. 아마 누군가 니고데모에게 찾아와 속삭였을 겁니다. "당장 하십시오!" 그 말을 듣고 그 대단한 니고데모는 아직 자신이 해야 할 더 큰 무언가가 있는 줄로 생각하고 허둥지둥 한밤중에 예수님께로 달려온 겁니다. 그리고 예수님께 여쭈었습니다. "내가 무엇을 해야 하나요?" 이에 대해 예수님은 이렇게 대답을 하신 겁니다. "너는 거듭나야 한다." 그리고 뭔가를 해야 한다는 강박 관념에 사로잡혀 있던 니고데모는 예수님의 대답을 곧이곧대로 받아들인 겁니다. 하지만 예수님의 말씀은 정반대의 의미를 담고 있었습니다. 여러분도 아시다시피 아무리 총명하고 능력이 대단한 자일지라도 거듭나는 일을 스스로의 힘으로 할 수는 없는 법입니다. 탄생이란 언제나 나 외의 누군가로부터 주어지는 선물입니다. 따라서 예수님이 니고데모에게 거듭나야 한다고 말씀하실 때 그 의미는 니고데모가 어떤 일을 성취해야 한다는 말씀이 아니었습니다. 오히려 예수님은 니고데모가 받을 선물에 대해 말씀하고 계셨던 겁니다. 바람은 불고자 하는 대로 분다고 예수님은 말씀하셨습니다. 그 바람이 얼굴에 와 닿을 때 여러분은 느낄 수 있을 겁니다. 하지만 니고데모는 그렇지 않았습니다. 그는 그 밤중에도 뭐가 그리 바쁜지 해야 할 다음 일을 찾고 있었던 겁니다. 불쌍한 니고데모! 자꾸 뭔가를 하려는 열심을 포기해야 합니다. "당장 하십시오"의 논리가 니고데모를 죽이고 있었던 겁니다. 아니, 그런 지나친 열정이 우리 중 다수를 죽이고 있습니다.

하지만 그런 와중에도 바람은 스스로 원하는 방향으로 붑니다. 하나님의 숨결은 온 우주를 운행하고 있습니다. 우리가 우리의 길을 개척하기 위해 정신없이 일하는 그 열심을 포기하기만 한다면 우리는 하나님의 숨결을 느낄 수 있습니다.

니고데모의 모습 속에서 자신의 그림자를 발견하신 분 계십니까? 포기 하십시오. 포기하셔야 합니다. 그리고 하나님의 숨결을 느껴 보세요. 하나님은 세상을 이처럼 사랑하셨습니다.

점검을 위한 물음들

이야기식 설교의 경우, 설교자가 그 특성에 기초해 메시지 구성을 확인하고 점검할 수 있는 물음들은 다음과 같을 수 있다.

1) 설교의 주제와 하나의 메시지^{명제}가 간략하고 명확하게 설정되었는가?

2) 설교의 메시지^{명제}가 복음적 선언의 내용인가? 그것이 중의적이지 않은 하나의 메시지^{one-point}로 제시되며, 귀납적으로 밝혀지는가?

3) 설교자가 포착한 본문의 [의문점]과 그것을 해소하는 [복음]이 서로 상응하고 있는가? 그것이 설교에서 뚜렷하게 제시되는가?

4) 〈도입〉은 본문에서 제기되는 [의문점]을 어떻게 오늘의 삶의 경험과 연결 짓는가? 이를 위해 사용하는 예화가 있는

가? 그것이 적합한가?

5) 〈본말1〉~〈본말3〉의 내용이 본문 구절의 [주해_리텔링]과 [삶의조명] 간의 교차 또는 대화들로 엮어지는가? 그것들이 점차 설교의 최종 메시지를 향하여 심화되고 있는가?

6) [주해_리텔링]들이 집중도 있게 충분히 이루어지는가? 본문에 대한 설교자 나름의 깊이 있는 선한 관점이 있는가?

7) [삶의조명]들을 위해 사용되는 예화들이 오늘의 삶의 자리에서 나오는 이야기인가? 그것들이 설교자 자신이나 가족들의 경험에 제한되어 있지 않는가? 그것들이 객관화될 수 있는 삶의 예화들인가? 예화로서 적합한가?

8) 〈결론〉은 장황하지 않고, 앞서 선언된 복음의 소식에 응답하게 될 성도들의 삶에 대한 도전의 내용인가? 그것이 설교의 메시지명제와 목적과 연결되는가?

5.

복음이 압도하는 설교

네 페이지 강해

'네 페이지 설교'는 귀납식 설교의 한 형태이다. '이야기식 설교'의 핵심이 본문의 [의문점]에서 [복음발견]으로의 극적 움직임에 있다면, 네 페이지 설교의 특징은 [율법]과 [구원]을 대칭시킴으로써 하나님의 구원하시는 '복음'을 강조하고 부각시키는 데 있다.

또 하나의 특징은 네 페이지 설교의 강해적 대칭이다. 강해적 대칭이란, 성경-오늘, 또는 본문-삶이라는 두 극의 대칭이다. 네 페이지 설교는 [율법] - [구원], [성경] - [오늘] 간의 이중적 대칭구조를 활용해 전하려는 메시지를 보다 선명하게 부각시킨다. 이를 위해 네 페이지 설교는 말 그대로 [도입]과 [결말]을 제외하고 네 개의 단락으로 구성된다. 그것은 폴 윌슨의 구성에 기초하여 [도입] - [본문의 율법 pg.1] - [오늘의 율법 pg.2] - [본문의 구원 pg.3] - [오늘의 구원 pg.4] - [결말]이다. 이 구성에서 첫 번째 페이지 pg.1와 두 번째 페이지 pg.2의 순서는 바뀔 수 있다.

네 페이지 설교에서 말하는 '율법'이란, 죄 아래 갇혀 있는 인간과 피조세계의 유한한 실존이나 삶의 자리를 말한다. 성경본문은 하나님의 구원에 앞서 구원을 필요로 하는 인간과 피조물의 상황을 들춰낸다. 성경의 율법적 규정들은 인간의 나약함에 대한 고발로 읽어낼 수 있다. 반면, '구원'이란 하나님이 인간과 피조세상을 구원하시는 복음의 소식이다. 율법이 인간의 상황을 말한다면, '구원'은 하나님의 주권적인 은총의 행동을 말한다.

설교가 자주 범하는 실수는 [구원]을 말하는 세 번째^{pg.3}와 네 번째 페이지^{pg.4}에서 하나님의 주도적 행동이 아닌, 인간 신자들이 행할 실행방안을 말하는 데 있다. 이는 네 페이지 설교의 특성에 반하는 것으로, 세 번째와 네 번째 페이지는 인간이 행할 과제를 알리는 것이 아니다. 구원 불가능성에 갇힌 인간을 구원하시는 하나님의 행동을 집중해서 말하는 부분이다. 따라서 설교의 메시지^{명제}는 하나님의 구원을 선언하는 복음의 진술이 되며^{예_"하나님은 오늘 사망의 음침한 골짜기에서 우리와 함께 하신다."}, 그것은 귀납적으로 마지막 페이지^{pg.4}에서 제시된다. [결말]은 신자회중을 마지막 페이지^{pg.4}에서 선언된 복음에 응답하는 믿음의 삶으로 초대하는 내용이 된다. 네 페이지 설교는 성경의 '복음'^{하나님의 구원하심}을 압도적으로 말하는 설교이다.

한 가지 주의할 것은, 네 페이지 설교가 마치 영화의 연출같이 예술적인 표현방식으로 설교되어야 한다는 오해이다. 폴 윌슨이 설교를 영화의 장면연출에 빗댄 것은, 성경이 우리의 삶을 진솔하게 비추고, 동시에 우리를 구원하시려 활동하시는 하나님을 이야기하고 있기에, 설교가 성경과 우리의 삶을 있는 그대로 이야기할 때, 그것 자체가 영화의 장면들과 같이 신자들의 의식에 이미지를 작동시킨다는 거다. 네 페이지 설교는 대지설교나 강해설교, 일반적인 귀납식 설교와 같이 자연스런 구술방식으로 설교하는 것이 적절하다.

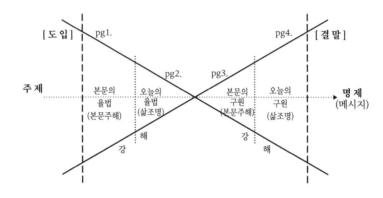

[네 페이지 설교 진행도]

예시설교

아래 설교는 2011년 1학기에 장로회신학대학교의 신대원 3학년 〈설교의 실제〉 수업 시 전미숙 학생이[5] 행한 설교이다. 주제는 '하나님'이며, 명제는 "하나님은 사망의 음침한 골짜기에 있는 우리와 함께 하신다."이다.

아나지지의 노래

(시 23편)

    1986년에 노벨평화상을 받은 엘리위젤은 세계 제 2차 대전 당시 아우슈비츠 수용소에서 살아남았습니다. 그가 쓴 책,『나이트』는 아우슈비츠 수용소에서의 그와 가족의 경험을 바탕으로 한 자서전적 소설인데요, 유대인이었던『나이트』의 주인공은 15살 때 가족들과 함께 수용소로 이송되었습니다. 거기에서 남녀 두 그룹으로 나누어진 후, 그는 어머니와 여동생을 다시 보지 못했습니다. 아버지와 수용소 생활을 하던 어느 날, 긴 하루의 노동을 끝내고 작업장으로부터 돌아왔을 때, 그는 수용소 내에 교수형이 준비되어 있는 것을 보았습니다. 수용소 감시원 중 한 네덜란드 사람이 탈출 계획을 세웠는데 이것이 발각이 되었고, 이 계획에 동조한 두 사람과 심부름을 도와주었던 한 아이가 교수형에 처해지게 된 것입니다. 어른 두 사람은 교수형에 처하자마자 숨이 끊겼지만, 아이는 계속 매달려 있었습니다. 몸무게가 너무 가벼웠기 때문에 30분이 넘는 시간 동안 아이는 삶과 죽음 사이를 헤매었고, 그 광경을 수용소 내의 사람들이 다 지켜보아야만 했습니다. 그 때 주인공은 등 뒤에서 이렇게 흐느끼는 소리를 들었습니다. "하나님은 어디 있느냐? 지금 하나님은 어디 있는 거야?" 그 소리를 들은 주인공은 침묵 속에서 서 있다가, 자신 속에서 이렇게 대답하는 목소리를 들었습니다. "하나님이 어디 있냐고? 저기, 저 교수대에 매달려 있지...!"

다윗은 사망의 음침한 골짜기를 걷습니다. 한 집의 막내아들로 태어나 누구의 주목도 받지 못하고, 온갖 궂은일과 심부름을 도맡았던 다윗, 오늘 우리가 읽었던 시편의 기자도 그런 생각을 했습니다. 우여곡절 끝에 사무엘 선지자로부터 기름 부음을 받은 그는, 그러나 바로 왕이 되지는 못했습니다. 그는 이스라엘과 야웨 하나님의 이름을 비방하는 9척이나 되는 큰 곰을 죽였습니다. 그 공로로 그는 왕궁에 들어가게 되었습니다. 왕궁에는 아픈 왕이 있었는데, 왕이 아플 때마다 다윗은 아름다운 노래를 불러 주었습니다. 그러나 이 미친 왕은 다윗을 자신의 왕국을 위협하는 존재로 보았습니다. 미친 왕 사울은 다윗에게 창을 던졌습니다. 그럴 수 있었습니다. 그는 이스라엘의 왕이었거든요. 다윗은 영문도 모른 채 왕이 던진 창끝을 피하며, 깊은 숨을 들여 마셨습니다. 사울왕은 더 미쳐서, 완전한 질투의 화신이 되었습니다. 그의 목표는 오직 다윗을 없애는 것, 그것 하나뿐이었습니다. 다윗은 도망갔습니다. 그는 기름 부음을 받았지만, 아버지 집에서 양치기로 있을 때보다도 더 가진 것이 없었습니다. 동굴에서 그리고 들판에서 잠을 잤습니다. 하나님은 왜 악령에 놀아나는 사울을 막지 않는 것일까? 하나님은 왜 사무엘이 폐위한 사울을 묵인하고 계신걸까? 엔게디와 십 광야에서 찬 이슬을 맞으며 다윗은 질문을 계속 해댑니다. 그런데, 이런 물음에 답을 아는 한 분, 그분은 절대 말씀하지 않으십니다. 아주 오랫동안 다윗은 사울왕과 목숨을 건 숨바꼭질을 했습니다.

시간이 흐르고, 하나님의 정하신 때에 다윗은 이스라엘의 왕이 되었습니다. 평화로운 시간이었습니다. 그러나, 빼어난 용모를 가

주명잡설 _ 주제와 명제로 잡는 설교

진, 사람을 다루는 능력이 탁월했던 그의 셋째 아들 압살롬이 아버지인 자신의 왕권에 대항해 반란을 일으켰습니다. 그가 아끼던 아들은 자신의 후궁들과 동침을 하고, 온 이스라엘의 마음을 다 훔칩니다. 시므이가 다윗을 향하여 저주하고, 돌을 던지며 먼지를 날릴 때, 다윗은 다시 한번 도망자가 되어 눈물을 흘리며 기드론 시내를, 아니 죽음의 골짜기를 건너갑니다. 다윗에게 골짜기가 음침한 것은 사울 때문이 아닙니다. 압살롬 때문이 아니었을 것입니다. 하나님이 도대체 어디 계신지? 내 사랑하는 하나님은 죽을 것 같은 고통 속에 있는 나를 가만히 두고만 보시는지? 그 긴 하나님의 침묵이 그를 사망의 음침한 골짜기로 가게 했을 것입니다.

우리 인생도 사망의 음침한 골짜기를 경험합니다. 유명한 윤리학자인 존 캐버너프가 캘커타의 '죽어가는 자들의 집'에 3개월간 봉사를 하러 갔습니다. 그는 자신의 여생을 보낼 최선의 길에 대해 명확한 답을 찾던 중이었습니다. 그는 하나님께 기도하면서 자신의 앞날에 대한 답을 구했습니다. 첫날 아침 그는 테레사 수녀를 만났습니다. 그녀는 "제가 어떻게 도와드릴까요?"라고 물었습니다. 캐버너프는 자기를 위해 기도해 달라고 했고, 수녀는 다시 "뭐라고 기도해 드릴까요?"하고 물었습니다. 그는 이역만리 미국에서부터 품고 온 기도제목을 내놓았습니다. "확실한 답을 얻도록 기도해 주십시오. 하나님께서 제가 무엇을 하기를 원하시는지, 그것을 알고 싶습니다."

어디, 답을 구하고 싶은, 바로 이 순간에 정답을 알고 싶은 사람이 캐버너프뿐이겠습니까? 우리는 명쾌한 답을 알고 싶습니다. 도대체 이 음침한 골짜기가 언제 끝이 날지? 이것에 대한 하나님의 뜻은 무엇인지? 올해 서른 일곱살 된, 다섯 남매의 아빠가 있습니다. 그는 새벽마다 신문을 돌립니다. 7년 동안 새벽 세 시면 일어나 신문을 돌리지만 그의 한 달 급여는 기껏 19만 원입니다. 눈동자가 흔들리는 안구진탕 장애가 있기 때문에, 아무도 그를 써주지 않습니다. 시각장애가 있는 그를 써주는 곳이 그나마 여기 밖에 없습니다. 빗속을 달리다가도 아이들의 등교 시간을 챙기기 위해 집에 전화를 합니다. 좀 일찍 나온 새벽이면 기다릴 아이들을 떠올리며 그 침침한 눈으로 오토바이를 타고 집으로 달립니다. 서둘러 달려온 집에서 막내는 구멍 난 운동화를 내밉니다. 못 알아듣는 척하며 양말 하나 더 챙기라는 말로 무너지는 가슴을 쓸어내립니다. 중학교 중퇴 후, 그는 일용직을 전전하며 다섯 남매를 키워왔습니다. 17만 원인 방세는 석 달째 밀렸고, 먹성 좋은 아이들은 빈 쌀독 바닥을 긁어댑니다. 빈 쌀독을 옆에 두고 아빠는 라면으로 한 끼를 때웁니다. 막내 녀석 안경이 제일 급한데, 넷째 학교 준비물인 찰흙도 사야 하는데, 아빠는 차마 돈이 없다는 말을 못합니다. 도대체 이 음침한 골짜기가 언제 끝이 날까요?

한 달 전쯤에는 4명의 카이스트 학생들이 자살을 했습니다. 자세한 이유는 알 수 없지만 똑똑한 아이들이 스스로 목숨을 끊었습니다. 제 아이들은 감히 문턱에도 갈 수 없는, 그 학교에 합격했을 때는 그 부모와 아이들은 천하를 얻은 것 같았을 터인데 말입니다. 오늘 우리는 국민소득 2만 불 시대를 살고 있습니다. 경제 대통령이 나라를 다스리고 있고, OECD에도 가입한, 명실상부한 선

주명 잡설 _ 주제와 명제로 잡는 설교

진국이 되었습니다. '잘 살아보세'라는 구호를 외치며, 허리띠를 졸라매며 여기까지 왔는데, 오늘 우리는 여기서 행복하지 않습니다. 분명히 오늘 이 세상은, 우리가 그렇게 원하고 꿈꾸던 세상이 아닙니다. 어느 때 보다 풍요로운 시대를 사는 우리는, 또 어느 때 보다 더 많은 죽음의 소식을 듣습니다. 여기저기서 가슴이 무너져 내리는 절망의 소리를 듣고 있습니다. 한 때, '구원의 방주'라고 자처하던 교회는 어떻습니까? 소망보다 절망의 그림자가 더 짙게 드리워져 있는 것 같습니다. 교회의 타락과 부패는 세상의 비난과 웃음거리가 된지 오래되었고, '너나 잘하세요'라는 비아냥을 들어도 아무 할 말이 없습니다.

그렇습니다, 우리가 사랑하는 교회도 죽음의 골짜기에 깊이 박힌 것 같아 보입니다. 영생과 부활을 말하는 교회는 더 이상 생명이 있어 보이지 않습니다. 이렇듯 인생의 길이 끊어진 것 같은 그 순간에 우리는 어떻게 해야 할까요? 절망적인 순간에 허우적거리다가 더 깊은 수렁으로 빠져갈 때에 우리가 해야 할 일은 무엇일까요? 하나님이 도대체 계시지 않는 것 같을 때, 그 때 우리는 어떻게 해야 할까요? "사람들이 종일 나더러 하는 말이 네 하나님이 어디 있느뇨 하오니 내 눈물이 주야로 내 음식이 되었도다 내 반석이신 하나님께 말하기를 어찌하여 나를 잊으셨나이까 내가 어찌하여 원수의 압제로 말미암아 슬프게 다니나이까 하리로다" 우리 주님도 십자가에서 아버지께 외치셨습니다. "나의 하나님, 나의 하나님, 어찌하여 나를 버리셨나이까?" 다윗은 사망의 음침한 골짜기 한 가운데 있었습니다.

그러나 하나님은 음침한 사망의 골짜기 한 가운데서 다윗과 함께 하셨습니다. "여호와는 나의 목자시니 내가 부족함이 없으리로다."라는 다윗의 고백은 오늘날 우스꽝스럽게 들립니다. 필요보다는 훨씬 더 탐욕에 의해 움직이는 사회와 경제조직의 상황에서 시편 23편의 처음 행은 너무 과격합니다. '하나님'이 인생에 단 하나 필요불가결한 존재이시다!라고 하는 시편 23편 처음 행의 메시지를 우리가 받아들이기란 정말 어렵습니다. 그러나, 아버지의 양 떼를 쳤던 목자 출신의 다윗은 양이 푸른 풀밭에 누우며, 쉴 만한 물가에 있다는 것이 무엇인지를 누구보다도 잘 알고 있습니다. 양들의 목숨이 바로 목자에게 전적으로 달려 있음을 잘 알고 있었던 다윗은, 바로 자신의 생명이 하나님의 은혜를 입고 있으며, 하나님께 달려 있다고 단언하고 있습니다. 하나님이 "나를 생존하게 하신다." 나를 생존케 하시는 하나님이 "자기 이름을 위하여" 삶을 지탱하는 데 '필요한 모든 것을 공급해 주신다'라고 우리에게 자신있게 얘기하고 있습니다.

하나님은 그의 자녀들에게 생명을 원하십니다. 신실하게 생명을 공급해 주시는 것은 하나님의 근본적인 품성이십니다. 이것이 바로 하나님이 존재하시는 방법입니다. 그래서 다윗은 인생에 단 하나 필요불가결한 것은 하나님이며, 우리가 그 하나님의 통치 아래 사는 것이라고 확언하고 있습니다. 다윗은 이제 자신이 걸어온 인생 길, 야곱이 말했던 것처럼 험악한 세월을 보낸 다윗은 자신의 인생을 돌아봅니다. 양 떼를 몰고 다닐 때, 그 양 떼를 먹으려고 나타난 자신보다 몇 배나 큰 사자와 곰을 맞닥뜨렸을 때, 사울

주명잡설 _ 주제와 명제로 잡는 설교

의 창끝을 피해 이 광야 저 들판으로 다니며 목숨을 부지하던 때, 사랑하던 아들의 반역으로 재를 뿌리며 기드론 시내를 울며 건너 갈 때, "혹시 여호와께서 나의 원통함을 감찰하시리니 오늘 그 저 주 때문에 여호와께서 선으로 내게 갚아 주시리라." "여호와께 감 사하라 그는 선하시며 그의 인자하심이 영원함이로다 여호와 이 스라엘의 하나님을 영원부터 영원까지 송축할지로다."

이제 다윗은 그의 인생에 대해 아무런 질문도 그리고 두려움도 없습니다. 그는 어두웠던 시절, 고통과 위험의 시기를 생각하며, 그때 하나님이 특히 가까이 있었음을 기억합니다. 하나님은 자신 을 버리지 않으셨을 뿐만 아니라 더욱 자비를 베푸셨고 위험과 두 려움에서 건지셨습니다. 하나님만이 인도자였고 피난처였고 위로 자였습니다. "내가 주의 영을 떠나 어디로 가며 주의 앞에서 어디 로 피하리이까 내가 하늘에 올라갈지라도 거기 계시며 스올에 내 자리를 펼지라도 거기 계시니이다 내가 새벽 날개를 치며 바다 끝 에 가서 거주할지라도 거기서도 주의 손이 나를 인도하시며 주의 오른손이 나를 붙드시리이다." 순례의 길은 죽을 만큼 힘들었지 만, 그 여정 동안 다윗은 하나님과 친밀한 관계를 가졌습니다. 그 렇기 때문에, 미래에도 확실한 소망을 가지고 두려움 없이 살 수 있다고 고백합니다. "주께서 내 원수의 목전에서 내게 상을 차려 주시고 기름을 내 머리에 부으셨으니 내 잔이 넘치나이다 내 평생 에 선하심과 인자하심이 반드시 나를 따르리니 내가 여호와의 집 에 영원히 살리로다."

다윗과 함께 하신 하나님은 오늘 우리와 함께 하십니다. 벌써

1년이 지났는데요, 작년에 아이티에 지진이 일어났을 때, 포르토 프랭스에 있는 한 가톨릭 성당 대주교의 저택 밑에서 1주일 동안 매몰되었던 한 여인이 구출되었습니다. 아나지지라는 69세의 여성이었는데요. 그런데 그가 구출될 당시 혼잣말로 노래를 부르고 있었습니다. 그녀에게 그 노래 내용이 무엇이냐고 물었을 때, 지진 후에 '나의 주인이신 하나님과 대화를 나눈 것이며, 사실 그 순간 아무 다른 사람도 필요없었다'라는 말을 했습니다. 지축이 흔들리고 존재가 쓰러져 가는 가운데에서 주인 되신 하나님을 부를 수 있는 그 근거는 어디에서 비롯된 것일까요? 소멸해가는 절대절망의 상황 속에서 절대로 꺾여질 수 없는 희망을 그녀는 본 것입니다.

하나님이 오늘 우리와 함께 하십니다. "여호와는 나의 목자시니 내게 부족함이 없으리로다 그가 나를 푸른 풀밭에 누이시며 쉴만한 물가로 인도하시는도다 내 영혼을 소생시키고 자기 이름을 위하여 의의 길로 인도하시는도다." 풍랑이는 바다 한 가운데 제자들의 배에 올라타셨던 우리 주님은 오늘도 흔들리는 우리 삶의 배에 올라타셔서, 우리의 주님으로 와 계십니다. 그날부터 영원까지 함께하기 위하여 제자들의 배에, 그리고 우리들의 배에 오르고 또 오르십니다. 그분은 우리 모두를 받아주실 만큼 충분히 큰 심장을 가지셨습니다. 그분은 풍랑이는 바다의 주인 뿐 아니라 온 땅의 주인이시자 모든 창조의 하나님이십니다. 궁극적으로 우리 인생을 아름답고 참되게 하시는, 진리의 원천이신 하나님은 오늘 우리와 함께 하십니다. 삶이 불안하고 혼란스러울수록 우리에게 필요한 것은 모든 것을 선으로 이끄시는 그분을 신뢰하는 것입니다. "내 영혼을 소생시키시고 자기 이름을 위하여 의의 길로 인도하시는도다."

오늘 우리가 두렵고 혼란스러운 이유는 우리의 앞날, 미래를 몰라서가 아닙니다. 우리와 늘 함께 하시는 우리의 아바 하나님께 신뢰와 희망을 두지 않아서 불안한 것입니다. 침묵하시는 하나님이 의아스러울 때가 많습니다. 그러나, 우리에게 보이지 않는 미래를 주신 것은 우리가 늘 우리와 함께 하시는 하나님과 하루하루를 새롭게 창조해 가기를 바라시기 때문이 아닐까요?

여기저기 내민 얼굴 이력서 덕에 간신히 5남매의 아빠는 간신히 일자리 하나를 더 구했습니다. 세 시간 파트타임으로 일하게 된 중국집에서 하루 종일 양파를 까느라 그렇지 않아도 아픈 눈에 눈물이 맺힙니다. 그래도 언제 그랬냐는 듯, 집으로 돌아와서는 아이들 뺨을 부벼댑니다. 벼르다, 미루다 1년 만에 막내에게 안경을 해주던 날, 최고 기쁜 날이라며 활짝 웃습니다. 하나님은 다윗도 잊지 않으셨고, 오늘 우리도 잊지 않으십니다. 우리 이름은 그 분의 손바닥에 새겨져 있습니다. 우리를 향한 그분의 자상한 사랑은 한 순간도 흔들리지 않으며, 그분의 눈길은 한시도 우리를 떠나지 않으십니다. 우리는 그분의 사랑하시는 아들, 딸입니다.

확실한 답을 구하면서 기도해 달라는 캐버너프에게 테레사 수녀는 잘라 말합니다. "아니, 그렇게 하지 않겠습니다." 이유를 묻는 그에게 그녀는 "확실한 답이야말로 당신이 붙들 것이 아니며 오히려 놓아야 합니다."라고 말했습니다. 캐버너프는 자기가 갈망하는 확실한 답을 그녀는 늘 지닌 듯 보인다고 말했습니다. 그러자 그녀는 웃으며 말했습니다. "확실한 답이란 내게 있어 본 적이 없습니다. 내게 늘 있는 것은 하나님을 향한 신뢰입니다. 그러니 당신도 하나님을 신뢰하도록 기도해 드리겠습니다."

사랑하는 동역자 여러분!!! 종종 우리는 하나님을 향한 신뢰, 하나님이 우리와 함께 하신다는 사실, 그 진리를 잃어버립니다. 확실한 답을 구하고 찾다가 하나님이 우리 아빠 아버지이시며, 그분이 우리와 늘 함께 하신다는 사실을 놓칩니다. 우리 앞에 펼쳐진 미지의 길에 대한 두려움 때문에 아빠 하나님의 선하신 역사와 제한 없는 사랑에 대한 어린아이 같은 신뢰를 잃어버립니다. 맞습니다. 오늘 우리 교회는 어렵습니다. 가나 혼인잔치의 명랑성과 쾌활함을 다 잃어버린, 회색빛의 우울한 모습입니다. 그나마도 우리가 사역할 자리가 있기나 할런지 모르겠습니다. 그러나 하나님은 우리와 함께 하십니다. 오늘 우리 교회, 우리가 사랑하는 교회가 겪고 있는 아픔을 치유하시고, 모든 왜곡과 오류를 고치실 하나님이 우리와 함께 하십니다. 우리를 사랑하셔서 우리와 함께 하시려고 기꺼이 사람이 되신 그 분, 그 하나님은 오늘 우리와 함께 하십니다. "내가 사망의 음침한 골짜기로 다닐지라도 해를 두려워하지 않을 것은 주께서 나와 함께 하심이라 주의 지팡이와 막대기가 나를 안위하시나이다" 기도하겠습니다.

점검을 위한 물음들

네 페이지 설교의 경우, 설교자가 그 특성에 기초해 메시지 구성을 확인하고 점검할 수 있는 물음들은 다음과 같을 수 있다.

1) 설교의 메시지창안^{주제-명제}이 명료하고 또렷하게 세워졌는가?

2) 명제가 복음^{하나님의 구원행동}을 선언하고 있는가? 그것이 하나의 메시지^{one-point}로 네 번째 페이지^{pg.4}에서 제시되는가?

3) 네 개의 페이지들이 **이중적 대칭구조**^{율법-구원:성경-오늘}를 이루고 있는가?

4) 첫 번째^{pg.1}와 두 번째 페이지^{pg.2}에서 '**율법**'이 **인간의 상황**을 명확하게 드러내는가? 이 둘 간의 율법이 동일한 '율법'의 관점으로 연결되는가?

5) 세 번째^{pg.3}와 네 번째 페이지^{pg.4}에서 '**구원**'이 인간의 실천행동이 아닌, **하나님의 행동**을 흐트러짐 없이 드러내는가? 이 둘 간의 구원이 동일한 '구원'의 관점으로 연결되는가?

6) 첫 번째^{pg.1}의 **본문의 율법**과 세 번째 페이지^{pg.3}의 **본문의 구원**이 서로 상응^{인간의 상황-하나님의 구원} 관계인가?

7) 두 번째^{pg.2}의 **오늘의 율법**과 네 번째 페이지^{pg.4}의 **오늘의 구원**이 서로 상응^{인간의 상황-하나님의 구원} 관계인가? 그것을 뚜렷하게 하기 위해 삶의 구체적인 예화나 이야기를 사용하는가?

설교자 개인적인 이야기에 편중되지 않는가?

8) 본문주해인 첫 번째와 pg.1 세 번째 페이지 pg.3 에서 설교자의 남다른 관점은 무엇인가?

9) [결말]은 장황하지 않고, 교회와 신자회중을 오늘의 구원의 소식 pg.4 에 응답하는 믿음의 삶으로 초대하고 있는가?

맺는말
설교 쓰기를 위한 5요소

설교는 메시지 행위이다. 말하지 않으면 안 되는 어떤 말씀이 설교자를 내고 설교라는 행위를 발생시킨다. 하지만 설교를 배우고 가르치는 과정에서 종종 그 반대의 경우를 본다. 마치 탁월한 설교행위가 좋은 말씀을 약속하는 것처럼 착각하게 만든다. 내용과 형식 간의 선후를 따지는 것이 시대착오적이긴 하지만, 설교에서만큼은 하나님의 말씀에서 설교의 형식이 찾아지지 그 반대는 아니다.

하나님의 말씀이 예배 공동체 안에서 육화되고 생동한다는 점에서 설교자의 언어 전달력, 호흡, 교감력과 감화력 등은 설교에서 매우 중요한 자원들이다. 그러나 그 부분들에 대한 평가는 객관적 기준으로 표준화될 수 없다. 설교는 어떤 완성된 모델을 두고 그것을 모방하는 행위가 아니다. 적어도 설교자가 **"취약한 인간의 몸을 입으신 하나님은 '지금의 나'를 통해서도 말씀하시기에 부족함이 없으시다."**고 고백한다면 그렇다. 설교의 전달과 감화력은 설교자 개인의 고유한 됨됨이와 그의 내적 자원에 따라 상대적이다. 설교의 설득은 하나님의 말씀이 설교자의 진실된 내면과 만나고, 그것이 성령의 감화에 힘입어 신자회중과 관계될 때 프리즘의 빛깔처럼 연출되는 다중적이고 역동적인 사건이다. 그렇기에 설교자의 현장적 전달과 교감에 관련한 내용들을 지면상으로 다룬다는 것은 역부족이다.

본서의 관심은 메시지의 실행으로서 설교가 갖는 책임과 그 실천적 과제들에 있다. 설교자는 설교단 위에서 입을 열기 전, 교회와 세상을 향해 던질 메시지를 가져야 한다. 설교가 개인 간 일대일의 대화라면 별다른 준비는 필요가 없다. 그러나 설교는 제한된 시간과 공간 안에서 한 명이 의도된 메시지를 가지고 다수의 회중을 상대하는 의사소통 행위이다. 그렇기에 설교자는 제한된 환경 안에서 최대한 많은 신자들이 자신의 메시지를 듣고 이해할 수 있는 적합한 방식을 가져야 할 책임을 갖는다. 그 적합한 방식이란 인간 사회가 메시지 전달을 위해 터득한 지혜와 경험의 산물이다. 설교자는 말씀의 봉사자와 신자들의 목양자로서 그러한 경험적 지혜에 관심을 기울이고 배워야 한다.

본서를 마무리하면서 설교자가 설교작성을 위해 고려해야 하는 다섯 가지 요소들을 아래와 같이 정리해 본다.

1. 메시지창안과 진술. 설교를 세우는 뼈대는 형식이나 틀거리가 아니다. 그것은 창안된 메시지이다. 창안된 메시지가 설교를 지탱하고 세우는 골격이다. 메시지는 주제와 명제로 창안되어야 하며, 그것은 명확한 단어나 간결한 문장으로 진술되어야 한다. 주제는 설교의 관심대상이다. 주제는 하나의 낱말로 설정되어야 한다. 그러나 주제는 완성된 메시지가 아니다. 주제는 설교자가 말하려는 메시지의

주명잡설 _주제와 명제로 잡는 설교

대상에 불과하다. 설교는 그 대상에 대해 본격적으로 무엇을 말할 것인지를 가져야 한다. 그것이 설교의 최종 메시지인 명제이다.

명제는 주제에 대한 주장점이다. 명제는 설교자가 주제에 관해 주장하려는 바를 진술한 문장이다. 명제가 한 문장으로 진술되면 설교의 메시지창안은 완료된다. 명제는 설교의 메시지로서 설교 준비만이 아닌, 설교가 시작하고 마쳐지는 시점까지 설교의 내용을 구축해주는 설교의 토대이고 기둥이다. 명제가 서지 않은 설교는 길과 방향, 내용 모두를 잃어버린 것이다.

2. 메시지의 구조. 유기체의 각 부분들은 저마다의 기능을 하면서 서로 간, 그리고 전체와 긴밀히 연락한다. 설교는 선후의 맥락 없이 창안된 명제^{메시지}를 불쑥 내뱉는 말이 아니다. 설교는 의미의 유기체로서 시작하는 말과 중심 말, 그리고 마치는 말이라는 삼중 구조로 선다. 설교는 메시지를 꺼내는 말로 시작하고, 본격적으로 그 주장점을 제시해야 한다. 그리고 정해진 시간 안에 마쳐지기 위해, 설교는 주장점을 정리하여 마무리하게 된다.

설교의 [도입] - [본말] - [결말]은 하나의 메시지 안에서 유기적으로 연락하면서도 각각의 기능을 갖는다. [도입]은 신자회중들의 흩어진 관심을 주제에 모으고, 주제를 부상시키는 단계이다. [본말]은 주제에 대한 주장점인 명제^{메시지}를 밝히고 전개하는 설교의 중심이다. [본말]에서 설교자는 연역적이거나 귀납적인 논증의 방식을 취하여 명제를 구체화하거나 심화시킨다. [결말]은 [본말]의 메시지를 정리하고 마무리하는 지점으로 주제와 명제를 재확인하는 단계이다. 이처럼 설정된 주제와 명제는 설교의 삼중 구조를 세우는 데 용이하고 삼중의 각 단계들을 점검하고 확인하는 데 유용하다.

3. 본말의 움직임. 설교는 메시지 행위로서, 설교자가 본문묵상과 읽기를 통해 창안한 메시지가 삶을 위한 진리임을 주장하는 행위이다. 이 설교자의 진리주장은 신자회중으로부터 수용, 또는 응답을 기다린다. 이를 위해 설교자는 자신의 한 줄 메시지^{명제}만을 단순 반복하지 않는다. 그의 글은 신자들의 이성과 감성에 호소하면서 그들을 설득해가는 말이어야 한다.

설교의 [본말]이 취하는 이런저런 형태는 설교자의 주장하는 바가 말이 되는 말이 되도록 엮어가는 논리의 움직임들이다. 여기서 중요한 것은 설교가 어떤 논리의 형식_{대지, 강해, 귀납, 이야기, 또는 네 페이지, etc.}을 취하는가가 아니다. 중요한 것은 설교가 취한 논리적 흐름이 과연 메시지를 설득력 있게 부각시키고 있는가이다. 만일, 연역적 대지중심의 전개방식을 취했다면, 과연 그 방식이 메시지를 확증해주고 있는지, 아니면 오히려 산만하게 하지는 않은지 확인해야 한다. 만일 플롯중심의 이야기식 전개라 한다면, 그것이 복음을 밝혀 복음에 대한 의외의 경험을 주는 데 도움이 되는지, 아니면 도리어 부산스런 이런저런 예화들로 인해 메시지가 모호해지지는 않는지를 살펴야 한다. [본말]의 움직임은 메시지가 말이 되는 주장이 되도록 하기 위함이며, 그를 통해 메시지를 더욱 호소력 있게 하는 데 있음을 기억해야 한다.

4. 주해 정합성. 설교는 메시지를 펼치는 고유한 방식이 있다.

그것은 설교를 다른 여타의 메시지 행위들과 차별화하는 설교의 특성이다. 그것은 '강해' 원리로서, 설교는 [본문주해]와 [삶의조명]을 오가면서 메시지를 펼친다. 앞서 주지한 바와 같이, 설교의 진리주장^{명제}이 성경이라는 '신적 권위'와 삶이라는 '진실성의 권위'에 호소한다는 데 강해의 의의가 있다. 그 가운데 [본문주해]는 설교 메시지의 진리주장을 위한 일차 근거이다.

설교는 성경을 가지고, 그 성경을 통해 하나님을 말하는 행위이다. 그러므로 설교의 일차적 작업은 본문에 대한 작업이고, 설교자의 일차적 관심은 본문의 세계에 있어야 한다. 설교의 메시지는 성경 본문에서 온 것이다. 설교가 본문에 근거해 메시지의 진리성을 밝혀내려 할수록 메시지는 견고해진다. 따라서 설교자는 무엇보다 [본문주해]의 초점과 내용이 말하려는 메시지에 부합되는지를 확인해야 한다. 빈약한 주해도 문제지만, 너무 장황하거나 산만한 주해 역시 메시지를 가리거나 설교의 방향을 놓치게 만든다.

설교에서 본문은 메시지의 논거만이 아닌, 삶과 신앙, 세상의 모호한 문제들을 밝히는 조명자의 기능을 한다. 이때 본문은 삶과 하나님에 대한 문제를 드러내기도 하면서 동시에 의외의 복음을 선사하는 통로가 되기도 한다.

5. 조명의 적실성. 본문주해에 이은 메시지의 이차 논거는 [삶의 조명]이다. 삶의 조명은 본문에서 밝혀진 하나님의 뜻으로 삶을 비추는 작업이다. 하나님의 뜻은 우리를 책망, 권면, 교훈하기도 하지만, 위로와 소망, 용기를 준다. 삶의 조명을 구체화하는 것이 예화이

다. 적절한 예화가 없다고 주장이 불가하거나 설득이 안 되는 것은 아니다. 그러나 메시지에 부합하는 적실한 예는 메시지를 보다 설득적이게 하고, 메시지에 대한 신자회중의 수용도를 높인다. 따라서 설교자는 적어도 설교의 중심 메시지가 강조되는 부분에서 그에 대한 근거로서 삶의 예화를 사용하는 것이 바람직하다. 예화는 그 자체가 목적이 아니다. 과연 그 예화가 메시지에 대한 이해와 집중도를 높여주고 있느냐가 관건이다. 흥미롭고 감동적인 예화가 중요한 것이 아니다. 예화의 내용이 메시지의 초점에 닿고 있느냐이다. 그렇지 않다면, 예화로 인해 메시지는 상실된다.

연역적 대지나 강해설교에서 삶의 예화는 주로 메시지를 확증해주는 논거가 되기도 하지만, 이야기식 또는 네 페이지와 같은 귀납식 설교에서 그것은 일상에 숨어있거나 희미한 하나님의 임재를 드러내주는 해석적 렌즈가 되기도 한다. 하나님의 깊은 성품이나 일하심은 언어적 정의나 개념적 진술로 이해되기 어렵다. 오히려 하나님은 우리의 일상의 이야기라는 옷을 입고 우리 가운데 자신을 드러내신다. 마치 영화의 한 장면이나 한 폭의 그림을 보다가 갑자기 어둡던 삶의 자각이 일어나듯, 하나님과 삶의 깊은 영역들은 우리의 삶의 진솔한 단면들을 들을 때에야 그 희미한 얼굴을 우리에게 드러내곤 한다. 이때, 그 심원한 차원이 자각되는 순간이 바로 유보되었던 설교의 메시지가 드러나는 시점이 된다. 따라서 논거의 경우이든, 해석적 조명의 경우이든 삶의 예화는 설교가 말하려는 메시지를 드러내는 데 적실하고 적합해야 한다.

설교자가 이상의 다섯 가지 요소들에 기초하여 설교 쓰기를 습관화하고 자신만의 방식으로 발전시킬 수 있다면, 설교는 하나님 말씀의 신실한 실행이 될 것이다. 설교는 메시지다!

미주

1장

1 Augustinus, *De Doctrina Christiana*, 성염 역, 『그리스도교 교양』(왜관: 분도출판사, 2011), 359 (IV. 2. 3.).

2 위의 책, 368 (IV. 5. 7.). 아우구스티누스는 세속 수사학을 따르는 일반 연설이나 웅변과 기독교 설교를 차별화했다. 그에게 기독교 설교는 그 전달 방법에 있어서 세속 수사학의 도움을 받지만, 그것이 기독교 설교자의 주된 관심이 아니라, 보다 심원한 하나님의 지혜가 가르침의 주된 주제와 관심의 대상이 되어야 했다.

3 위의 책, 479 (IV. 28. 61.).

4 위의 책, 375 (IV. 6. 10.). 아우구스티누스는 성경 저자들의 화술에 대해 말하면서, 설령 그들의 화술이 다른 화술들보다 천박하게 보일지라도 그것은 다른 화술들을 능가하는 고매한 것이며, 그 고매함은 미사여구의 사용 때문이 아니라, 그들의 견실한 내용 때문이라고 한다.

5 Richard Stauffer, *Dieu, la création et la providence dans la prédication de Calvin*, 박건택 편역, 『칼빈의 설교학』(서울: 성서연구사, 1994), 67.

6 Fred B. Craddock, *Preaching* (Nashville: Abingdon Press, 1985), 55-57. 크래독은 성경을 통해 들려오는 하나님의 뜻을 속삭임의 소리로 표현한다.

7 T. H. L. Parker, *The Oracles of God: An Introduction to the Preaching of John Calvin* (Cambridge, UK: James Clarke & Co., 2002), 50 참조.

8 정장복, 『한국교회의 설교학 개론』(서울: 예배와설교아카데미, 2001), 13-16.

9 Rudolf Boren, *Predigtlehre*, 박근원 역, 『설교학실천론』(서울: 대한기독교출판사, 1980), 23.

10 John Stott and Greg Scharf, *Challenge of preaching*, 박지우 역, 『존 스토트의 설교: 말씀과 현실을 연결하는 살아 있는 설교』(서울: IVP, 2016), 157-58.

11 강길호, 김현주, 『커뮤니케이션과 인간』(서울: 한나래, 1995), 28, 30, 32.

12 John A. Broadus, *On the Preparation and Delivery of Sermons* (New York: Harper & Bros., 1898), 154.

13 Andrew Watterson Blackwood, *The Preparation of Sermons* (Nashville: Abingdon Press, 1948), 40.

14 Eugene H. Peterson 외 11명, *The Pastor's Guide to Effective Preaching*, 이승진 역, 『영혼을 살리는 설교: 본질과 현장을 모두 만족시키는 설교준비를 위하여』(서울: 좋은씨앗, 2008), 100 참조.

15 블랙우드는 존 헨리 뉴만(John Henry Newman)의 말을 인용하여 설교의 명확한 메시지를 과녁의 중심을 향하여 날아가는 명사수의 총알로 비유한다. [Andrew

Watterson Blackwood, *The Preparation of Sermons*, 40-41.]

16 W. E. Sangster, *The Craft of the Sermon* (London: The Epworth Press, 1956), 53.

17 위의 책, 20; Richard Stauffer, 『칼빈의 설교학』, 63 참조.

18 W. E. Sangster, *Power in Preaching* (London: The Epworth Press, 1963), 47-51.

19 Karl Barth, *The Word of God and the Word of Man*, 박봉랑, 전경연 편역, 『聖書안의 새로운 世界』(서울: 대한기독교서회, 1979), 95; Karl Barth, *The Preaching of the Gospel*, trans. B. E. Hooke (Philadelphia: The Westminster Press, 1963), 9-10.

20 자유하신 하나님의 임함을 기대하고 구하는 인간 예배자의 태도에 대해, J.-J. von Allmen, *Worship: Its Theology and Practice* (New York: Oxford University Press, 1965), 28-29 참조.

21 John T. McNeill, ed., *Calvin: Institutes of the Christian Religion*, The Library of Christian Classics, Vol. XXI, trans. Ford Lewis Battles (Philadelphia: The Westminster Press, 1960), IV,1,5 & IV,1,9; Jakob Andreae and Martin Chemnitz, *The Book of Concord*, 지원용 편역, 『신앙고백서』(서울: 컨콜디아사, 1988), 27, 138; Karl Barth, *Church Dogmatics: The Doctrine of the Word of God*, Vol. I/1, trans. G. W. Bromiley (London: T & T Clark International, 2010), 88; 대한예수교장로회 총회교육부 편, 『16세기 종교개혁과 개혁교회의 유산』(서울: 한국장로교출판사, 2003), 120; 이형기, 『종교개혁신학사상: 루터와 칼빈을 중심하여』(서울: 장로회신학대학출판부, 1991), 186, 459-60.

22 Fred B. Craddock, *As One Without Authority: Revised and with New Sermons* (St. Louis, MI: Chalice Press, 2001). 토마스 롱(Thomas G. Long)은 크래독의 방식은 명제적 설교를 반대하는 공동전선을 구축하게 했으며, 그를 시작으로 이야기 설교, 이미지 설교, 은유 중심적 설교, 우화적 설교, 대화식 설교 등이 20세기 후반의 설교 양식으로 자리 잡게 되었다고 주장한다. [Thomas G. Long, *The Witness of Preaching*, 이우제, 황의무 역, 『증언 설교』제3판 (서울: CLC, 2019), 203.]

23 크래독은 설교자는 자신의 설교가 이끌어가는 말씀의 여정을 미리 알고, 도착할 설교의 목적지를 알고 있다고 말한다. Fred B. Craddock, *As One Without Authority*, 81.

24 Lucy Atkinson Rose, *Sharing the Word: Preaching in the Roundtable Church* (Louisville: Westminster John Knox Press, 1997), 78-79.

25 존 킬링거(John Killinger)는 지금과 같이 매스 미디어와 소비유흥 문화가 발전한 시대에 설교가 갖는 고유한 목소리는 그것이 하나님을 말한다는 데 있다고 보면서, 그것이 사람들로 하여금 여전히 설교에 귀를 기울이게 하는 요인이라고 주장한다. John Killinger, *Fundamentals of Preaching* (Philadelphia: Fortress Press, 1985), 12-13 참조.

26 Paul Scott Wilson, *The Four Pages of the Sermon: A Guide to Biblical Preaching* (Nashville: Abingdon Press, 1999), 38.

27 Henry Sloane Coffin, *What To Preach* (London: Hodder & Stoughton Limited, 1926), 12-15.

28 이와 달리, 김세광은 예전적 예배와 비예전적 예배를 형식이나 습관의 유무로 구분한다. 그에 따르면 예전적 예배는 형식의 반복적 행동을 통해 의미를 향유하게 하고, 비예전적 예배는 형식의 고정성을 탈피해 참여자의 자발성과 역동성을 강조한다. 그러나 이는 형식과 습관을 어떻게 규정하느냐에 따라 달라지는 것으로 비예전

적 예배는 그 안에 나름의 고정된 형식과 반복되는 습관을 가지고 있다. 예전적 예배와 비예전적 예배 간의 대립은 형식의 유무가 아닌, 형식 간의 충돌인 것이다. 김세광은 결론으로 모든 예배는 적절한 형식과 습관이 필요하다고 강조한다. 김세광, 『예배의 신비: 예배 본질의 탐구-다양성과 통일성』(서울: 한들출판사, 2020), 122-25 참조.

29 Emile Durkheim, *The Elementary Forms of the Religious Life* (New York: Free Press, 1965), 52, 56, 461; Catherine M. Bell, *Ritual: Perspectives and Dimensions*, 류성민 역, 『의례의 이해: 의례를 보는 관점들과 의례의 차원들』(오산: 한신대학교 출판부), 63.

30 Mircea Eliade, *The Sacred and the Profane: the Nature of Religion*, trans. Willard R. Trask (New York: Harcourt, Brace & World, Inc., 1959), 58, 61-62, 72.

31 최진봉, "미르치아 엘리아데(Mircea Eliade)의 의례공간의 상징성으로 본 개신교 예배공간의 상징화에 관한 연구,"『신학과 실천』제73호 (2021. 2), 47-54 참조.

32 최진봉, "설교의 조명자로서 '말씀의 빛'에 대한 연구: 개혁주의 신학을 중심으로," 『신학과 실천』제83호 (2023. 2), 49-52 참조.

33 Philips S. Watson, *Let God Be God!: An Interpretation of the Theology of Martin Luther* (Eugene: Wipf and Stock Publishers, 1947), 152; 이형기, 『종교개혁신학사상: 루터와 칼빈을 중심하여』, 120.

34 Haddon W. Robinson and Craig Brain Larson, eds., *The Art and Craft of Biblical Preaching: A Comprehensive Resource for Today's Communicators*, 이승진, 허도화, 김금용 역, 『성경적인 설교 준비와 전달』(서울: 두란노아카데미, 2015), 553.

2장

1 Rudolf Boren, 『설교학실천론』, 14, 23. 성경의 특질과 고유성을 믿음과 영과의 관련성에서 찾는 시도로서 수잔은 다음과 같이 기술한다: "...믿음 안에서 그것을 듣고 받아들이는 사람들에게는 성경은 '하나님의 말씀'이라고 선언하게 되는 의미가 있는 것이다. 선지자들과 사도들의 마음을 감동시켰던 그 같은 성령이 그들을 그리스도의 증인으로 삼고 우리 마음속에 그것을 확신하게 만든 것이다... 성령만이 성경을 다른 성질의 것으로 바꿀 수 있다." Suzanne De Dietrich, *God's Unfolding Purpose: A Guide to the Study of the Bible*, 신인현 역, 『성서로 본 성서』(서울: 컨콜디아사, 1983), 8.

2 하나님의 인식과 이해의 과정에서 해석자의 내면의 복합적인 상호작용에 대해, 김홍일, 『기도하는 삶: 깊은 기도를 위한 안내서』(서울: 한국샬렘, 2022), 116 참조.

3 Augustinus, 『그리스도교 교양』, IV. 5. 7.

4 O. C. Edwards Jr., *A History of Preaching* (Nashville: Abingdon Press, 2004), 41, 177; Paul Scott Wilson, *God Sense: Reading the Bible for Preaching*, 최진봉 역, 『설교를 위한 성경 속 하나님 읽기』(서울: 예배와설교아카데미, 2019), 32-34, 84.

5 David L. Puckett, *John Calvin's Exegesis of the Old Testament* (Louisville: Westminster John Knox Press, 1995), 38-40, 110-11; Paul Althaus, *The Theology of Martin Luther*, 이형기 역, 『루터의 신학』(서울: 크리스챤다이제스트, 2008), 92, 96-98;

Paul Scott Wilson, 『설교를 위한 성경 속 하나님 읽기』, 86-87.

6   Haddon W. Robinson, *Biblical Preaching: The Development and Delivery of Expository Messages*, 정장복 역, 『강해 설교의 원리와 실제』(서울: 대한기독교출판사, 1987), 21-22.

7   St. Bernard of Clairvaux, *(The) works of Bernard of Clairvaux : Song of Songs I*, 김재현 역, 『아가서 설교 제1권』(서울: 키아츠, 2022), 10-11.

8   James W. Cox, *A Guide to Biblical Preaching* (Nashville: Abingdon Press, 1976), 14.

9   해돈 로빈슨은 설교자의 성경읽기는 단순성과 지성을 요한다고 보았다. 그에게 단순성이란 본문에 대한 분석이나 증명이 아닌 어린애와 같이 순전하게 읽고, 읽은 대로 삶으로 가져가는 태도이다. 그것은 본문에 대한 설교자의 영적태도이다. 반면 지성은 설교자의 의식에 덧씌워진 비성경적 세계관을 성경을 통해 벗겨내기 위해 필요한 자세로, 성경의 심오한 차원은 본문의 표면에 노출되어 있지 않기에 설교자는 본문에 대한 지적인 분석을 필요로 하게 된다. Haddon W. Robinson, 『강해 설교의 원리와 실제』, 17 참조.

10   Hughes Oliphant Old, *The Reading and Preaching of the Scriptures in the Worship of the Christian Church*, Vol. 1 : the Biblical Period (Grand Rapids: William B. Eerdmans Publishing Co., 1998), 393. 설교를 위한 본문의 전인적 읽기의 필요성에 대해, 최진봉, "설교를 위한 전인적 본문읽기로서 '거룩한 읽기'(*Lectio Divina*)의 수용에 관한 연구," 『장신논단』 53-5 (2021.12), 394-97 참조.

11   Fred B. Craddock, *Preaching*, 105-107.

12   위의 책, 134-40.

13   위의 책, 140-42.

14   위의 책, 138, 140.

15   Madan Sarup, *An Introductory Guide to Post-Structuralism and Postmodernism*, 전영백 역, 『후기구조주의와 포스트모더니즘』(서울: 서울하우스, 2012), 64, 83, 91 참조.

16   Paul Ricoeur, *Freud and Philosophy: An Essay on Interpretation* (New Haven: Yale University Press, 1970), 422, 455; Paul Ricoeur, *Interpretation Theory: Discourse and the Surplus of Meaning* (Fort Worth, TX: The Texas Christian University Press, 1976), 75-76.

17   성경을 다루는 방식에 있어 17~19세기까지의 역사비평 방법론이 간과한 부분에 대한 브래바드 차일즈(Brevard S. Childs)의 입장에 대해서는, Brevard S. Childs, *Introduction to the Old Testament As Scripture* (Philadelphia: Fortress Press, 1979), 40-41 참조.

18   Brevard S. Childs, *Introduction to the Old Testament As Scripture*, 42.

19   Thomas G. Long, 『증언 설교』, 140-41.

20   위의 책, 151-59.

21   위의 책, 160-74.

22   위의 책, 174-91.

23   위의 책, 159.

24 롱이 제시하는 아홉 가지 질문들은 다음과 같다: 1)본문을 쉬운 말로 사역한다. 2) 본문의 등장인물들의 입장에서 다양한 관점으로 분석한다. 3)이상하거나 어색한 부분들에 주목한다. 4)본문의 가장 핵심적인 사상이 무엇인지 확인한다. 5)본문이 나 본문 배후에 사상적 대립이나 갈등적 요소가 있는지 확인한다. 6)본문과 전후 문맥과의 관계를 파악한다. 7)본문을 여러 관점에서 살펴본다. 8)본문 이면의 심층적 차원을 향해 질문을 던진다. 9)본문의 수사학적 기능을 살핀다. 위의 책, 165-74.

25 위의 책, 178-82.

26 오늘날 설교학 교과서들이 취하고 있는 본문에 대한 통제적 자세에 관하여, 최진봉, "설교를 위한 전인적 본문읽기로서 '거룩한 읽기'(Lectio Divina)의 수용에 관한 연구," 384-86 참조.

27 윤철호, 『설교의 영광 설교의 부끄러움: 설교 비평의 이론과 실제』(서울: 장로회신학대학교출판부, 2013), 31.

28 Nancy Lammers Gross, If You Cannot Preach Like Paul … (Grand Rapids: William B. Eerdmans Publishing Co., 2002), 97, 110-12. 최진봉, "설교를 위한 전인적 본문 읽기로서 '거룩한 읽기'(Lectio Divina)의 수용에 관한 연구," 401에서 재인용.

29 본문에 대한 설교자의 주관적 해석의 수용성에 대한 아우구스티누스를 비롯한 학자들의 입장에 대해, 위의 책, 391-93 참조.

3장

1 Henry G. Davis, Design for Preaching (Philadelphia: Fortress Press, 1983), 24-25.

2 위의 책, 25, 98-102.

3 위의 책, 24. 데이비스는 이 사고의 틀을 '유기적 사고구조(organic structure of the thought)'라고 한다.

4 위의 책, 28-29 참조.

5 위의 책, 59-60. 윌슨은 현대 설교학 내의 주제설정에 관련된 이견들을 종합하면서 그들 간의 차이는 이견이 아니라 용어의 차이로서 본문과 설교를 연결하는 것은 초점 진술임을 분명히 했다. 그는 주제문장에서 하나의 낱말인 주제적 교리를 도출할 것을 권하는데, 이는 설교의 메시지를 더욱 깊이 있게 파고 들어가게 하면서 명료함을 극대화할 수 있다고 본다. [Paul Scott Wilson, The Four pages of the sermon, 주승중 역, 『네 페이지 설교』(서울: 예배와설교아카데미, 2006), 73, 81.]

6 John Stott and Greg Scharf, 『존 스토트의 설교』, 126.

7 Haddon W. Robinson, 『강해 설교의 원리와 실제』, 30.

8 Thomas G. Long, 『증언 설교』, 205-208.

9 『대전일보』, 2010. 6. 13, 23쪽.

10 옥한흠, 『요한이 전한 복음 1』(서울: 국제제자훈련원, 2005), 12-22.

11 위의 책, 26.

12 Fred B. Craddock, *As One Without Authority*, 81, 83. 주제의 단일성과 청중의 인식 특성에 관해, 박영재, 『설교가 전달되지 않는 18가지 이유』(서울:규장문화사, 1998), 151-52 참조.

13 Karl Barth, *Kirchliche Dogmatik*, 박순경 역, 『교회교의학: 하나님의 말씀에 관한 교의 I-1』(서울: 대한기독교서회, 2003), 84.

14 최진봉, "복음의 설교를 위한 한국교회의 해석학적 선이해에 대한 성찰과 과제: 불교(佛敎)-유교(儒敎)의 경전신앙 전통을 중심으로," 『장신논단』 50-5 (2018. 12), 186-88 참고.

15 Paul Scott Wilson, *The Four Pages of the Sermon*, 156-60.

16 Richard A. Jensen, *Thinking in Story: Preaching in a Post-liberal Age* (Lima: CSS Publishing Co., 1993), 68-69; Donald G. Miller, *The Way to Biblical Preaching: How to Communicate the Gospel in Depth* (New York: Abingdon Press, 1957), 14.

17 Eugene H. Peterson 외 11명, 『영혼을 살리는 설교』, 100.

18 Andrew Watterson Blackwood, *The Preparation of Sermons*, 40.

19 Henry G. Davis, *Design for Preaching*, 68-69.

20 John Stott and Greg Scharf, 『존 스토트의 설교』, 127.

21 Henry G. Davis, *Design for Preaching*, 24-25, 27.

22 한경직목사탄신100주년기념사업위원회 엮음, 『평생에 듣던 말씀(한경직 목사 설교집)』(서울: 선미디어, 2002), 64-71.

23 위의 책, 70.

24 위의 책.

25 James Braga, *How to Prepare Bible Messages*, 김지찬 역, 『설교준비: 효과적인 설교준비와 전달을 위한 체계적인 안내서』(서울: 생명의 말씀사, 1994), 134.

26 데이비스는 해리 애머슨 포스딕(Harris Emerson Fosdick)과 칼 바르트(Karl Barth)의 설교를 통해 명제진술의 예를 제시함. Henry G. Davis, *Design for Preaching*, 60-63 참고.

27 데이비스는 설교의 뿌리를 성경의 말씀으로 가리켰다. 위의 책, 15-16.

28 이는 데이비스가 소개하는 방식을 따르는 것으로 데이비스는 주제를 명제의 주어로 위치시킨다. 위의 책, 22.

29 Fred B. Craddock, *As One Without Authority*, 83.

30 John Stott and Greg Scharf, 『존 스토트의 설교』, 129.

31 생스터는 이를 설교의 '3층 구조(three-decker construction)'라고 부른다. W. E. Sangster, *The Craft of the Sermon*, 54; Henry G. Davis, *Design for Preaching*, 186.

32 Fred B. Craddock, *As One Without Authority*, 66.

33 위의 책, 52-53, 67, 104; Thomas G. Long, 『증언 설교』, 242.

34 롱은 문학 장르로서의 이야기는 다양한 형식과 틀을 가지는 데 반해, 로우리의 이야기는 규범화된 하나의 틀을 제시한다고 본다. 위의 책, 245-46. 리차드 에스링거(Richard L. Eslinger)는 '이야기 설교'라는 이름이 주는 오해를 우려한다. 이야기 설교는 설교를 참신하고 기발한 이야기로 시작하거나, 동화나 소설적 구성으로

주 명 잡 설 _ 주제와 명제로 잡는 설교

설교하는 것이 아님을 강조한다. 이야기 설교는 우리의 경험을 그리스도 예수 안에 나타난 하나님의 이야기에 비추어 새롭게 해석하고, 믿음 안에 있는 다른 사람들의 삶의 경험과 소통하게 하여 우리의 삶에 믿음의 의미를 부여하는 설교이다. Richard L. Eslinger, *A New Hearing: Living Options in Homiletic Method* (Nashville: Abingdon Press, 1987), 17-21 참조.

35   Eugene L. Lowry, *The Homiletical Plot: The Sermon As Narrative Art From* (Atlanta: John Knox Press, 1978), 24-25, 76; Eugene L. Lowry, *How to Preach a Parable: Designs for Narrative Sermons*, 이주엽 역, 『설교자여, 준비된 스토리텔러가 돼라』(서울: 요단출판사, 2001), 25-26. 롱은 로우리의 방법론이 인간문제의 해법을 찾는 전문가들 사이에서 사용되는 '창조성 패러다임(creativity paradigm)'을 차용하고 있다고 말한다. Thomas G. Long, 『증언 설교』, 246.

36   Eugene L. Lowry, *The Homiletical Plot*, 72.

37   Paul Scott Wilson, *The Four Pages of the Sermon*, 16-18.

38   위의 책, 155-56.

39   롱은 설교의 형식과 내용을 구분하는 전통적인 방식을 넘어서서 데이비스의 주장과 같이 그 둘을 통합하는 관점을 소개한다. 그에게 설교의 형식은 '내용의 형식(form of the content)'이다. 설교의 형식은 내용과 분리된 것이 아닌, 설교의 내용에 힘을 실어주고 메시지를 설교답게 만들어 주는 설교의 본질적 요소이다. 본서의 저자는 그러한 롱의 관점을 응용하여 주제와 명제를 설교의 '형식의 내용(the content of form)'으로 이름한다. 즉, 설교의 메시지는 그것에 부합한 형식을 부르게 되는데, 그럼으로써 형식은 메시지를 일관되게 집약시키고, 내용은 형식을 채우는 상호일체적 관계를 가능케 한다. Thomas G. Long, 『증언 설교』, 229-30 참조.

40   데이비스는 설교의 각 구성은 메시지의 연속성(continuity)과 일체성(unity)을 유지하는 방식으로 엮어져야 한다고 강조한다. Henry G. Davis, *Design for Preaching*, 15, 171.

41   John A. Broadus, *On the Preparation and Delivery of Sermons*, 269.

42   Thomas G. Long, 『증언 설교』, 241, 243-44 참조.

43   위의 책, 327. 도입에서 회중이 갖는 기대에 대해 W. E. Sangster, *The Craft of the Sermon*, 111 참조.

44   T. Harwood Pattison, *The Making of the Sermon: For the Classroom and the Study* (Valley Forge: Judson Press, 1972), 145; Henry G. Davis, *Design for Preaching*, 187-88; John Stott and Greg Scharf, 『존 스토트의 설교』, 144; Fred B. Craddock, *As One Without Authority*, 81; Paul Scott Wilson, *The Four Pages of the Sermon*, 68 참조.

45   Henry G. Davis, Design for Preaching, 187.

46   Carmine Gallo, *The Storyteller's Secret: From TED Speakers to Business Legends, Why Some Ideas Catch On and Others Don't*, 김태훈 역, 『최고의 설득: 상대의 마음을 움직이는 세계 정상들의 스피치』(서울: 알에이치코리아, 2017), 202-208.

47   Henry G. Davis, *Design for Preaching*, 188.

48   John Stott and Greg Scharf, 『존 스토트의 설교』, 137-38.

49   T. Harwood Pattison, *The Making of the Sermon*, 143-44; John Stott and Greg Scharf, 『존 스토트의 설교』, 138.

50 Lucy Lind Hogan and Robert Stephen Reid, *Connecting with the Congregation: Rhetoric and the Art of Preaching* (Nashville: Abingdon Press, 1999), 93.

51 위의 책, 93-95. 호간은 회중의 행동유발을 위한 설교의 설득은 논리적 논증에만 의지하지 않음을 분명히 한다. 그녀는 아리스토텔레스가 제시한 대로, 설교의 설득은 이성적 논증(logos)만이 아닌, 설교자의 사람됨인 에토스(ethos)와 청중의 감정을 유발하는 파토스(pathos)에 호소함으로 유발됨을 재확인한다.

52 김운용은 오늘날의 설교현장의 과제는 설교자가 특정 설교방식만을 고수함으로써 설교의 다양성이 무시되는 현실에 있다고 본다. 그는 이에 대한 근거로 신약성경이 다양한 문학적 장르들로 쓰여졌음을 언급한다. 게다가 4세기 이전까지 설교는 고정된 형태 없이 청중의 상황과 문화에 따라 형식을 달리했다고 말한다. [김운용, 『새롭게 설교하기: 변화하는 시대 속에서의 설교』(서울: 예배와설교아카데미, 2007), 224-25.] 그러나 오늘날의 설교현장과 비교의 대상이 되는 초기 공동체의 설교에 대한 객관적인 판단은 거리나 광장, 회당이 아닌, 쓰여진 성경을 본문으로 삼아 회심하고 세례받은 그리스도인들이 모인 교회라는 장소에서 주일이나 매일 아침에 정례적으로 행해진 설교를 대상으로 해야 한다. 역사가들의 연구에 따르면, 기독교 설교로 공식 인정되는 최초의 설교는 주후 2세기 초 익명의 '클레멘트의 제2서신서'를 비롯하여 사르디스의 멜리토(Melito of Sardis)의 '부활설교', 알렉산드리아의 클레멘트(Clement of Alexandria)의 설교, 그리고 오리게네스의 설교들이다. 이들 설교의 공통적 방식은 대체로 본문의 단어나, 교리에 대한 강해(exposition)였는데, 에드워즈나 휴즈 올리판드 올드(Hughes Oliphant Old)와 같은 학자들은 당시의 강해적 설교방식은 그리스-로마사회의 문법학교(grammatical school)의 교육방식만이 아닌, 구약시대 유대교 회당에서의 설교방식에서 유래했다고 본다. [O. C. Edwards Jr., *A History of Preaching*, 9-11, 14-16, 39-42; Hughes Oliphant Old, *The Reading and Preaching of the Scriptures in the Worship of the Christian Church*, vol. 1, 252-53, 267, 271, 276, 278-320; John F. Thornton and Katharine Washburn, eds., *Tongues of Angels, Tongues of Men: A Book of Sermons* (New York: Doubleday, 1998), 67-75, 79-89.]

53 Thomas G. Long, "And How Shall They Hear? The Lister in Contemporary Preaching," in *Listening to the Word: Studies in Honor of Fred B. Craddock*, ed. Gail R. O'Day and Thomas G. Long (Nashville: Abingdon Press, 1993), 176-80.

54 William Benoit and Pamela J. Benoit, *Persuasive Messages: The Process of Influence*, 이희복, 정승혜 역, 『설득 메시지: 그는 어떻게 내 마음을 바꾸었나?』(서울: 커뮤니케이션북스, 2010), 107-14.

55 결말을 여행의 '도착지', 또는 '목적지'로 비유한 것에 대해, Andrew Watterson Blackwood, *The Preparation of Sermons*, 162-63 참조.

56 John Stott and Greg Scharf, 『존 스토트의 설교』, 139-40.

57 Thomas G. Long, 『증언 설교』, 352.

58 Heinz M. Goldmann, *Überzeugende Kommunikation*, 윤진희 역, 『말하기의 정석』(고양: 리더북스, 2006), 156-57.

59 John A. Broadus, *Preparation and Delivery of Sermons*, 300; Henry G. Davis, *Design for Preaching*, 192; John Stott and Greg Scharf, 『존 스토트의 설교』, 138.

60 James Braga, 『설교준비』, 108.

61 설교의 제목(title)과 주제(subject)의 차이에 대해 Henry G. Davis, *Design for Preaching*, 27 참고.

1 Haddon W. Robinson, 『강해 설교의 원리와 실제』, 17.

2 정장복, 『한국교회의 설교학 개론』(서울: 예배와설교아카데미, 2001), 164.

3 정장복은 '강해설교'를 '본문설교', '주제설교'와 함께 설교의 3가지 기본유형들 가운데 하나로 포함시킨다. [정장복, 『한국교회의 설교학 개론』, 158, 165.] 주승중은 '강해' 원리가 아닌, '강해설교'와 '강해설교가 아닌 설교들' 간의 차이점을 구분하여 소개하면서 강해설교의 특징을 소개한다. [주승중, 『성경적 설교의 원리와 실제』(서울: 예배와설교아카데미, 2008), 28-36.] 김운용 역시 '강해'라는 원리에 대한 소개 없이, 전통적인 설교방식으로서의 '강해설교'에 대해 언급하거나, 설교의 기본규범으로서의 '성경적 설교'를 강조하고 있다. [김운용, 『새롭게 설교하기』, 224.]

4 Samuel T. Logan, Jr., ed., *The Preacher and Preaching: Reviving the Art in the Twentieth Century* (Phillipsbrug: Presbyterian and Reformed Publishing Co., 1986), 192-93 참조.

5 Donald G. Miller, *The Way to Biblical Preaching*, 22.

6 John A. Broadus, *On the Preparation and Delivery of Sermons*, 318-19, 333-34; Henry Sloane Coffin, *What to Preach*, 37-38; T. Harwood Pattison, *The Making of the Sermon*, 6; Samuel T. Logan, Jr., *The Preacher and Preaching*, 193-94; Haddon W. Robinson and Craig Brain Larson, eds., *The Art and craft of biblical preaching*, 전의우 역, 『성경적인 설교와 설교자』(서울: 두란노아카데미, 2014), 22-24, 75-76.

7 John Killinger, *Fundamentals of Preaching*, 22-24; Samuel T. Logan, Jr., *The Preacher and Preaching*, 195.

8 Andrew Watterson Blackwood, *The Preparation of Sermons*, 73-74; John A. Broadus, *On the Preparation and Delivery of Sermons*, 318; Samuel T. Logan, Jr., *The Preacher and Preaching*, 194.

9 윤철호, 『설교의 영광 설교의 부끄러움』, 30.

10 박조준, 『박조준 설교집: 약속의 땅을 향해』(서울: 샘물같이, 2014), 53-54.

11 Thomas G. Long, 『증언 설교』, 114-16 참조.

12 John Killinger, *Fundamentals of Preaching*, 23 참조.

13 리꾀르에 따르면, 성경의 내러티브들이 지닌 구속사가 가진 시제들(과거→현재→미래)은 현재의 독자들에게 동시간대의 사건(synchronic temporality)으로 있게 된다. 성경의 시제적 사건들은 그들에게는 현재의 다른 국면들로 해석되기 때문이다. Paul Ricoeur, *Time and Narrative*, Vol. 1, trans. Kathleen McLaughlin and David Pellauer (Chicago: The University of Chicago Press, 1984), 67-68; Stephen Crites, "The Narrative Quality of Experience," *Journal of the American Academy of Religion* 39-3 (1971), 297-307.

14 Rudolf Bultmann, *Jesus Christ and Mythology* (New York: Charles Schribner's Sons, 1958), 19이하 참조.

15 김홍일, 『기도하는 삶』, 193-94.

16 T. H. L. Parker, *The Oracles of God*, 50. 강해에 대한 칼뱅의 집념과 실천에 대해,

Hughes Oliphant Old, *Worship: Reformed according to Scripture*, Revised and Expanded Edition (Louisville: Westminster John Knox Press, 2002), 76.

17   James W. Cox, *A Guide to Biblical Preaching*, 23.

18   John Stott and Greg Scharf, 『존 스토트의 설교』, 79. 폴 윌슨은 설교는 양극적 관계들을 여러 가지로 가질 수 있는데, 그들 가운데 성경본문과 오늘의 상황이 첫 번째 양극이며, 둘째는 율법과 복음(심판과 은총), 셋째는 이야기와 교리, 넷째는 목회자와 예언자라고 말한다. Paul Scott Wilson, *Imagination of the Heart: New Understandings in Preaching* (Nashville: Abingdon Press, 1989), 46; Thomas G. Long, 『증언 설교』, 230.

19   낸시 그로스는 리꾀르(Paul Ricoeur)의 두 지평 간의 해석학적 아치(hermeneutical arch)를 반복적인 순환적 움직임으로 설명하면서 '그네타기'(hermeneutical swing)라는 이미지로 소개한다. Nancy Lammers Gross, *If You Cannot Preach Like Paul...*, 115.

20   John Killinger, *Fundamentals of Preaching*, 22-24; Samuel T. Logan, Jr., *The Preacher and Preaching*, 195.

21   2021년 12월 5일(다해 대림절 둘째 주일) 〈그길찬미〉 모임의 말씀조명 중에서 발췌.

22   Frederick Buechner, *Secrets in the Dark: A Life in Sermons*, 홍종락 역, 『어둠 속의 비밀』(서울: 포이에마, 2016), 179-91.

23   위의 책, 180-85.

24   윤절호, 『설교의 영광 설교의 부끄러움』, 29.

25   2022-1학기 장로회신학대학교 신학대학원 〈목회실습 4(설교실제)〉에서 지예린 학생이 행한 "인과관계가 속일지라도" 제목의 설교에서 발췌.

26   설교자는 명제진술 없이 주제적 진술(하나님께서 말씀하시는 진정한 복 있는 사람의 삶)만을 제시했으나, 본서를 위해 필자가 주제와 명제를 재설정했음을 밝힌다.

27   2007-1학기 장로회신학대학교 신학대학원의 〈목회실습 4(실교실제)〉에서 김형준 학생이 행한 '복, 불(不)복' 제목의 설교에서 발췌.

28   Haddon W. Robinson and Craig Brain Larson, eds., 『성경적인 설교와 설교자』, 441.

29   Philip Jacob Spener, *Pia desideria*, 모수환 역, 『경건한 열망』(서울: 크리스챤다이제스트, 2014), 127.

30   위의 책.

31   Haddon W. Robinson and Craig Brain Larson, eds., 『성경적인 설교와 설교자』, 441.

32   2018-1학기 장로회신학대학교 신학대학원의 〈목회실습 4(실교실제)〉의 조ㅎㅁ 학생 설교에서 발췌.

33   Karl Barth, *The Word of God and the Word of Man*, trans. Douglas Horton (Gloucester: Peter Smith, 1978), 48-50; Dietrich Bonhoeffer, *Sanctorum Communio*, 유석성, 이신건 역, 『성도의 교제: 교회사회학에 대한 교의학적 연구』(서울: 대한기독교서회, 2010), 201-202 참조.

34   Augustine, *St. Augustine's Confessions*, 선한용 역, 『성 어거스틴의 고백록』(서울: 대

한기독교서회, 1990), 457-58, 465-67.

35 Haddon W. Robinson, 『강해 설교의 원리와 실제』, 79.

36 박영선, 『사도행전 강해2: 예수의 증인들』(서울: 도서출판 엠마오, 1991), 90-91.

37 윤덕수, 『예수님을 깨웁시다』(서울: 보이스사, 1999), 187-88.

38 메리 캐서린 힐커트(Mary Catherine Hilkert)는 우리가 삶에서 겪는 어떤 경험이
    나 이야기들은 그 기능에 있어 성경의 비유들과 같다고 본다. 그것들은 복음의 세
    계나 하나님의 나라를 우리의 삶의 모습으로 보여줌으로써 실존에서 생명과 해방,
    치유를 경험토록 하는 이야기들일 경우인데, 힐커트는 그런 이야기를 '오늘의 비
    유'(contemporary parable)로 이름한다. [Mary Catherine Hilkert, *Naming Grace:
    Preaching and the Sacramental Imagination* (New York: The Continuum Publishing
    Co., 1997), 98.]

39 Fred B. Craddock, *Preaching*, 204.

40 위의 책, 204.

41 Frederick Buechner, 『어둠 속의 비밀』, 437-39.

42 2010년 폴 스캇 윌슨 박사가 장로회신학대학교의 〈교회와 커뮤니케이션 연구부〉
    가 주관한 〈해외석학초청 설교강좌〉(11월 2~4일)를 위해 한경직 기념 채플에서 행
    한 설교에서 발췌.

5장

1   Paul Scott Wilson, *Preaching and Homiletical Theory* (St. Louis: Chalice Press,
    2004), 23.

2   본 제목은 본서를 위해 개정된 것으로 원제목은 "광야: 하나님과 우리의 동상이몽"
    이다.

3   본 제목은 본서를 위해 개정된 것으로 원제목은 "시날 평지의 위대한 선언에 종언
    을 고하다!"이다.

4   Richard L. Eslinger, *The Web of Preaching: New Options in Homiletic Method*, 주승
    중 역, 『설교 그물짜기』(서울: 예배와 설교아카데미, 2008), 71-77.

5   현재 공동체 nori/아남카라 영성연구소장으로 있음.

참고문헌

강길호, 김현주. 『커뮤니케이션과 인간』. 서울: 도서출판 한나래, 1995.

김세광. 『예배의 신비: 예배 본질의 탐구 - 다양성과 통일성』. 서울: 한들출판사, 2020.

김운용. 『새롭게 설교하기: 변화하는 시대 속에서의 설교』. 서울: 예배와설교아카데미, 2007.

김홍일. 『기도하는 삶: 깊은 기도를 위한 안내서』. 서울: 한국샬렘, 2022.

대한예수교장로회총회교육부 편. 『16세기 종교개혁과 개혁교회의 유산』. 서울: 한국장로교출판사, 2003.

박영선. 『사도행전 강해 2: 예수의 증인들』. 서울: 도서출판 엠마오, 1991

박영재. 『설교가 전달되지 않는 18가지 이유』. 서울: 규장문화사, 1998.

박조준. 『박조준 설교집: 약속의 땅을 향해』. 서울: 샘물같이, 2014.

옥한흠. 『요한이 전한 복음』 1. 서울: 국제제자훈련원, 2005.

윤덕수. 『예수님을 깨웁시다』. 서울: 보이스사, 1999.

윤철호. 『설교의 영광 설교의 부끄러움: 설교 비평의 이론과 실제』. 서울: 장로회신학대학교출판부, 2013.

이형기. 『종교개혁신학사상: 루터와 칼빈을 중심하여』. 서울: 장로회신학대학대학교출판부, 1991.

정장복. 『한국교회를 위한 설교학 개론』. 서울: 예배와설교아카데미, 2001.

주승중. 『성경적 설교의 원리와 실제』. 서울: 예배와설교아카데미, 2008.

지원용 편역. 『신앙고백서: 루터교 신앙고백집』. 서울: 컨콜디아사, 1988.

최진봉. "미르치아 엘리아데(Mircea Eliade)의 의례공간의 상징성으로 본 개신교 예배공간의 상징화에 관한 연구." 『신학과 실천』 제73호 (2021.2), 35-58.

_____. "복음의 설교를 위한 한국교회의 해석학적 선이해에 대한 성찰과 과제: 불교(佛敎)-유교(儒敎)의 경전신앙 전통을 중심으로." 『장신논단』 50-5 (2018.12), 171-94.

_____. "설교를 위한 전인적 본문읽기로서 '거룩한 읽기'(Lectio Divina)의 수용에 관한 연구." 『장신논단』 53-5 (2021.12), 381-406.

_____. "설교의 조명자로서 '말씀의 빛'에 대한 연구: 개혁주의 신학을 중심으로." 『신학과 실천』. 제83호 (2023.2), 35-57.

_____. "설교의 기본규칙으로서 '강해'의 정립에 관한 연구." 『선교와 신학』. 61 (2023), 7-34.

한경직목사탄신100주년기념사업회. 『평생에 듣던 말씀(한경직 목사 설교집)』. 서울: 선미디어, 2002.

Barth, Karl. *The Preaching of the Gospel.* Translated by B. E. Hooke. Philadelphia: The Westminster Press, 1963.

_____. *The Word of God and the Word of Man.* Translated by Douglas Horton. Gloucester: Peter Smith, 1978.

_____. *Church Dogmatics: The Doctrine of the Word of God*, Vol. I/1. Translated by G. W. Bromiley. London: T & T Clark International, 2010.

Blackwood, Andrew Watterson. *The Preparation of Sermons.* Nashville: Abingdon Press, 1948.

Broadus, John A. *On the Preparation and Delivery of Sermons.* New York: Harper & Bros., 1898.

Bultmann, Rudolf. *Jesus Christ and Mythology.* New York: Charles Schribner's Sons, 1958.

Childs, Brevard S. *Introduction to the Old Testament As Scripture.* Philadelphia: Fortress Press, 1979.

Coffin, Henry Sloane. *What To Preach.* London: Hodder & Stoughton Limited, 1926.

Cox, James W. *A Guide to Biblical Preaching.* Nashville: Abingdon Press, 1976.

Craddock, Fred B. *As One Without Authority*: Revised and with New Sermons. St. Louis, MI: Chalice Press, 2001.

_____. *Preaching.* Nashville: Abingdon Press, 1985.

Crites, Stephen. "The Narrative Quality of Experience." *Journal of the American Academy of Religion* 39/3 (1971), 291-311.

Davis, Henry G. *Design for Preaching.* Philadelphia: Fortress Press, 1983.

Durkheim, Emile. *The Elementary Forms of the Religious Life.* New York: Free Press, 1965.

Edwards Jr., O. C. *A History of Preaching.* Nashville: Abingdon Press, 2004.

Eliade, Mircea. *The Sacred and the Profane: the Nature of Religion.* Translated by Willard R. Trask. New York: Harcourt, Brace & World, Inc., 1959.

Eslinger, Richard L. *A New Hearing: Living Options in Homiletic Method.* Nashville: Abingdon Press, 1987.

Gross, Nancy Lammers. *If You Cannot Preach Like Paul....* Grand Rapids: William B. Eerdmans Publishing Co., 2002.

Hilkert, Mary Catherine. *Naming Grace: Preaching and the Sacramental Imagination.* New York: The Continuum Publishing Co., 1997.

Hogan, Lucy Lind, and Robert Stephen Reid. *Connecting With the Congregation: Rhetoric and the Art of Preaching.* Nashville: Abingdon Press, 1999.

Jensen, Richard A. *Thinking in Story: Preaching in a Post-liberal Age.* Lima: CSS Publishing Co., 1993.

Killinger, John. *Fundamentals of Preaching.* Philadelphia: Fortress Press, 1985.

Logan, Jr., Sameul T. (ed.). *The Preacher and Preaching: Reviving the Art in the Twentieth Century.* Phillipsbrug: Presbyterian and Reformed Publishing Co., 1986.

Long, Thomas G. "And How Shall They Hear? The Lister in Contemporary Preaching." In *Listening to the Word: Studies in Honor of Fred B. Craddock,* edited by Gail R. O'Day and Thomas G. Long, 176-180. Nashville: Abingdon Press, 1993.

Lowry, Eugene L. *The Homiletical Plot: The Sermon As Narrative Art From.* Atlanta: John Knox Press, 1978.

McNeil, John T. (ed.). *Calvin: Institutes of the Christian Religion.* The Library of Christian Classics Vol. XXI. Translated by Ford Lewis Battles. Philadelphia: The Westminster Press, 1960.

Miller, Donald G. *The Way to Biblical Preaching: How to Communicate the Gospel in Depth.* New York: Abingdon Press, 1957.

Old, Hughes Oliphant. *The Reading and Preaching of the Scriptures in the Worship of the Christian Church,* Vol. 1: the Biblical Period. Grand Rapids: William B. Eerdmans Publishing Co., 1998.

_____. *Worship: Reformed according to Scripture.* Revised and Expanded Edition. Louisville: Westminster John Knox Press, 2002.

Parker, T. H. L. *The Oracles of God: An Introduction to the Preaching of John Calvin.* Cambridge, UK: James Clarke & Co., 2002.

Pattison, T. Harwood. *The Making of the Sermon: For the Classroom and the Study.* Valley Forge: Judson Press, 1972.

Puckett, David L. *John Calvin's Exegesis of the Old Testament.* Louisville: Westminster John Knox Press, 1995.

Ricoeur, Paul. *Freud and Philosophy: An Essay on Interpretation.* New Haven: Yale University Press, 1970.

_____. *Interpretation Theory: Discourse and the Surplus of Meaning.* Fort Worth: The Texas Christian University Press, 1976.

_____. *Time and Narrative.* Vol. 1. Translated by Kathleen McLaughlin and David Pellauer. Chicago: The University of Chicago Press, 1984.

Rose, Lucy Atkinson. *Sharing the Word: Preaching in the Roundtable Church.* Louisville: Westminster John Knox Press, 1997.

Sangster, W. E. *Power in Preaching.* London: The Epworth Press, 1963.

_____. *The Craft of the Sermon.* London: The Epworth Press, 1956.

Thornton, John F. and Katharine Washburn (eds.). *Tongues of Angels, Tongues of Men: A Book of Sermons.* New York: Doubleday, 1998.

von Allmen, J.-J. *Worship: Its Theology and Practice.* New York: Oxford University Press, 1965.

Watson, Philips S. *Let God Be God!: An Interpretation of the Theology of Martin Luther.* Eugene: Wipf and Stock Publishers, 1947.

Wilson, Paul Scott. *Imagination of the Heart: New Understandings in Preaching.* Nashville: Abingdon Press, 1989.

_____. *Preaching and Homiletical Theory.* St. Louis: Chalice Press, 2004.

_____. *The Four Pages of the Sermon: A Guide to Biblical Preaching.* Nashville: Abingdon Press, 1999.

Althaus, Paul. *Die Theologie Martin Luther.* 이형기 역. 『루터의 신학』. 서울: 크리스챤다이제스트, 2008.

Augustine. *St. Augustine's Confessions.* 선한용 역. 『성 어거스틴의 고백록』. 서울: 대한기독교서회, 1990.

Augustinus. *De Doctrina Christiana.* 성염 역주. 『그리스도교 교양』. 왜관: 분도출판사, 1989.

Barth, Karl. *Kirchliche Dogmatik.* 박순경 역. 『교회교의학: 하나님의 말씀에 관한 교의 I-1』. 서울: 대한기독교서회, 2003.

_____. *The Word of God and the Word of Man.* 박봉랑, 전경연 편역. 『聖書안의 새로운 世界』. 서울: 대한기독교서회, 1979.

Bell, Catherine M. *Ritual: Perspectives and Dimensions.* 류성민 역. 『의례의 이해: 의례를 보는 관점들과 의례의 차원들』. 서울: 한신대학교 출판부, 2007.

Benoit, William, and Pamela J. Benoit. *Persuasive Messages: The Process of Influence.* 이희복, 정승혜 역. 『설득 메시지: 그는 어떻게 내 마음을 바꾸었나?』. 서울: 커뮤니케이션북스, 2010.

Bernard of Clairvaux. *(The) works of Bernard of Clairvaux : Song of Songs I.* 김재연 역. 『아가서 설교 제1권』. 서울: 키아츠, 2022.

Bonhoeffer, Dietrich. *Sanctorum communio.* 유석성, 이신건 역. 『성도의 교제: 교회사회학에 대한 교의학적 연구』. 서울: 대한기독교서회, 2010.

Boren, Rudolf. 박근원 역. 『설교학실천론』. 서울: 대한기독교출판사, 1980.

Braga, James. *How to Prepare Bible Message.* 김지찬 역. 『설교준비』. 서울: 생명의 말씀사, 1994.

Buechner, Frederick. *Secrets in the Dark: A Life in Sermons.* 홍종락 역. 『어둠 속의 비밀』. 서울: 포이에마, 2016.

Dietrich, Suzanne De. *God's Unfolding Purpose: A Guide to the Study of the Bible.* 신인현 역. 『성서로 본 성서』. 서울: 컨콜디아사, 1983.

Eslinger, Richard L. *The Web of Preaching: New Options in Homiletic Method.* 주승중 역. 『설교 그물짜기』. 서울: 예배와설교아카데미, 2008.

Gallo, Carmine. *The Storyteller's Secret.* 김태훈 역. 『최고의 설득: 상대의 마음을 움직이는 세계 정상들의 스피치』. 서울: 알에이치코리아, 2017.

Goldmann, Heinz M. *Überzeugende Kommunikation.* 윤진희 역. 『말하기의 정석』. 서울:

리더북스, 2006.

Long, Thomas G. *The Witness of Preaching*. 이우제, 황의무 역. 『증언 설교』 제3판. 서울: CLC, 2019.

Lowry, Eugene L. *How to Preach a Parable: Designs for Narrative Sermons*. 이주엽 역. 『설교자여, 준비된 스토리텔러가 돼라』. 서울: 요단출판사, 2001.

Peterson, Eugene H. et al. *The Pastor's Guide to Effective Preaching*. 이승진 역. 『영혼을 살리는 설교: 본질과 현장을 모두 만족시키는 설교준비를 위하여』. 서울: 좋은씨앗, 2008.

Robinson, Haddon W. *Biblical Preaching*. 정장복 역. 『강해 설교의 원리와 실제』. 서울: 대한기독교출판사, 1987.

_____. *The Art and Craft of Biblical Preaching*. 전의우 역. 『성경적인 설교와 설교자』. 서울: 두란노아카데미, 2014.

_____, and Craig Brain Larson. *The Art and Craft of Biblical Preaching*. 이승진 역. 『성경적인 설교 준비와 전달』. 서울: 두란노 아카데미, 2015.

Sarup, Madan. *An Introductory Guide to Post-Sturcturalism and Postmodernism*. 전영백 역. 『후기구조주의와 포스트모더니즘』. 서울: 서울하우스, 2012.

Spener, Philip Jacob. *Pia Desideria*. 모수환 역. 『경건한 열망』. 서울: 크리스챤다이제스트, 2014.

Stauffer, Richard. *Calvin et Sermon*. 박건택 편역. 『칼빈의 설교학』. 서울: 성서연구사, 1994.

Stott, John, and Greg Scharf. *The Challenge of Preaching*. 박지우 역. 『존 스토트의 설교: 말씀과 현실을 연결하는 살아 있는 설교』. 서울: IVP, 2016.

Wilson, Paul Scott. *Four Pages Sermon*. 주승중 역. 『네 페이지 설교: 보이는 설교 들리는 설교』. 서울: 예배와설교아카데미, 2006.

_____. *God Sense: Reading the Bible for Preaching*. 최진봉 역. 『설교를 위한 성경 속 하나님 읽기』. 서울: 예배와설교아카데미, 2019.